K. Platonow · *Unterhaltsame Psychologie*

Konstantin K. Platonow

Unterhaltsame
Psychologie

Pahl-Rugenstein

Titel der Originalausgabe:
К. Платонов
Занимательная Психология
Издательство »Молодая Гвардия«, 1964

Übersetzt und bearbeitet von Dr. Frank Schubert

CIP-Kurztitelaufnahme der Deutschen Bibliothek

Platonow, Konstantin K.:
Unterhaltsame Psychologie / Konstantin K.
Platonow. [Übers. u. bearb. von Frank Schubert]. -
2., überarb. Aufl. - Köln: Pahl-Rugenstein, 1982.
Einheitssacht.: Zanimatel'naja psichologija ⟨dt.⟩
ISBN 3-7609-0666-4
NE: Schubert, Frank [Bearb.]

Pahl-Rugenstein Verlag, Köln 1982
Vom Urania-Verlag genehmigte Lizenzausgabe
© Urania-Verlag Leipzig/Jena/Berlin
Printed in the German Democratic Republic
ISBN 3-7609-0666-4

Zum Geleit

Der Verfasser des nun zum zweiten Mal in deutscher Übersetzung vorgelegten Buches, Prof. Konstantin Platonow, zählt zu den führenden Psychologen der UdSSR. Aus seiner Feder stammen nicht nur fachwissenschaftliche Werke von hohem Rang, sondern auch zahlreiche Beiträge in Zeitungen und Zeitschriften, die ein so großes und lebhaftes Echo fanden, daß Prof. Platonow sich entschloß, ein für weiteste Leserkreise verständliches und zugleich im besten Sinne unterhaltsames Buch über wichtige Fragen der Psychologie zu schreiben. Seine bereits in siebzehn Sprachen übertragene »Unterhaltsame Psychologie« kann als eine auch in der Form sehr glückliche und ungewöhnliche Veröffentlichung eingeschätzt werden. In kurzen Beiträgen werden Probleme und Forschungsergebnisse über die Psychologie des menschlichen Bewußtseins, über das Verhältnis des Psychischen zu den Hirnvorgängen, über die Entwicklung der menschlichen Psyche, über Wahrnehmungs-, Aufmerksamkeits-, Denk- und Gedächtnisleistungen, über die dynamischen Grundlagen der psychischen Tätigkeit und die Psychomotorik sowie über persönlichkeitspsychologische Zusammenhänge dargestellt. Die durchgehend sehr originelle und allgemeinverständliche Darstellung erfolgt auf gesichertem wissenschaftlichem Niveau und hält sich an konzeptionelle und systematische Gesichtspunkte, wie sie in der sowjetischen Psychologie allgemein anerkannt sind. Die Auswahl der dargestellten Probleme zeugt davon, daß der Autor die Interessen der Leser populärwissenschaftlicher psychologischer Literatur aus eigener Erfahrung gut kennt.

Auswahl und Darstellung der Probleme vermitteln dem Leser einen guten Überblick über wichtige Fragen der allgemeinen und der Persönlichkeitspsychologie. In anregender Weise werden Hilfen für die Bewältigung von Lebensaufgaben und die Lösung von Fragen des Alltags gegeben, soweit sie psychologischer Natur sind. Besonders hilfreich sind dabei die Anregungen zur Beobachtung von Alltagssituationen und deren Analyse unter psychologischem Gesichtspunkt. Gelegentlich werden dem Leser auch kleine Experimente vorgeschlagen und Aufgaben gestellt, die die Beobachtungs- und Denkfähigkeit schulen und zugleich psychologische Einsichten vermitteln.

Zweifellos wird sich die »Unterhaltsame Psychologie« von Prof. K. K. Platonow auch in ihrer deutschsprachigen Ausgabe als ein wertvoller Mittler wissenschaftlicher Kenntnisse auf dem Gebiet der Psychologie erweisen und eine große Leserschaft finden, die aus ihr nicht nur hohen Erkenntnisgewinn schöpfen, sondern zugleich auch wesentliche Denkanstöße zur Lösung vieler Lebensfragen empfangen wird.

Prof. Dr. Manfred Vorwerg
Sektion Psychologie,
Karl-Marx-Universität Leipzig

Rätsel des Bewußtseins

Kann es eine Wissenschaft über das geben, was es nicht gibt?

Eines Tages fragte mich einer meiner jungen Freunde:
»Was bedeutet der Begriff Psychologie, und wann entstand er?« Ich erklärte, daß der Begriff »Psychologie« von den griechischen Wörtern »psyche«—Seele und »logos«—Wort, Lehre abgeleitet ist. »Psychologie« bedeutet somit »Lehre von der Seele«. In der wissenschaftlichen Literatur tauchte dieser Terminus schon im 10. Jahrhundert (zusammen mit dem häufiger gebrauchten Begriff »Pneumatologie«) auf. Offiziell wurde der Begriff aber erst vor relativ kurzer Zeit, in der zweiten Hälfte des 18. Jahrhunderts, von dem deutschen Philosophen Christian Wolff in Umlauf gebracht, als sich nämlich die Psychologie als eigenständiger Wissenschaftsbereich herauszukristallisieren begann.

Seit Menschengedenken aber gibt es Versuche, die Psyche des Menschen zu erkennen. Die erste systematische Darlegung psychologischer Fakten gab Aristoteles (384–322 v. u. Z.), indem er die schon damals angehäuften Erfahrungen bei der Erkenntnis des Seelenlebens der Menschen verallgemeinerte. Er benannte sein Traktat auch so: »Über die Seele«. Bedeutend später versuchte der römische Arzt und Naturforscher Claudius Galen, der etwa von 130 bis 200 u. Z. lebte, durch Tierversuche zu beweisen, daß das Gehirn das Organ der Empfindungen und des Denkens ist. Als Träger der seelischen Prozesse sah Galen ein psychisches Pneuma (»Pneuma«—griech.: Atem, Geist) an, das—nach seiner Vorstellung—durch die Nerven, die auch die Empfindungen von den Sinnesorganen zum Gehirn übertragen, zirkuliert. Und erst vom Gehirn verlaufen »Befehle« zu den Bewegungsorganen.

»Aber es ist doch bekannt, daß es weder beim Menschen noch beim Tier eine Seele gibt. Wie kann es dann eine Wissenschaft über das, was nicht existiert, geben?« wunderte sich mein Gesprächspartner.

Ich mußte eingestehen, daß es eine Wissenschaft über das, was nicht existiert, tatsächlich nicht geben kann. Die Wissenschaftsbezeichnungen bildeten sich aber historisch heraus; ihr Inhalt ändert sich pausenlos, deshalb aber jedes Mal neue Bezeichnungen einzuführen, hat keinen Sinn. Unter diesen Umständen wäre es notwendig, viele Wissenschaften umzubenennen. Der Gegenstand der Physik macht nur einen Teil der gesamten Naturkunde aus, obwohl die Bezeichnung von dem Wort »physis«, was auf griechisch »Natur« bedeutet, herrührt. Die Geometrie dagegen ist über den Rahmen der Landmessung schon lange hinausgewachsen.

Natürlich gibt es keine Seele im idealistischen und religiösen Sinne. Jedoch existieren seelische, oder besser, psychische Prozesse wie Bewußtsein, Empfindung, Wahrnehmung, Vorstellung, Denken, Emotionen und Wille. Auch Aristoteles beschrieb in seinem Traktat mehr reale psychische Erscheinungen als die abstrakte Seele, mit der sich alsbald das Christentum zu beschäftigen begann und dabei die Ansichten Aristoteles' stark entstellte.

Die Idealisten versuchten und versuchen, die Psyche als Äußerung eines ursprünglichen und von der Materie unabhängigen geistigen Wesens zu deuten.

Der dialektische Materialismus dagegen behauptet, daß die Psyche sekundär ist, da sie der Materie ihre Entstehung verdankt. Das bedeutet, daß das Sein, die Materie, die Natur primär sind.

Die Geschichte der Psychologie ist eine Geschichte des Kampfes und des Sieges des Materialismus über den Idealismus. Welche Weltanschauungen auch im Detail existieren, letztlich können sie alle in zwei Gruppen unterteilt werden. Wenn ein Mensch die Meinung vertritt, daß die ihn umgebende Welt nur in seinem Bewußtsein existiert, dann ist er ein Idealist. Wenn er dagegen der Ansicht ist, daß die Welt, die Natur oder das Sein außerhalb und unabhängig vom Bewußtsein vorhanden sind, dann ist er Materialist. So ist für den Materialisten das Sein, für den Idealisten das Bewußtsein primär.

In den verschiedenen Auffassungen über das Wesen psychischer Erscheinungen gab es viele Fehler. So hielt z. B. Baruch de Spinoza (1632 bis 1677), ein holländischer Philosoph, Atheist und Materialist, das Denken für eine ursprüngliche ewige Eigenschaft der gesamten Materie. Seit Mitte des vergangenen Jahrhunderts ist der psychophysische Parallelismus, der besagt, daß psychische und physiologische Erscheinungen eigenständig, sozusagen parallel nebeneinander verlaufen, weit verbreitet. Mit Beginn unseres Jahrhunderts griff in der amerikanischen Psychologie der Behaviorismus (vom engl. »behavior« — Verhalten) um sich, eine reaktionäre Richtung, die das Bewußtsein und die bewußte Tätigkeit des Menschen leugnet und die Psychologie lediglich auf die Untersuchung des Verhaltens als Ergebnis von Antwortreaktionen des Organismus auf Reize zurückführt. Hier wird der Mensch einem Automaten gleichgestellt. Einige Wissenschaftler, Vertreter der sogenannten funktionellen Psychologie, nahmen an, daß sich die Psyche in verschiedene selbständige Funktionen aufgliedert; andere (die Gestaltpsychologen) vertraten die Ansicht, daß jeder psychische Prozeß ein ungegliedertes Ganzes ist.

Die Psychologie in ihrer modernen materialistischen Auffassung ist eine Wissenschaft, die die Psyche, d. h. die Eigenschaft des Gehirns, die objektive Realität widerzuspiegeln, untersucht.

Alle psychischen Erscheinungen, die von der Psychologie untersucht werden, können in drei Gruppen unterteilt werden:
— psychische Prozesse (zum Beispiel kann sich jeder Mensch ärgern oder unaufmerksam sein);
— psychische Zustände (ein Mensch kann unter Übermüdungseinfluß für lange Zeit reizbar oder unaufmerksam sein, wenn er sich ausruht, vergehen diese Zustände);
— Persönlichkeitseigenschaften (es kann beispielsweise die eben genannte Reizbarkeit oder Unaufmerksamkeit zu einem Charakterzug werden; dann kann auch keine Erholung helfen, sondern der Charakter muß umerzogen werden).

Bei der Untersuchung jeder psychischen Erscheinung, die einer dieser drei Gruppen zugeordnet werden kann, müssen jedoch zwei in engem wechselseitigen Zusammenhang stehende Seiten unterschieden werden:
— die prozeßhafte Seite, die die Frage »Wie wird widergespiegelt?« betrifft;
— die inhaltliche Seite, die die Frage »Was wird oder was wurde widergespiegelt?« beantwortet.

Es ist sehr wichtig, daß man bei jeder psychischen Erscheinung diese beiden Seiten voneinander zu trennen versteht. Unter den mannigfaltigen praktischen Aufgaben der Psychologie sind die zwei wichtigsten: Unterstützung der allseitigen Entwicklung der Persönlichkeit des Menschen und Erleichterung seiner Arbeit.

Der Begriff »Psychologie« kann jedoch auch noch eine andere Bedeutung haben. Lenin sprach von einer »Psychologie der Bauern« bzw. von der »Psychologie des Arbeiters«. In den Programmen der Kommunistischen Partei der Sowjetunion und denen anderer sozialistischer Länder wird auf die Bedeutung des Kampfes mit der »Psychologie der Privateigentümer« hingewiesen. In diesem Sinne ist unter Psychologie eine bestimmte Mentalität und Richtung der Psyche (des Denkens, der Interessen usw.) dieses oder jenes Menschen oder einer bestimmten sozialen Gruppe zu verstehen.

Die marxistische Psychologie stützt sich auf die Leninsche Widerspiegelungstheorie. Diese geht aus von der Existenz des *Widerzuspiegelnden* — des *Widerspiegelungssystems* — des *Widergespiegelten*.

Die Widerspiegelung als allgemeine Eigenschaft der belebten und unbelebten Materie kann in qualitativ verschiedenartigen Formen oder Niveaustufen auftreten (die am besten von unten nach oben gelesen werden sollten):

- Gesellschaftliches Bewußtsein
- Kollektives Bewußtsein
- Individuelles Bewußtsein
- Psychische Widerspiegelung
- Ethologische Widerspiegelung
- Physiologische Widerspiegelung
- Chemische Widerspiegelung
- Physische Widerspiegelung

Jede dieser Widerspiegelungsformen besitzt ihr spezifisches Widerspiegelungssystem. Für die psychische Widerspiegelung ist dies die Hirnrinde, für das menschliche Bewußtsein die Persönlichkeit. Über die ethologische Widerspiegelung wird auf Seite 67 berichtet.

Ich beendete dieses Gespräch mit den Worten des hervorragenden sowjetischen Psychologen Sergej Leonidowitsch Rubinstein (1889–1960): »Psychologie ist mehr als ein Arbeitsfeld für trockene Übungen von Stubengelehrten. Die Psychologie, die es wert ist, daß der lebendige Mensch ihr sein Leben und seine Kräfte gibt, darf sich nicht auf die abstrakte Untersuchung einzelner ›Funktionen‹ für sich allein beschränken; sie soll – durch die Untersuchung der Funktionen, Prozesse usw. – letzten Endes zur tatsächlichen Erkenntnis des realen Lebens der lebendigen Menschen führen.«

Hat Harras ein Bewußtsein?

Einmal, als wir während eines Spazierganges einen Berg erklommen hatten und uns setzten, um etwas auszuruhen, fragte mich mein Begleiter, als er sah, wie der unermüdliche Harras mit frohen Lauten nach seinem Schwanz haschte, mit einem Lächeln:

»Interessant wäre zu wissen, was Harras jetzt denkt? Und überhaupt, haben Hunde ein Bewußtsein?« Nachdem er sich wieder mir zugewendet hatte, fügte er hinzu: »Was sagt denn die Wissenschaft dazu?«

»Gut, ich werde Ihre Frage beantworten, aber sagen Sie mir vorher bitte, ob Sie eine Kipa haben!«

»Was für eine Kipa?«

»Na ja, eine Kipa! Haben Sie eine oder nicht?«

»Aber ich weiß doch nicht, wonach Sie fragen«, erwiderte verdutzt der junge Mann. »Erklären Sie mir bitte, was eine Kipa ist, dann kann ich Ihnen sagen, ob ich eine habe oder nicht.«

Ich antwortete:

»Nun, genauso konnten die Menschen die Frage, ob Tiere ein Bewußtsein haben, nicht beantworten, solange sie nicht wußten, was das ist — das menschliche Bewußtsein, das sie den Tieren einerseits zuschrieben und andererseits aberkannten.«

So kam langsam ein Gespräch in Gang.

Lange Zeit glaubten die Menschen, daß das Bewußtsein eine »unsterbliche Seele« und ein Teilchen des »Geistes Gottes« sei, die angeblich im vergänglichen Körper lebt. Ist die Seele im Körper — nimmt der Mensch bewußt wahr, fliegt sie zeitweilig aus dem Körper weg — dann liegt er in einer Ohnmacht bzw. er schläft; hat sich die Seele völlig vom Körper abgelöst, dann bedeutet das, daß der Mensch tot ist.

Wenn man sich das menschliche Bewußtsein so vorstellte, dann war auch die Frage nach der Seele der Tiere nicht schwer zu beantworten, obwohl die Antworten der Idealisten unterschiedlich waren. Die einen meinten, daß nur der Mensch »nach dem Ebenbild Gottes geschaffen wurde« und eine Seele besitzt. Andere glaubten, daß eine Seele, als Teil Gottes, auch bei Tieren vorkommt. Bis heute halten es in Indien viele sogar für eine Sünde, eine Mücke, Wanze oder ein beliebiges anderes Lebewesen, das angeblich die gleiche Seele wie der Mensch besitzt, zu erschlagen. Es gab Menschen, die im Kampf gegen die religiösen Anschauungen vom Bewußtsein ein solches nicht nur bei den Tieren, sondern auch beim Menschen ganz und gar leugneten.

Die Begründer des dialektischen Materialismus erklärten das Wesen des Bewußtseins wissenschaftlich. Friedrich Engels zeigte, daß das Bewußtsein ein Produkt des menschlichen Gehirns ist und der Mensch selbst — ein Produkt der Natur. Wladimir Iljitsch Lenin sagte, daß das Bewußtsein des Menschen das »höchste Produkt einer auf besondere Weise organisierten Materie«, der Materie des Gehirns, sei. Das bezieht sich nicht auf irgendeinen bestimmten Bereich oder ein »Zentrum« des Gehirns, sondern auf seine gesamte, wechselseitig aufeinander abgestimmte, ganzheitliche oder, wie mitunter gesagt wird, integrative Tätigkeit.

Karl Marx unterstrich eine andere Besonderheit des menschlichen Bewußtseins, indem er sagte, daß es ein gesellschaftliches Produkt ist und bleibt, solange überhaupt Menschen existieren. Das Bewußtsein und die Sprache entwickelten sich gemeinsam im Arbeitsprozeß.

Wir wissen, daß das gesellschaftliche Sein das gesellschaftliche Bewußtsein des Menschen bestimmt. So wie die Bedingungen des materiellen Lebens der Gesellschaft sind, so sind auch ihre Ideen, Überzeugungen und die politische Ordnung. Das Bewußtsein des Menschen widerspiegelt die objektive Welt jedoch nicht nur passiv, sondern es ist auch schöpferisch tätig, d. h., es gestaltet die Welt um; wenn die Umweltbedingungen die menschlichen Bedürfnisse nicht befriedigen, verändern die Menschen diese Bedingungen. Gerade deshalb ist das Bewußtsein — diese höchste Form der Widerspiegelung der objektiven Realität – nur dem Menschen eigen. Diese marxistische, einzig richtige Auffassung vom Wesen des Bewußtseins erhielt die Bezeichnung »Widerspiegelungstheorie«.

Das Bewußtsein entstand jedoch nicht sofort und von irgendwoher, sondern es hat seine spezifische Entstehungs- und Entwicklungsgeschichte (vgl. Kapitel S. 66).

Harras hat also kein Bewußtsein. Er verfügt aber wie auch niedriger entwickelte Tiere über eine Psyche, von der der Leser schon aus der vorangegangenen Erzählung einiges weiß. Wenn bisweilen vom Bewußtsein der Tiere gesprochen wird, dann versteht man darunter die Eigenschaften ihrer Psyche, aus denen sich allmählich das menschliche Bewußtsein entwickelt hat.

Die subjektive Welt des Tieres

Mein Gesprächspartner bekam jetzt Lust, in die Seele Harras' sozusagen hineinzuschlüpfen. Wäre es doch sehr interessant, etwa so wie im Märchen, für kurze Zeit ein Hund, eine Ameise oder eine Schwalbe zu werden, um sich dann, nachdem man sich wieder in einen Menschen zurückverwandelt hat, an all das zu erinnern, was man als Tier wahrgenommen, gedacht und gefühlt hat. Folgende Frage wurde mir gestellt:

»Wie sieht die subjektive Welt des Tieres aus?«

Auf diese Frage antwortete ich mit den Worten dreier bedeutender Leute:

»Allerdings werden wir nie dahinterkommen, wie den Ameisen die chemischen Strahlen erscheinen. Wen das grämt, dem ist nun einmal nicht zu helfen«, sagte Friedrich Engels.

»Wir sind nicht in der Lage zu sagen, was im Kopf des Tieres vor sich geht«, stellte Charles Darwin fest.

»Wir haben kein sicheres Wissen über die innere Welt des Tieres«, meinte Iwan Petrowitsch Pawlow (1849–1936).

Jedoch dürfen wir uns davon nicht entmutigen lassen, denn die Kraft des menschlichen Bewußtseins erlaubt indirekt – mit Hilfe des Denkens –, die Erscheinungen zu erkennen, die nicht direkt durch die Empfindungen wahrgenommen werden können. Die Psychologie untersucht – wie wir festgestellt haben – verschiedene Seiten und Äußerungen des menschlichen Bewußtseins: die Wahrnehmung, die Aufmerksamkeit, das Denken, das Gedächtnis, die Gefühle und den Willen. Die psychologische Wissenschaft ist gegenwärtig schon in der Lage, den Vorhang, hinter dem sich die innere Welt des Tieres noch verborgen hält, in gewissem Maße anzuheben. Und das, was das

12

wißbegierige menschliche Bewußtsein noch nicht erkannt hat, wird es ganz gewiß in der Zukunft erkennen. Jedenfalls darf man hoffen, daß es der Mensch eines Tages lernt, mit den Augen einer Schlange in die Welt zu schauen oder sie wie eine Taube zu empfinden. Er wird in das Gehirn eines Hundes eine Art Empfänger einsetzen, ihn an einen Sender anschließen, der auf sein Gehirn eingestellt ist, und wird damit in gewissem Sinne zu einem Harras. Es bedarf aber noch einer anderen Person, um an diesem Apparat die Knöpfe zu drücken, damit er wieder zum Menschen zurückverwandelt werden kann. Denn Harras wird nicht von allein wissen, daß er ein Mensch werden kann.

An der Wahrscheinlichkeit des hier Beschriebenen könnte gezweifelt werden. Jedoch schrieb Pawlow: »Bei der ungeheuren Kompliziertheit der Arbeit der Großhirnhemisphären gibt es offensichtlich folgendes Prinzip: Alles das, was sich einmal herausgebildet hat, wird nicht verändert, sondern bleibt in der gleichen Form erhalten, das Neue wird nur darauf geschichtet«. Diese Feststellung beweist, daß die von mir beschriebene phantastische Geschichte prinzipiell möglich ist.

Der Mensch erinnert sich nicht an alle Gefühle und Wahrnehmungen aus seiner Kindheit. Beim gegenwärtigen Niveau der Wissenschaftsentwicklung kann man ihn aber — zum Beispiel mit Hilfe der Hypnoreproduktion, über die ich später erzählen werde — veranlassen, sich an vieles zu erinnern. Niemand wird bestreiten wollen, daß es der Mensch eines Tages lernen wird, sich alles das wieder klar ins Gedächtnis zu rufen, was vergessen war.

. Wenn es also gelingt, das menschliche Gehirn für eine bestimmte Zeit zum Gehirn eines Hundes zu machen (sagen wir, nach dem Resonanz-Prinzip), wird es prinzipiell auch möglich sein, danach die Spuren dessen, was in diesem Gehirn vor sich ging, nachzuzeichnen. Mit anderen Worten, das Gehirn wird, nachdem es wieder »menschlich« geworden ist, dazu gebracht, sich zu erinnern, was in der »hündischen« (ebenso wie in einer kindlichen) Phase geschehen ist.

Darwin und Pawlow schrieben nicht ohne Grund: »Wir sind nicht in der Lage zu sagen« bzw. »wir können kein sicheres Wissen haben« im Präsens und nicht im Futur. Aber auch Engels hat recht, wenn er in der Zukunft spricht. Das Gehirn des Menschen ist noch gar nicht so weit vom Gehirn des Hundes entfernt. Die gemeinsamen Vorfahren des Menschen und der Ameise waren aber primitive mehrzellige Lebewesen mit einfachstem Nervensystem. Jedoch ist es beim Menschen und bei der Ameise so unterschiedlich angelegt, daß es wohl kaum gelingen könnte, die Funktion des Schluckringes der Ameise, der ihr das Hirn ersetzt, — letztlich aber nichts Subjektives widerzuspiegeln vermag — zu modellieren.

Ich verlor ... das Bewußtsein

Als das Mädchen mit dem Hammer einen Nagel einschlug, traf es sich sehr schmerzhaft auf den Finger.

Einige Minuten vorher war sie noch »bei vollem Bewußtsein«, und plötzlich »verlor sie es« — erbleichte stark, wankte und wäre gestürzt, wenn man sie nicht gehalten hätte. Ein bis zwei Minuten war sie in diesem Zustand, und während dieser Zeit reagierte sie in keiner Weise auf die an sie gerichteten aufgeregten Worte. Dann, nachdem sie tief Luft geholt hatte, öffnete sie die Augen und lächelte zerstreut.

Über ihr Befinden erzählte das Mädchen:

»Es tat sehr weh, mir wurde etwas schlecht, der Kopf begann sich zu drehen, es klang in den Ohren, alles lag wie im Nebel, vor den Augen wurde es finster ... An das, was danach geschah, kann ich mich nicht mehr erinnern.«

Die Ohnmacht ist von alters her eine Quelle des Aberglaubens. Der Urmensch verlor vom Schlag eines Steinbeiles das Bewußtsein. Die Menschen »sahen« dann, wie die Seele beim Ausatmen aus dem Mund des Opfers davonflog und danach — beim tiefen Einatmen — wieder zurückkehrte. Wie leicht war es aber auch möglich, den Atem mit der Seele und dem Bewußtsein zu identifizieren?

Die Ursache der Ohnmacht — ein plötzlicher, gewöhnlich kurzzeitiger, Minuten bis Sekunden dauernder Bewußtseinsverlust — liegt in einem extremen Defizit der Blutversorgung des Gehirns. Das Gesicht des Menschen wird bleich, das Blut weicht aus dem Gehirn und staut sich in den inneren Organen. Das Gehirn ist aber gegenüber der Blutversorgung sehr empfindlich. Wenn die Blutmenge unzureichend ist, erhält das Gehirn wenig Sauerstoff; als Folge kann ein Bewußtseinsverlust eintreten. Eine tiefe reflektorische Einatmung beseitigt den Sauerstoff»hunger« des Gehirns, und das Bewußtsein kehrt zurück.

Die ungenügende Blutversorgung des Gehirns hängt von verschiedenen Ursachen ab. In unserem Beispiel war sie durch den Schmerz hervorgerufen. Mitunter ist die Ohnmacht auch Folge einer starken Blutverlagerung, so wie es bei einem Menschen, der lange Zeit gelegen hat und dann schnell aufsteht, geschehen kann.

Das Beispiel der Ohnmacht zeigt sehr anschaulich, daß der Bewußtseinszustand vom richtigen Funktionieren des Gehirns und von den Bedingungen, unter denen es arbeitet, abhängt.

Petit mal

Es kann aber auch folgendes geschehen. Ein Mensch arbeitet, unterhält sich oder schreibt. Plötzlich ist sein Bewußtsein für einige Sekunden oder Sekundenbruchteile wie ausgeschaltet. Er fällt nicht, sondern hält nur inne, oder er fährt sogar fort, automatisch etwas zu tun, mitunter führt er auch irgendeine sinnlose Handlung aus. Später kommt er zu sich und bemerkt nicht und erinnert sich auch nicht an seine kurzzeitige Bewußtseinstrübung. Wenn er zu dieser Zeit gerade geschrieben hat, dann hinterläßt er Striche oder Kringel auf dem Papier. Es handelt sich hierbei um eine Krankheit, die als »petit mal« bezeichnet wird, was im Französischen soviel wie »kleiner Anfall« bedeutet.

Diese Krankheit ist, nicht nur früher, sondern auch hier und heute, Ursache vieler abergläubischer Ansichten. Der Kranke kann während der Bewußtseinstrübung irgend etwas tun (zum Beispiel das Licht an- oder ausschalten) und schreibt danach diese Handlungen entweder anderen Menschen oder »geheimnisvollen Kräften« zu.

Was ein »Auferstandener« erzählte

Der Tod veranlaßte die Menschen schon immer, über sein Wesen nachzudenken. Gerade er regte die Menschen an, den Mythos von der unsterblichen Seele zu schaffen.

Die Entstehung dieses Mythos erklärte Engels so: »Seit der selbst frühen Zeit, wo die Menschen, noch in gänzlicher Unwissenheit über ihren eigenen Körperbau und angeregt durch Traumerscheinungen auf die Vorstellung kamen, ihr Denken und Empfinden sei nicht eine Tätigkeit ihres Körpers, sondern einer besondern, in diesem Körper wohnenden und ihn beim Tode verlassenden Seele — seit dieser Zeit mußten sie über das Verhältnis dieser Seele zur äußeren Welt sich Gedanken machen. Wenn sie im Tod sich vom Körper trennte, fortlebte, so lag kein Anlaß vor, ihr noch einen besondren Tod anzudichten; so entstand die Vorstellung von ihrer Unsterblichkeit ...«

Die Vernunft protestierte schon immer gegen den Tod des Menschen, der kurz zuvor noch voller Energie war. Bei allen Völkern gibt es Legenden über die Auferstehung von den Toten mit Hilfe von Lebenselixieren, Zaubergewürzen oder eines »heiligen« Wortes. Mit Hilfe des künstlichen Blutkreislaufes und der künstlichen Atmung sind wir heute imstande, einem Menschen, der sich schon etwa eine Stunde im Zustand des klinischen Todes befindet, das Leben zurückzugeben.

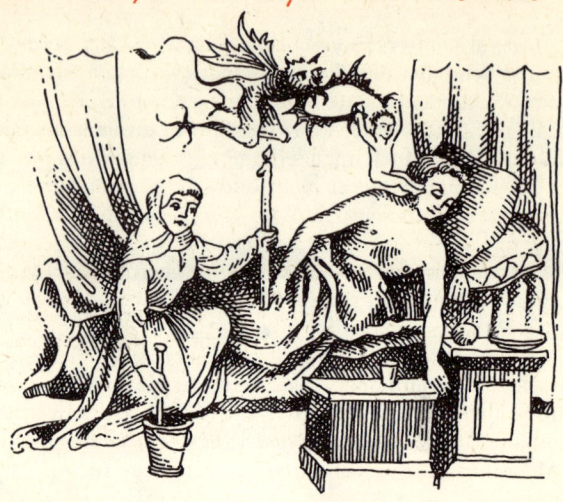

(nach einem alten Stich)

Hier ein Auszug aus der Krankheitsgeschichte eines von vielen, der durch Professor Wladimir Alexandrowitsch Negowskis Hilfe »wiederauferstanden« ist: »Der Tod trat am 3. März 1944 um 14.41 Uhr durch einen Schock mit starkem Blutverlust ein. Der Verwundete befindet sich im Zustand des klinischen Todes. Der Puls ist nicht zu spüren, auch das Herz arbeitet nicht. Keine Atmung. Die Pupillen sind maximal erweitert. Eine Stunde nach Beginn der Wiederbelebung traten erste Anzeichen einer Wiederkehr des Bewußtseins auf . . . Um 23 Uhr ist der Zustand des Kranken kompliziert. Er schläft. Bei Anruf erwacht er leicht aus seinem Schlaf. Er antwortet auf Fragen. Er möchte trinken. Klagt darüber, daß er nichts sieht. Am nächsten Tag kehrte das Sehvermögen bei dem Wiederbelebten zurück.«

Und das erzählte der »Wiederauferstandene« selbst:

»Ich verlor das Bewußtsein schon, bevor ich starb, und es kehrte erst nach der Behandlung zurück. Die ganze Zeit verbrachte ich wie unter Narkose. Ich verschlief damit meinen Tod.«

Rätsel des Schlafes

Wenn Sie heute schlafen gehen, versuchen Sie sich bitte einzuprägen, wie Sie einschlafen und wie Sie sich morgen früh des Erwachens bewußt werden.

Wahrscheinlich wird sich dieser Versuch nicht bei allen mit gleichem Erfolg durchführen lassen. Viele von Ihnen werden überhaupt nicht bemerken, wie sie einschlafen und aufwachen. Sehr empfindliche Menschen werden, wenn sie sich darauf konzentrieren, vielleicht gar nicht einschlafen können.

Das folgende ist die interessante Aufzeichnung eines solchen Versuches:

»Ich bat meinen Zimmergefährten, nicht zu schlafen und mich einige Minuten, nachdem ich eingeschlafen bin, zu wecken, damit ich sofort meine Empfindungen — solange sie noch frisch sind — notieren kann.

Wie ich einschlief. Ich erinnere mich, daß ich mich selbst beobachtete; ich hörte die Uhr ticken und einen Hund bellen. Ich dachte nochmals an den gestrigen Bootsausflug, dann schien es mir für einen Moment, als sei ich im Boot, hier jedoch fiel mir ein, daß ich im Bett liege und beobachten soll, wie ich einschlafen werde. Dann begann mich mein Zimmergefährte zu schütteln. Ich sagte ihm, daß ich noch gar nicht eingeschlafen sei, er aber versicherte mir, daß ich schon geschnarcht habe und nicht hörte, als er mich rief.

Wie ich morgens erwachte. Das Gekläff meines Hundes Muschka wird immer deutlicher. Ich spüre die Sonnenstrahlen auf meinem Gesicht, öffne die Augen jedoch noch nicht und träume weiter, als ob ich im Abteil eines Zuges fahre, in dem ein Hund ist. Plötzlich werde ich gewahr, daß ich in meinem Bett liege. Ich öffne die Augen eine Kleinigkeit und erinnere mich jetzt, daß ich aufschreiben sollte, wie ich erwache. Ich wollte jedoch den Schlaf noch nicht ganz vertreiben, und es tauchte kurz der Gedanke auf: ›Noch ein bißchen schlafen.‹ Dann dachte ich daran, daß ich mich entschlossen hatte, meinen Willen zu trainieren, deshalb stand ich auf und schrieb alles nieder.«

Jeder kann sich, nachdem er diesen Versuch nachvollzogen hat, davon überzeugen, wie sich der Bewußtseinszustand beim Einschlafen und Aufwachen allmählich ändert — von einem klaren Bewußtseinszustand zum völligen Verlust des Bewußtseins und umgekehrt. Besonders deutlich ist diese Veränderung bei einem Menschen, der gern schlafen möchte, den aber irgend etwas am Einschlafen hindert. Diese »Vor- und Nachschlaf«-zustände, Bindeglieder zwischen dem Schlaf und dem Wachen, ermöglichen es, das Wesen des menschlichen Bewußtseins besser zu begreifen.

Für die Menschen, die sich nicht erklären konnten, was Schlaf ist, war dieser Zustand Anlaß für verschiedene Arten von Aberglauben. Bei einigen Völkern war es sogar tabu, d. h. ein religiöses Verbot, einen Schlafenden zu wecken, weil es seine Seele möglicherweise nicht schaffen könnte, zurückzukehren, falls sie zu weit weggeflogen war. Tabu war auch, einen Schlafenden an einen anderen Ort zu bringen, weil seine Seele ihn nicht finden würde, wenn sie plötzlich zurückkehrt.

Das Rätsel des Schlafes löste Iwan Petrowitsch Pawlow. Er entdeckte, daß der Schlaf eintritt, wenn der höchste Bereich des Zentralnervensystems (die Großhirnrinde oder der Kortex) und das Mittelhirn (Mesencephalon) in einen Hemmungszustand übergehen. Pawlow bezeichnete den Schlaf sehr anschaulich als »ausgebreitete Hemmung«. Er meinte, daß »innere Hemmung und Schlaf ein und dasselbe, d. h. die gleichen Prozesse« sind. Der Schlaf schützt die Zellen des Gehirns vor Erschöpfung.

Mehr über die Hemmung erfahren Sie auf Seite 57.

Als die Neurochirurgen in der Lage waren, Operationen am Gehirn auszuführen, kamen sie anfangs zu der Feststellung, daß es ein besonderes »Schlafzentrum« gibt. Der Grund dafür war, daß Operationen am Gehirn schmerzlos sind und daß sie auch ohne Narkose, d. h. im Wachzustand, ausgeführt werden können. Sobald das Skalpell des Chirurgen einen bestimmten Zellbereich in der Tiefe des Gehirns berührt, verfällt der Patient in Schlaf.

Eine Katze, der feinste Elektroden ins Gehirn »eingepflanzt« werden, fühlt sich ganz normal. Sie beginnt jedoch sofort zu gähnen, legt sich zu einem Knäuel zusammen und schläft ein, wenn über diese Elektroden ein schwacher Strom gegeben wird.

Weitere Untersuchungen zeigten jedoch, daß es sich hier nicht um das »Schlafzentrum«, sondern um eine Störung der komplizierten Wechselwirkung der Funktion des Kortex und der subkortikalen Bereiche des Gehirns handelt, die auch die ausgebreitete Hemmung der Zellen der Hirnrinde hervorruft.

Einige Physiologen glaubten früher, daß die Ursache des Einschlafens in einer Vergiftung des Gehirns mit Hypnotoxinen, speziellen Giften, die im Blut der ermüdeten Menschen auftreten, zu sehen ist. Es stellte sich aber heraus, daß eine solche Auffassung falsch ist. Das wird insbesondere durch Beobachtungen des sowjetischen Physiologen Anochin an den siamesischen Zwillingen Ira und Galja überzeugend belegt. Die beiden Mädchen hatten einen gemeinsamen Blutkreislauf, aber getrennte Nervensysteme. Ira und Galja schliefen zu verschiedenen Zeiten. Das beweist, daß nicht Hypnotoxine, die im Blut zirkulieren, sondern das Nervensystem selbst für den Schlaf verantwortlich ist.

Gegen Ende der 50er Jahre unseres Jahrhunderts schien es, als seien alle Rätsel des Schlafes gelöst. Bald aber zeigte sich, daß dem nicht so war. Die nähere Untersuchung der Wechselbeziehungen zwischen Träumen, Schlaftiefe und Elektropotentialen des Gehirns mit Hilfe der Elektroencephalographie (über die auf Seite 61 noch zu berichten sein wird) machte deutlich, daß es mindestens zwei Schlafarten gibt. Einige Fachleute unterscheiden heute jedoch bereits sechs Arten.

Die beiden allgemein bekannten Arten des Schlafes erhielten — entsprechend der während des Schlafes gemachten EEG-Aufzeichnungen — die etwas seltsamen Bezeichnungen langsamer und schneller Schlaf. Beim langsamen Schlaf werden sogenannte Delta-Wellen (2–3 Hz) registriert. Beim schnellen Schlaf ändert sich das, und es treten ähnlich wie im Wachzustand Alpha-Wellen (8–13 Hz) sowie Beta-Wellen (18–30 Hz) auf.

Es zeigte sich, daß Träume nur während des schnellen Schlafes, wie er für die Zeit kurz vor dem Erwachen typisch ist, auftreten. Während des langsamen Schlafes gibt es dagegen keine Träume. Wenn man den Schlaf eines Menschen anhand seines EEG verfolgt und dann diesen Menschen einmal während des langsamen Schlafes und ein anderes Mal während des schnellen Schlafes weckt, wird der erlebte Erholungseffekt des Schlafes unterschiedlich sein. Ein Fehlen des schnellen Schlafes oder Störungen dabei werden um vieles schlechter ertragen als fehlender oder gestörter langsamer Schlaf. Scheinbar sind Träume für die Erholung und Entlastung des Gehirns von Bedeutung. Und damit sind neue Rätsel des Schlafes entstanden.

Wer träumt was?

Einige Menschen haben so interessante Träume, daß man sie direkt im Kino zeigen müßte. Sie erwachen und erinnern sich an alles, als ob sie tatsächlich einen Film gesehen hätten. Andere träumen gar nichts und schlafen wie Tote. Dritte träumen nachts nur, wenn sie zuvor gut geschlafen haben. Ein vierter erlebt — wenn er sich tagsüber etwas aufgeregt hat — im Traum alles noch ein zweites Mal. Wenn sich Träume mitunter auch um das drehen, was tagsüber geschehen ist, so sind sie doch irgendwie anders, symbolhaft. Es gibt auch Menschen, die im Verlaufe ihres gesamten Lebens von Zeit zu Zeit ein und denselben Traum haben.

Es gibt eine Hypothese, die besagt, daß der Mensch nur im letzten Augenblick vor dem Erwachen träumt. Während einer Nacht kann er aber mehrmals aufwachen und wieder einschlafen und folglich mehrere Träume haben.

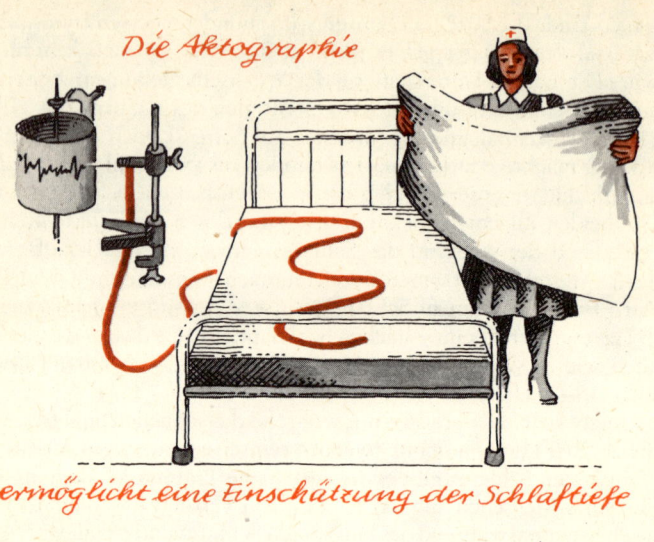

Die Aktographie

ermöglicht eine Einschätzung der Schlaftiefe

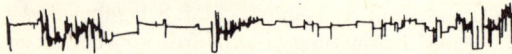

Aktogramm bei tiefem Schlaf

Aktogramm bei oberflächlichem Schlaf

Die Menschen haben also nicht nur inhaltlich verschiedene Träume, sondern sie träumen auch unterschiedlich.

Der folgende Versuch wird Ihnen helfen, die Besonderheiten der Träume zu verstehen. Dafür sind mehrere Personen erforderlich. Bitten Sie sie, sich bequem zu setzen, die Augen zu schließen und sich vorzustellen, daß sie in einem Zug fahren, das Stuckern der Gleise hören und durch das Fenster vorbeihuschende Bäume und Felder sehen. Danach fordern Sie sie auf, weiterhin ruhig, mit geschlossenen Augen, zu sitzen und über alles das nachzudenken, was ihnen gerade in den Kopf kommt.

Nach etwa fünf Minuten fragen Sie jeden, woran er gedacht hat. Sie können sich dann überzeugen, daß sie in dieser Zeit an die verschiedensten Sachen gedacht haben, die mitunter weit weg vom Modell des Zuges lagen, das Sie anfangs mit Ihren Worten »geschaffen« hatten. Am wahrscheinlichsten ist es, daß bei der Mehrheit der »Versuchspersonen« die Gedanken von einem Gegenstand zum anderen irrten. Das ist das sogenannte nichtzielgerichtete Denken. Wenn fast die gesamte Hirnrinde der Teilnehmer an diesem Versuch gehemmt wäre, dann wären die Gedanken, die mit der Funktion einzelner ungehemmter Bereiche des Kortex verbunden sind, Träume.

Träume sind eigenartige Bewußtseinszustände des schlafenden Menschen, die durch das Erscheinen mehr oder weniger deutlicher Vorstellungen charakterisiert werden. Sie entstehen infolge einzelner ungehemmter Bereiche der Hirnrinde. Deshalb basiert das, was wir im Traum sehen, auf irgendwann erlebten Eindrücken, die jetzt in die verschiedenartigsten, mitunter absurden oder phantastischen Beziehungen treten. I. M. Setschenow (1829–1905) stellte sehr plastisch fest, daß Träume oft eine unreale Kombination realer Eindrücke sind.

Wenn der Schlaf nicht tief ist, bedeutet das, daß ein großer Teil der Nervenzellen der Hirnrinde ungehemmt bleibt. Manchmal dagegen ist die Hemmung sehr stark, breitet sich über die gesamte Rinde aus, und ungehemmte Abschnitte existieren praktisch nicht. In diesem Falle ist auch der Schlaf tief, fest und ohne Träume.

Die Schlaftiefe kann mit Hilfe der Aktographie bestimmt werden. Dazu ist es nötig, einen gebogenen Gummischlauch unter die Matratze des Bettes zu legen. Ein Ende ist zugeschnürt, das andere mit einer pneumatischen Kapsel und einem Apparat, der alle Bewegungen des Schlafenden aufzeichnet, verbunden. Je oberflächlicher der Schlaf, desto größer ist die »motorische Aktivität« des Schlafenden.

Nicht an jeden Traum kann man sich erinnern.

Ich fuhr einmal tagsüber im Zug. In unserem Abteil schlief jemand auf der oberen Liege sehr tief. Plötzlich begann er zu sprechen und hielt eine große, und man kann direkt sagen, klassische Rede zur Verteidigung eines Beschuldigten. Bald hörte er auf zu sprechen und schlief wieder ein. Als mein Reisegefährte erwachte, fragte ich ihn: »Was haben Sie denn geträumt?«

Er antwortete: »Ach je, nichts, ich habe wie erschlagen geschlafen!«

Es zeigte sich dann, daß er Rechtsanwalt war und zu einem Gerichtsprozeß fuhr.

Träume sind nicht nur ein Zustand des Bewußtseins, sondern auch eine allgemeine psychische Erscheinung. Deshalb gibt es nicht nur beim Menschen Träume. Auch Hunde träumen ihre spezifischen »Hundeträume«, und mitunter geschieht es, daß sie beim Träumen knurren, winseln oder kläffen.

Mein Hund Dick winselt während des Träumens nicht nur, sondern bewegt auch die Beine so, als ob er läuft. Wenn man ihn weckt, ist er zunächst baff – dann kommt er langsam zu sich. Darin ähnelt er ganz und gar einem schlaftrunkenen Menschen.

Der »Wachpunkt«

Während des Großen Vaterländischen Krieges hatte ich Gelegenheit, einen Arzt zu beobachten, dem es nach einigen schlaflosen Tagen und Nächten endlich gelang, etwas Schlaf zu finden. Alsbald aber wurden Verwundete gebracht, denen die dringlichste erste Hilfe erwiesen werden mußte. Der Arzt war jedoch auf keine Weise wachzubekommen. Man schüttelte ihn und bespritzte sein Gesicht mit Wasser. Er gab unartikulierte Laute von sich, drehte den Kopf etwas und schlief wieder ein. Daraufhin bat ich alle zu schweigen. Als es ruhig geworden war, sagte ich leise, aber sehr deutlich:

»Doktor! Man hat Verwundete gebracht! Sie müssen helfen!« Sofort war er wach.

Zu erklären ist diese Erscheinung folgendermaßen:

Diejenigen, die den Arzt zuerst wecken wollten, wirkten auf die stark gehemmten Bereiche seines Gehirns ein. Ich dagegen sprach seinen »Wachpunkt« an, wie Pawlow den nicht oder wenig gehemmten Bereich der Hirnrinde nannte, der sogar bei tiefem Schlaf im Wachzustand ist. Durch den »Wachpunkt« ist der Mensch mit seiner Umwelt verbunden.

Die Reizung, die zu solchen »Wachpunkten« im Gehirn hinläuft (siehe Zeichnung S. 65), kann auch andere Bereiche der Großhirnrinde, die vorher stark gehemmt waren, enthemmen. So zum Beispiel wacht die Mutter, die neben dem Bett des kranken Kindes eingeschlafen ist, nicht auf, wenn sie jemand laut ruft; sie fährt aber sofort hoch, wenn das Kleine leise stöhnt. Der Müller schläft während eines Gewitters tief, wacht aber sofort auf, wenn seine Mühle stehenbleibt.

Die Zellen des »Wachpunktes« sind nicht völlig gehemmt; sie befinden sich in der sogenannten »paradoxen Phase«, in der sie gegenüber schwachen Reizen empfindlicher sind als gegenüber starken Reizen. Ebendeshalb sprach ich die Worte, die den Arzt wecken sollten, leise, aber trotzdem sehr deutlich.

Auch bei Tieren gibt es solche »Wachpunkte«. Darum können Fledermäuse, mit dem Kopf nach unten hängend, schlafen, ohne herunterzufallen. Auch Pferde schlafen bekanntlich im Stehen, und bei den Achtfüßern (Octopoden) ist immer ein Tentakel als »Diensthabender« im Wachzustand.

Tage in Sekunden

Ein bekannter Dramatiker, seinen Namen verschweigen wir, schlief zur Premiere seines Stückes vor Müdigkeit ein, sobald sich der Vorhang gehoben hatte. Und — seltsamerweise — im Traum sah der Autor sein Stück von Anfang bis Ende und verfolgte mit Befriedigung, wie gut es beim Publikum ankam. Unter starkem Beifall fiel der Vorhang. In diesem Augenblick erwachte der Dramatiker und hörte, daß auf der Bühne gerade die ersten Stichworte fielen. Sein ganzer Traum hatte nur Sekunden gedauert.

Es gibt also keinerlei Zusammenhang zwischen der tatsächlichen Dauer der Ereignisse, die sich im Traum abspielen, und der Traumdauer. Während einiger Sekunden kann man sehr »lange« Träume haben.

Der französische Historiker Alfred Maury, der im vorigen Jahrhundert lebte, hatte einmal einen Traum, der ihn so in Erstaunen versetzte, daß er dieses Problem speziell zu untersuchen begann und ein Buch »Der Schlaf und die Träume« schrieb. Maury selbst berichtete über seinen Traum:

»Ich lag krank im Bett, und meine Mutter saß neben mir. Es schien mir, als ob wir in der Zeit der Großen Französischen Revolution lebten: Ich sah verschiedene erregende Szenen und wurde zur Versammlung des Revolutionstribunals gebracht. Ich sah Robespierre, Marat und andere bekannte Führer der Revolution; ich stritt mit ihnen, und schließlich hörte ich — nach einer Reihe aufregender Ereignisse — mein Todesurteil. Dann sah ich eine Menschenmenge von der Höhe meines Leiterwagens, betrat das Schafott, und der Henker fesselte mich; das Beil sauste herab, und ich spürte, wie der Kopf vom Halse getrennt wurde. In diesem Moment erwachte ich mit entsetzlichem Grauen und sah, daß ein Querbalken des Bettvorhanges herabgefallen war und mich gerade am Hals getroffen hatte. Meine Mutter versicherte mir, daß ich unmittelbar nach dem Herabfallen des Querbalkens erwacht sei.«

Prophetische Träume

»Schauen sie nur, was für ein interessantes Buch! Ich habe es von einer alten Frau, die bei uns saubermacht, bekommen.« Das Mädchen reichte mir eine verschmutzte Broschüre.

Auf ihrem Titelblatt war ein Schlafender dargestellt, daneben der eine Glocke schwingende Tod mit der Sense. Das Buch hieß: »Traumdeutung des berühmten Weisen Martin Sadeka«, Erscheinungsjahr 1914.

»Einstmals«, sagte ich, »war dieser ›Traumdeuter‹ sehr populär. Schon Puschkin schrieb in ›Eugen Onegin‹ über ihn:

Nun macht der Traum ihr Angst und Sorgen.
Sie möchte gern den Sinn verstehn,
Das Grausen, das in ihm verborgen,
Durch ihren Freund gedeutet sehn.
Zwar all die Schrecken, die sie plagen,
Sind im Register eingetragen:
Bär, Brücke, Dickicht, Hexe, Mord,
Nacht, Schädel, Schneesturm und so fort;
Doch, ach, der Rätsel schwere Fülle,
Martin Sadeka löst sie nicht ...«

Das Mädchen blätterte das Buch durch und las dabei: »Träumt man von Melonen, so ist das ein Zeichen von Unzufriedenheit und ein trauriges Ereignis. Träumt man von indischen Hühnern, so ist das ein Zeichen für baldige Zuerkennung von Rang und Würden oder bedeutender Erbschaften.«

»So ein Unsinn!« Sie lächelte.

»Absolut ungereimt«, bestätigte ich. Dennoch gibt der Trauminhalt Psychoneurologen oft wertvolles Material in die Hände. Nicht ein Arzt, im Flugwesen beispielsweise, gestattet einem Flieger, der nach einer überstandenen oder auch beobachteten Havarie immer nur von Katastrophen träumt, den Start. Im Gegenteil, der Arzt leitet Maßnahmen ein, damit sich der Flieger erholt, abgelenkt und möglicherweise auch ärztlich behandelt wird, denn diese Träume sind Symptome einer Neurose.

Oft hilft eine Analyse der Träume die Ursache nervlicher Erkrankungen zu finden und ein psychisches Trauma, d. h. ein starkes oder langandauerndes Erlebnis, das die Krankheit hervorgerufen hat, aufzudecken.

Aber auch folgendes kann geschehen. Man hat geträumt, daß man von einem Hund sehr schmerzhaft ins Bein gebissen worden ist, und erzählt es seinen Verwandten und Bekannten. Nach einiger Zeit beginnt die Stelle, wo man »gebissen« wurde, zu schmerzen, und bald hat sich eine bösartige Geschwulst gebildet. Das ist eine wissenschaftlich belegte Tatsache.

Ähnliche Fälle riefen und rufen einen derartig starken Eindruck hervor, daß es kein Volk gibt, in dessen Märchen, Legenden und Aberglauben prophetische Träume, die Zukünftiges voraussagen sollen, nicht auftreten würden.

Es ist recht einfach, solche Träume zu erklären, denn häufig bleibt eine aufkeimende Krankheit am Tage unbemerkt, da die Großhirnrinde zu dieser Zeit eine große Anzahl von Erregungen verschiedener Stärke aufnimmt. Nachts dagegen, wenn keine äußeren Reize existieren oder wenn sie bedeutend reduziert sind, kommen die Schmerzempfindungen zu Bewußtsein und nehmen den Charakter situativer Träume an.

In diesem Zusammenhang schrieb der Neuropathologe Michail Iwanowitsch Astwazaturow: »Wenn beunruhigende Träume, die bis zur Todesangst gehen, mit einem plötzlichen Erwachen verbunden sind, so kann das den Verdacht einer Herzkrankheit schon zu einer Zeit erregen, zu der noch keinerlei andere subjektive Beschwerden, die auf eine solche Erkrankung hinweisen, vorhanden sind«.

Viele Beispiele können belegen, daß eine wissenschaftliche Aufgabe oder eine »Tagesfrage« nicht tagsüber, sondern nachts im Traum gelöst worden ist. Der deutsche Chemiker Kekulé träumte von der Strukturformel des Benzols. Mendelejew half ein Traum, das Periodensystem der Elemente aufzustellen. Der Komponist Tartini hörte im Traum, wie jemand eine Sonate spielte. Voltaire erträumte eine neue Variante seiner »Henriade«.

»Die Götter benutzten den Traum, um den Menschen ihren Wunsch und Willen mitzuteilen«, sagte Homer. Im alten Sparta legten sich spezielle Beamte — Ephoren, Berater bei schwierigen staatlichen Angelegenheiten — in Tempeln zum Schlafen nieder, damit ihnen im Traum die richtige Entscheidung einfalle.

Ein Sprichwort besagt: »Guter Rat kommt über Nacht«. Das ist nicht nur aufgrund des hier schon Gesagten richtig, sondern auch, weil das ermüdete Gehirn abends eine Trägheit der Nervenprozesse aufweist.

Interessant ist noch folgende Tatsache: Je tiefer der Schlaf ist, aus desto früheren Zeiten entstehen Assoziationen und Interpretationen der Eindrücke. Bei Bauern entwickelte sich so der Glaube, daß schlechtes Wetter bevorstehe, wenn von den längst verstorbenen Eltern geträumt wird. Das hat wohl auch seinen Sinn, da vor einem Unwetter gewöhnlich ein starker Schläfrigkeitszustand vorherrscht, in dem Traumgestalten aus dem längst Erlebten auftauchen. So erklärte der Physiologe N. J. Wwedenski den Mechanismus eines weiteren »prophetischen« Traumes.

Intuition — die Tochter der Information

Als sich die Angler aus unserem Erholungsheim zum Abendbrot fertig machten, blickten alle voller Neid auf den Kescher eines ihrer Kollegen. Wie findet er nur immer die richtigen Stellen zum Angeln?

»Das ist bei mir Intuition; ich spüre, wo sie beißen und wo ich meine Zeit nur vertrödle«, erklärte der Glückliche.

Die Redewendung »Die Intuition sagt mir, daß . . .« kann man recht oft hören. Dennoch wird das Wort »Intuition« verschieden gedeutet. Einige bürgerliche Philosophen und idealistische Psychologen verstehen unter Intuition eine geheimnisvolle, von der Sinneswahrnehmung unabhängige und unbewußte Erkenntnis der Welt. Wir als Materialisten können das nicht anerkennen.

Nach unserer Auffassung ist Intuition die Verallgemeinerung einer Reihe kleiner, leicht zu übersehender und schwer zu erfassender Faktoren im Bewußtsein des Menschen. Eine solche Verallgemeinerung gelingt nur auf Grund einer reichen praktischen Erfahrung in einem bestimmten Tätigkeitsbereich. Folglich ist die Mutter der Intuition trotz allem die Information über gleiche bzw. ähnliche Ereignisse. Diese Information wird aber bei weitem nicht immer bewußt synthetisiert.

Mit Hilfe der Intuition sagt der erfahrene Landwirt — ausgehend von einigen, kaum zu bemerkenden Anzeichen — die Qualität der nächsten Ernte voraus, und der erfahrene Arzt stellt sofort die richtige Krankheitsdiagnose. Auf die gleiche Art und Weise entdeckte auch der Angler, von dem hier erzählt wurde, die Stelle, wo die Fische am besten beißen. Jedoch kann die Intuition nicht die genaue Erkenntnis, die auf der allseitigen Analyse bewußt erworbener Kenntnisse basiert, ersetzen.

»Knipst, Brüder, knipst!«

»Will der Leser so freundlich sein, einen Blick auf folgende Verse werfen und nachsehen, ob er irgend etwas Gefährliches daran entdecken kann?

Schaffner, knips das Fahrpapier,
Die Taxe zahlt der Passagier.
Acht-Cents-Fahrt ein blau' Papier,
Sechs-Cents-Fahrt ein gelb' Papier,
Drei-Cents-Fahrt ein rot' Papier.
Die Taxe zahlt der Passagier,
knips ein, knips ein das Fahrpapier.
Zahlt die Taxe der Passagier,
Brüder, knipst das Fahrpapier.

Ich stieß kürzlich in einer Zeitung auf dieses Reimgeklingel und las es ein paarmal durch. Es ergriff sofort ganz und gar Besitz von mir. Während des ganzen Frühstücks kreiste es in meinem Hirn herum; und als ich meine Serviette zusammenlegte, wußte ich nicht, ob ich etwas gegessen hatte oder nicht ... Ich nahm die Feder zur Hand, aber das einzige, was ich aus ihr herausbringen konnte, war: ›Knips ein, knips ein das Fahrpapier.‹ Eine Stunde lang kämpfte ich schwer, aber es war umsonst. Mein Kopf summte weiter: ›Sechs-Cents-Fahrt ein gelb' Papier, Drei-Cents-Fahrt ein rot' Papier‹ und so weiter ohne Rast und Ruh. Mit der Arbeit war es für diesen Tag aus — soviel war klar. Ich gab es auf und schlenderte durch die Stadt, und sofort entdeckte ich, daß meine Füße im Takt jenes erbarmungslosen Reimgeklingels marschierten. Als ich es nicht mehr ertragen konnte, änderte ich meinen Schritt. Aber das half nichts; die Verse paßten sich dem neuen Schritt an und quälten mich genauso wie vorher ...«

So beginnt die Erzählung Mark Twains »Knipst, Brüder, knipst«, in der dargestellt wird, wie ihn die »schändlichen Verse« lange Zeit und sehr intensiv quälten. Es muß hinzugefügt werden, daß diese Verse im englischen Original noch rhythmischer klingen, deshalb nahm sie Twain zur Grundlage für seine Erzählung.

Bei einem ermüdeten Menschen entstehen häufig, insbesondere vor dem Einschlafen, derartige aufdringliche Wiederholungen (sogenannte Perseverationen) irgendwelcher Phrasen, rhythmischer Reime oder musikalischer Motive.

Das Wort »Perseveration« kommt vom lateinischen »perseverare«, was soviel wie »ausdauernd sein« bedeutet. Physiologisch liegt der Perseveration eine Trägheit des Erregungsprozesses in einem bestimmten Herd der Großhirnrinde, dem sogenannten »Stagnationsherd der Erregung«, zugrunde. Perseverationen können auch bei völlig gesunden Menschen auftreten. So trägt beispielsweise Sauerstoffhunger bei einem Flug in großen Höhen, in den Bergen oder in einem schlecht durchlüfteten Schacht zur Entstehung solcher Perseverationen bei. Manchmal aber werden diese »aufdringlichen« Gedanken auch zum Symptom einer psychischen Erkrankung — einer Neurose.

Die sogenannten »überwertigen Gedanken« sind ihrem Entstehungsmechanismus nach den Perseverationen sehr ähnlich. Der Unterschied zwischen beiden besteht darin, daß der Mensch einerseits versucht, seinen »aufdringlichen« Gedanken zu entrinnen, und andererseits beharrlich — oft entgegen aller Logik, aber emotional betont — und unbegründet für seine »überwertigen« Ideen kämpft. In solchen Fällen sagt man gewöhnlich: »Er hat sich etwas in den Kopf gesetzt und will nun nichts anderes hören.«

Experimentum mirabile

Der deutsche Gelehrte Athanasius Kircher beschrieb in seinem Buch »Die große Kunst des Lichtes und des Schattens«, erschienen 1646 in Italien, ein wunderbares Experiment, das er ein Experimentum mirabile nannte. Der von ihm durchgeführte Versuch ist für jeden leicht verständlich.

Wenn Sie einer Henne die Beine zusammenbinden, sie auf einen Tisch legen und danach mit Kreide von jedem Auge aus eine Linie ziehen, und zwar so, daß beide Linien zusammen eine Gerade bilden, dann bleibt sie — sogar wenn ihre Beine befreit werden — unbeweglich liegen.

Kircher glaubte, daß es hauptsächlich die Linien sind, die die Henne zu ihrem starren Verhalten veranlassen. Es zeigte sich aber, daß die Linien nicht unbedingt erforderlich sind, sondern daß es ausreichend ist, wenn der Vogel relativ schnell auf den Rücken gedreht wird. Das gleiche kann man auch mit Tauben, Meerschweinchen, Kaninchen oder Fröschen durchführen. Besonders effektvoll geht der Versuch mit einer großen Eidechse, der Kaukasus-Agame, aus. Sie erstarrt — in welche Pose man sie auch immer stellt — wie aus Wachs und bleibt lange Zeit so stehen.

Alles das sind Äußerungen der sogenannten Katalepsie, die manchmal auch als Tierhypnose bezeichnet und oft im Zirkus angewendet wird. Der bekannte Dresseur Wladimir Leonidowitsch Durow (1863–1939) machte oft mit einem Truthahn Kunststücke, wie das aus der Abbildung ersichtlich ist.

Katalepsiezustände können auch bei Menschen vorkommen. Einen hypnotisierten Menschen, der sich im kataleptischen Zustand befindet, kann man mit dem Hinterkopf und den Fersen der Füße auf zwei Stühle legen, und er wird dort wie ein Stück Holz liegen. Bei Katalepsie handle es sich um »... einen der Selbsterhaltungsreflexe von hemmendem Charakter«, stellte Pawlow fest, als er den Versuch Kirchers und alle ihm analogen Zustände der Tiere und des Menschen erklärte. Pawlow war der Ansicht, daß bei Katalepsie eine Hemmung der Großhirnrinde und im weiteren sogar deren Ausschaltung erfolgt, während die Tätigkeit der motorischen Zentren nicht unterdrückt wird.

Damit wäre ein weiterer eigenartiger Zustand der Psyche vorgestellt, der sich bei Menschen und Tieren in ähnlicher Weise äußert.

Das „wunderbare Experiment"

beschrieben im Jahre 1646

und verschiedene Varianten

Tierischer Magnetismus

1774 legte der Wiener Arzt Franz Mesmer bei der Pariser Akademie der Wissenschaften Thesen vor, in denen er die Theorie des tierischen Magnetismus zu begründen versuchte. Mesmer wollte beweisen, daß man Kranke nicht nur durch Auflegen eines Magnets auf ihren Körper, sondern auch durch den tierischen Magnetismus, d. h. ein Fluidum, einen gewissen »psychischen Strom«, heilen könne, der von bestimmten Menschen, die den Magnetismus der Planeten in sich kondensieren können, ausgestrahlt wird. Unter dem Einfluß dieses Fluidums schläft der Mensch ein und wird geheilt.

1784 erklärte eine spezielle Kommission, zu der so bekannte Wissenschaftler gehörten wie Antoine-Laurent Lavoisier (1743–1794), Benjamin Franklin (1706–1790) und der französische Arzt Guillotin (1738–1814, der gleiche, der acht Jahre danach eine Hinrichtungsmaschine — die Guillotine — erfunden hat), daß sie »einstimmig zu folgenden Schlußfolgerungen bezüglich der Existenz und des Nutzens des Magnetismus gekommen sei: Nichts beweist die Existenz eines magnetischen Fluidums bei Tieren, folglich kann dieser nicht existierende Stoff keinen Nutzen bringen; die krankhaften Folgen, die während öffentlicher Heilvorführungen zu beobachten waren, resultieren aus Berührungen, Einbildungen und einer mechanischen Imitation, die uns allesamt unwillkürlich veranlassen, das nachzuahmen, was uns in Erstaunen versetzt ... Jede öffentliche Heilung mit Hilfe des Magnetismus kann nichts weiter als Schaden bringen.«

Die Kommission konnte jedoch nicht die Tatsache widerlegen, daß ein Mensch einen anderen auf künstlichem Wege in Schlaf versetzen kann. Deshalb erlebten die Ansichten Mesmers eine recht weite Verbreitung. Ihr Nachhall reicht bis in unsere heutige Zeit hinein.

Der schottische Arzt James Braid untersuchte als erster den »magnetischen Schlaf«. 1843 erschien sein Buch »Neurohypnologie«, in dem er die Fluidum-Theorie entschieden ablehnte. Das Einschlafen eines Menschen, wie es von Mesmer beschrieben wurde, erklärte Braid richtig durch eine Ermüdung der Augen. Diese tritt beispielsweise ein, wenn man lange Zeit auf einen glänzenden Gegenstand schaut. Braid bezeichnete diesen Zustand als Hypnose, wobei er auf das griechische Wort »hypnos« — Schlaf — zurückgriff.

Auch nach Braid gab es eine große Anzahl von Versuchen, verschiedene rätselhafte Erscheinungen der Hypnose, die schon im Altertum von den Priestern zu religiösen Zwecken genutzt wurden, aufzuklären. Am geheimnisvollsten erschien die Verbindung des Eingeschläferten mit dem Einschläfernden, der sogenannte Rapport. Diese Verbindung versetzt den Arzt in die Lage, Hinweise und

Anordnungen, die vom Patienten genau ausgeführt werden, zu geben. Er wird damit befähigt, sogar eine Schmerzbetäubung (Analgesie) zu suggerieren. Auf Grund des Rapports spricht der Eingeschläferte, beanwortet Fragen, oder er beginnt zu gehen. Nach dem Aufwecken tritt bei ihm eine Amnesie ein: Er vergißt alles, was er im Zustand der Hypnose getan hat.

Die richtige und allseitige Erklärung dieser Erscheinungen wurde aber erst von Pawlow mit seiner Lehre über die höhere Nerventätigkeit gegeben.

Untersuchungen aus jüngster Zeit weisen allerdings das Vorhandensein eines Biofeldes nach, das bei verschiedenen Menschen unterschiedlich stark ausgeprägt ist. Diese Erscheinung wie auch die Wirkung des Magnetfeldes auf den Menschen müssen erst noch umfassend untersucht werden, in deren Ergebnis möglicherweise auch die Entdeckungen von Mesmer in einem neuen Licht erscheinen.

Das gelöste Rätsel

Die Lehre Pawlows nahm der Hypnose den ihr früher zugeschriebenen Nimbus des Geheimnisvollen. Sie wies verschiedene Gemeinsamkeiten zwischen der Hypnose und anderen, schon lange bekannten Erscheinungen nach.

Wer von uns hat noch nicht den Wunsch verspürt, in einer langweiligen Vorlesung, die mit monotoner Stimme vorgetragen wurde, etwas zu schlafen? Auch eine Mutter schläfert ihr Kind mit einem melodischen, monotonen Wiegenlied ein. Auf die gleiche Weise ruft der Arzt mit Hilfe der Hypnose den Schlaf hervor.

Zu Hause schlafen wir zur gewohnten Zeit schneller ein als in einer anderen, für uns neuen Situation. Bedingtreflektorische Mechanismen (später werden wir darüber einiges sagen), die das verursachen, haben auch für die Hypnose große Bedeutung. Der Arzt erinnert den Hypnotisierten verbal an den Zustand, den er gewöhnlich erlebt, wenn er normal einschläft. Die Erinnerung daran ruft tatsächlich Schlaf hervor. Bei Gruppenhypnoseübungen unterstützt der Anblick eines Eingeschlafenen das Einschlafen der anderen.

Zwischen dem gewöhnlichen Schlaf und der Hypnose gibt es aber einen Unterschied. »Wenn die sich über die Hirnrinde ausbreitende Hemmung auf keine Hindernisse trifft, so entsteht gewöhnlicher Schlaf. Wenn aber nur ein Teil der Hirnrinde von Hemmungsprozessen erfaßt wird, entsteht partieller Schlaf — ein Zustand, der gewöhnlich als Hypnose bezeichnet wird.« So deutet Pawlow den Unterschied zwischen Schlaf und Hypnose.

Die Stimme des Arztes hinterläßt in der Hirnrinde des Ein-schlummernden einen Wachheitsherd bzw. »Wachpunkt« (vgl. Zeich-nung S. 65), über dessen Natur schon etwas gesagt wurde. Wenn je-mand anders als der einschläfernde Arzt etwas zu dem in Hypnose befindlichen Menschen sagt, so reagiert dieser nicht; das gleiche ge-schieht auch bei gewöhnlichem, tiefem Schlaf. Die Stimme des Hyp-notiseurs jedoch erreicht den »Wachpunkt«, und deshalb hört ihn der Eingeschlummerte.

Das Wort, das vom »Wachpunkt« aufgenommen wird, wird zu einer Suggestion, die in der Lage ist, bestimmte Bereiche der Hirnrinde zu enthemmen oder sie nach dem Erwachen im Hemmungszustand zu halten. Wenn der Arzt, der den Kranken eingeschläfert hat, zu ihm sagt: »Wachen Sie auf!« – so wacht er auf. Kein anderer aber vermag den Eingeschlafenen mit diesen Worten zu wecken.

Wird dem Hypnotisierten nichts suggeriert, dann schläft er einfach. Das ist die sogenannte »hypnotische Erholung«, die allein schon eine Heilwirkung haben kann. Ich sah einmal einen Menschen, der in einem Zustand der Betrunkenheit eingeschläfert worden war. Nach einer kurzen hypnotischen Erholung wachte er mit allen Anzeichen der Nüchternheit auf.

Ein anderes Mal, als ich im Krankenhaus Dienst hatte, schläferte ich einen meiner Patienten ein und war entschlossen, ihn nicht zu wecken. Er schlief bis zum nächsten Morgen und erwachte frisch und erholt, so wie nach einem gewöhnlichen festen Schlaf.

Die nichtbefolgte Suggestion

Hypnose ist also suggerierter Schlaf, der zu Heilzwecken genutzt werden kann. Auch in wissenschaftlichen Untersuchungen wendete man sich der Hypnose zu, um bestimmte psychische Erscheinungen besser zu verstehen.

Ein aus der Tasche genommenes Geldstück wird auf den Arm einer Versuchsperson gelegt, und man sagt ihr:

»Achtung! Dieses Geldstück ist rotglühend gemacht. Sie bekommen davon eine starke Brandwunde!«

Und tatsächlich – auf dem Arm entsteht eine Verbrennung zweiten Grades.

Dieses Experiment bringt auch Licht in den bekannten Fall der fanatisch gläubigen Französin Louise Lateau, bei der blutende Wunden an Händen und Füßen – genau an den Stellen, wo sich die »Wundmale des gekreuzigten Christus« befanden – auftraten. Der Versuch macht auch verständlich, wie schwere emotionale Erlebnisse ein Ergrauen bzw. einen Haarausfall hervorrufen können; sogar Todesfälle sind nach einem unvorsichtigen Wort möglich. Das Wort kann einen Menschen aber auch heilen. Darüber wird an anderer Stelle zu berichten sein.

Bedeutet das nun, daß man in der Hypnose alles Beliebige suggerieren kann?

Ich hatte Gelegenheit, an Versuchen teilzunehmen, die nachwiesen, daß in Hypnose bei weitem nicht alles suggeriert werden kann und daß nicht alle Menschen suggestibel sind. Dieses Experiment führte mein Vater Konstantin Iwanowitsch Platonow, ein Hypnologe (so nennt man Wissenschaftler, die die Hypnose erforschen), im Psychoneurologischen Institut durch.

Einem Mädchen, das tief unter Hypnose schlief und bereits verschiedene, äußerst komplizierte Aufgaben ausgeführt hatte, wurde gesagt:»Schauen Sie, N. ist eingeschlafen! Er hat eine Brieftasche mit Geld in seinem Anzug! Nehmen Sie ruhig das Geld, er merkt es nicht!«

Die Eingeschläferte, die vorher recht komplizierte Aufgaben des Arztes genau ausgeführt hatte, weigerte sich diesmal, die Aufgabe zu erfüllen. Nach einer nochmaligen Suggestion, die mit den Worten: »Ich befehle Ihnen, das zu tun!« beendet wurde, wachte sie auf, nachdem sie den Befehl wiederum nicht ausgeführt hatte, und obwohl sie vorher sehr tief schlief.

Einer anderen hypnotisierten Frau bot man an, einen ins Zimmer kommenden und ihr unbekannten Mann zu küssen. Sie reagierte darauf mit einem Nervenzusammenbruch, der schnell mit der Suggestion: »Sie haben mich falsch verstanden! Schlafen Sie ruhig!« behandelt werden mußte.

Diese beiden Fälle zeigen, daß moralische Eigenschaften, insbesondere das Gewissen, wenn sie in genügendem Maße entwickelt sind, stärker als die Suggestion sein können.

Die Kraft des Blickes

Einer meiner Bekannten behauptete, daß er — wenn er einen anderen Menschen von hinten anschaut — diesen dadurch veranlassen könne, sich umzudrehen.

»Versuchen Sie es«, sagte ich.

Unbemerkt setzte er sich hinter seine Freundin und richtete seinen Blick, nachdem er die Augen weit aufgerissen hatte, auf ihren Nacken. Tatsächlich drehte sie sich nach einiger Zeit um. »Was schnaufst du denn?« fragte sie.

Die verzückte Physiognomie des »Hypnotiseurs« war sofort dahin. Das war eine überzeugende Widerlegung eines weit verbreiteten, aber durch nichts begründeten Glaubens an die »Kraft des Blickes«.

Zählen Sie einmal zusammen, in wie vielen Fällen eine vor Ihnen sitzende Person, deren Nacken Sie sehen können, sich zu Ihnen umdreht — und nun zählen Sie zusammen, wie oft ein beliebiger anderer daneben sitzender Mensch in der gleichen Zeit den Kopf umdreht. Bei einer genügend großen Anzahl von Beobachtungen wird es keinen Unterschied geben, vorausgesetzt, Sie fangen nicht an zu schnaufen, wie mein Bekannter, oder folgen jemand auf dem Fuß bzw. ziehen auf diese oder jene Art die Aufmerksamkeit Ihrer »Versuchsperson« auf sich, indem sie bei ihr einen Orientierungsreflex (»Was ist das?« — Reflex nach Pawlow) auslösen.

Das menschliche Auge ist hinreichend gut erforscht, so daß mit Sicherheit gesagt werden kann: Es strahlt keine geheimen Kräfte aus.

Vielleicht aber handelt es sich um Telepathie?

Nun, wenn so etwas existieren sollte, dann ist das eine äußerst seltene Ausnahme. Deshalb ist die Meinung, daß man jeden Menschen durch einen »scharfen Blick« veranlassen kann, sich umzudrehen, nichts weiter als Aberglaube.

Wie liest man Gedanken?

Diese Geschichte hatte in ihrer ersten Fassung eine etwas andere Form, aber mein junger Freund Gera, den ich gebeten hatte, das Manuskript zu lesen, erklärte:

»Nein, es ist alles nicht so einfach, wie es hier geschrieben steht. Ich habe einige Male die Versuche von Michail Kuni und Wolf Messing gelesen und war stark von ihnen beeindruckt.«

»Bitte, erzähle, was los war«, schlug ich vor und erhielt folgende Antwort:

»Sie rufen Freiwillige aus dem Publikum auf, bitten sie aufzuschreiben, was von ihnen gemacht werden soll, und führen dann — denjenigen, der geschrieben hat, immer an der Hand haltend — die gestellte Aufgabe aus. Ich hatte schon langfristig folgende Aufgabe vorbereitet: Zu einem Mädchen in der soundsovielten Reihe auf dem soundsovielten Platz hinzugehen (dort saß meine Bekannte), aus ihrer Handtasche eine Sicherheitsnadel herauszunehmen, danach einem Mann in der ... Reihe auf dem ... Platz aufzusuchen (dort saß wieder ein Bekannter von mir), aus seiner Aktentasche (in der einige Bücher waren) ›Anna Karenina‹ herauszunehmen, auf Seite 86 aufzuschlagen und mit der Sicherheitsnadel in der vierzehnten Zeile den zehnten Buchstaben zu durchlöchern und als letztes dem Mädchen die Nadel zurückzugeben.

Die Aufgabe wurde der Jury übergeben. Messing nahm mich bei der Hand und sagte: ›Denken Sie an nichts anderes, denken Sie nur an das, was ich tun soll! Denken Sie intensiver!‹ Auch im weiteren wiederholte er öfter: ›Denken Sie! Denken Sie besser!‹ Dann ging er los und erfüllte alles, was ich aufgeschrieben hatte. Zwar täuschte er sich manchmal, aber er korrigierte sich immer wieder schnell... Wie war diese Leistung möglich, wenn er meine Gedanken nicht gelesen hat?«

»Ehe wir weiter streiten«, antwortete ich, »wollen wir einen kleinen Versuch machen. Halte meine Uhr an der Kette, schließ die Augen, und nun ›denke intensiv‹, daß sich die Uhr hin- und herbewegt — zu dir und von dir weg — oder von links nach rechts bzw. im oder gegen den Uhrzeigersinn. Denke, was du willst — ich werde deine Gedanken erraten.«

Gera nahm die Uhr und schloß die Augen. Sein Gesicht wurde konzentriert. Ich sprach von Zeit zu Zeit:

»Denke besser, wie sich die Uhr hin- und herbewegt! Denke besser!«

Als etwa eine Minute vergangen war, sagte ich sehr sicher: »Du hast gedacht: Im Uhrzeigersinn herum.«

Nachdem Gera die Augen geöffnet hatte, sah er selbst, daß die Uhr einen Kreis in Uhrzeigerrichtung beschrieb. Es ist nämlich so, daß er die Hand unwillkürlich nach der Richtung bewegte, an die er gerade dachte, wenn er sich vorstellte, wie sich die Uhr hin- und herbewegt.

Solche Bewegungen werden als ideomotorische Bewegungen bezeichnet. Diese Erscheinung wurde 1850 in England entdeckt, und bald beschäftigten sich viele mit der Hin- und Herbewegung von Knöpfen und Ringen, die, an einem Faden befestigt, mit den Fingern gehalten wurden; diese Geräte erhielten die Bezeichnung »Odometer«. Natürlich meldeten sich sofort Entdecker einer neuen geheimnisvollen »odometrischen Kraft« zu Wort, und jemand brachte auch diese Erscheinung mit dem tierischen Magnetismus in Verbindung.

Setschenow untersuchte in einer speziellen Studie die Erscheinung der Ideomotorik, und Pawlow schrieb: »Schon lange ist beobachtet worden und wissenschaftlich bewiesen, daß — wenn man an eine bestimmte Bewegung denkt (d.h. kinästhetische Vorstellungen hat) — diese unwillkürlich, ohne es zu merken, ausgeführt wird.«

»Nicht Messing brachte dich zu deiner ersten und danach zur zweiten Adresse, sondern du hast ihn hingeführt«, sagte ich zu meinem jungen Freund. »Du warst, wie man so häufig sagt, der Induktor und Messing der Perzipient.«

Wenn der Perzipient eine richtige Bewegung macht, leistet der Induktor keinen Widerstand; bei einer falschen Bewegung spürt der Perzipient den Widerstand der Hand des Induktors. Deshalb machen Messing und Kuni die ganze Zeit nach allen Seiten suchende Bewegungen im Raum.

Jeder Perzipient kann nur Aufgaben lösen, die sich in eine, mitunter sehr große, Anzahl richtiger oder falscher Einzelbewegungen zerlegen lassen. Solche Aufgaben wie »Schreiben Sie die Zahl 5« oder »Sagen Sie das und das Wort« konnten weder Messing noch Kuni, noch irgendein anderer lösen.

Jeder, der sich einigermaßen darin geübt hat, kann bis zu einem gewissen Grade »Gedanken lesen«, d. h. Perzipient werden. Einige Personen, wie z. B. Kuni und Messing, besitzen die spezielle Fähigkeit, ideomotorische Bewegungen der Hände sehr deutlich und fehlerlos zu erfassen. Etwas Rätselhaftes gibt es dabei überhaupt nicht. Schon 1874 trat der Amerikaner Brown öffentlich mit Vorstellungen über das »Gedankenlesen« auf. Danach gab es noch viele, die mit derartigen Veranstaltungen aufwarteten. Bei einiger Übung kann jeder bei sich diese Fähigkeit bis zu einem gewissen Grade entwickeln.

Zum Schluß muß gesagt werden, daß solche Schaustellungen fälschlicherweise als »Experimente«, wie in den Ankündigungen geschrieben wird, deklariert werden. Ein Experiment ist jedoch eine Methode zur Erkenntnis der untersuchten Erscheinung, aber kein Varietékünstler ist daran interessiert, daß die Zuschauer die Wahrheit über seinen Trick erfahren. Ich hatte persönlich Gelegenheit, einen Versuch mit Messing selbst durchzuführen, mit dem er — nebenbei gesagt — äußerst unzufrieden war. Ich werde auf diese Geschichte noch zurückkommen.

Besuch aus dem Jenseits

»Und so straft sich die empirische Verachtung der Dialektik dadurch, daß sie einzelne der nüchternsten Empiriker in den ödesten aller Aberglauben, in den modernen Spiritismus führt«, schrieb Engels anläßlich der »Epidemie« des Tischrückens, die zu Ende des vorigen und zu Beginn dieses Jahrhunderts zahlreiche Menschen in Amerika und Europa erfaßt hatte. Diese Modeerscheinung verwirrte auch die Köpfe einiger der renommiertesten Wissenschaftler, wie z. B. des Physikers William Crookes, des Chemikers Alexander Michailowitsch Butlerow und des Biologen Alfred R. Wallace.

Die Geschichte des Spiritismus (»spiritus«—lat. Geist) begann 1848, als in der amerikanischen Stadt Rochester ein gewisser Mr. Fox erklärte, daß er und seine Familie mit den Seelen Verstorbener sprächen. Er, seine Frau und drei Töchter saßen um einen runden Tisch, bildeten mit den Fingern der ausgestreckten Hände ein dachähnliches Dreieck, und ... der Tisch begann Antworten auf ihre Fragen zu klopfen. Alsbald stellte sich heraus, daß die Geister nicht nur mit Mr. Fox, nicht nur in Amerika und nicht nur mit Hilfe eines Tisches sprachen. Dazu genügte auch eine Untertasse, die sich auf einem mit dem Alphabet beschriebenen Blatt bewegte und die auch mit den Händen berührt wurde.

Es fanden sich Personen, mit denen die »Geister« besonders gern in »Kontakt« traten. Diese Personen wurden Medien genannt. Die »Geister« verschiedener Menschen — Berühmtheiten, Verwandte und Bekannte — erschienen aus dem Jenseits. Am häufigsten aber störten die Spiritisten die »Geister« Napoleons und Alexanders des Großen auf: Jeder war neugierig darauf, sich mit einem berühmten Menschen so einfach zu unterhalten.

Es war unhöflich, an den Geistern herumzukritteln, man forderte von ihnen nicht einmal grammatische Regeln. Welche Worte der Tisch oder die Untertasse auch »sagten«, immer konnte man dahinter einen »tieferen« Sinn entdecken.

1875 rief die Physikalische Gesellschaft der Petersburger Universität auf Initiative von Dmitri Iwanowitsch Mendelejew eine spezielle Kommission zur Untersuchung von mediumistischen Erscheinungen« ins Leben. Zu dieser Kommission gehörten außer Mendelejew noch elf andere Gelehrte. Nach zahlreichen Sitzungen kamen die Mitglieder der Kommission aufgrund aller untersuchten und wahrgenommenen Fakten einstimmig zur Schlußfolgerung: Spiritistische Phänomene rühren aus unbewußten Bewegungen oder bewußter Täuschung her, und damit erweist sich die spiritistische Lehre als Aberglaube.

Die Ideomotorik erklärt also nicht nur das »Gedankenlesen«, sondern auch die spiritistischen Phänomene. Zu Beginn des 20. Jahrhunderts wurden in Amerika viele Schwindelfälle bei spiritistischen Veranstaltungen durch den Physiker Robert Wood aufgeklärt, der dafür geschickt Photographien mit ultravioletten Strahlen verwandte.

Der Spiritismus ist aber auch heute noch nicht völlig auf dem Müllhaufen der Geschichte gelandet. So »riefen« zum Beispiel 1959 die Fußballspieler des englischen Klubs »Gloucester City« in spiritistischen Sitzungen die »Geister« ihrer berühmten Kollegen an und hofften, indem sie sich mit ihnen über Spieltaktik und Trainingsmethoden unterhielten, daß sie dadurch schneller in eine höhere Liga kämen.

Gedankenübertragung

Einer Versuchsperson wird am Oberarm ein Armband befestigt, von dem aus Leitungen zu einer mechanischen Hand führen. Schließt nun die Versuchsperson die Hand gedanklich zur Faust, vollzieht die mechanische Hand diese Bewegung real nach, wird die Faust gedanklich geöffnet, strecken sich dementsprechend die Finger der mechanischen Hand.

Wenn nun die Gedanken in der Lage sind, über eine Leitung einen bestimmten Mechanismus zu kommandieren, können sie dann nicht auch über eine bestimmte Entfernung von Mensch zu Mensch weitergegeben werden?

Bevor auf diese viele Menschen interessierende Frage eingegangen werden kann, muß ich daran erinnern, daß Gedanken nur durch ein materielles Milieu, ohne das sie gar nicht existieren würden, übertragen werden können. Wenn ich denke und spreche, bringen die Schwingungen der Luft meine Worte zu einem anderen Menschen, und sie werden zu seinen Gedanken. Ich habe hier meine Gedanken aufgeschrieben, und Sie lesen sie jetzt. Die Gedanken eines Menschen sind aber ein Produkt seiner Gehirntätigkeit und mit bioelektrischen Erscheinungen innerhalb des Gehirns sowie in anderen Teilen des Organismus verbunden. Ebenso schließen die von der Apparatur registrierten und verstärkten Bioströme, die bei dem Gedanken an ein Ballen der Finger zur Faust in den entsprechenden Muskeln entstehen, die Finger der mechanischen Hand zur Faust.

Die Akademiemitglieder, der Psychiater Wladimir Michailowitsch Bechterew und der Biophysiker Pjotr Petrowitsch Lasarew, räumten ein, daß unter besonderen Bedingungen, die der Wissenschaft noch nicht genau bekannt sind, die elektrische Energie des Gehirns einer Person über eine bestimmte Entfernung auf das Gehirn eines anderen Menschen einwirken kann. Wenn dieses Gehirn entsprechend »eingestimmt« ist, sei es möglich, in ihm bioelektrische »Resonanz«erscheinungen und — als deren Produkt — entsprechende Vorstellungen und Gedanken hervorzurufen.

Vielleicht wäre es richtiger, hier nicht nach physikalischen Erscheinungen zu suchen, die der unbelebten Natur eigen und bereits verhältnismäßig gut erforscht sind, sondern nach unbekannten physikalischen Erscheinungen der lebenden Natur?

Anfang der 60er Jahre schrieb man von Versuchen, die 1959 in Amerika durchgeführt wurden, wobei einem menschlichen »Rezeptor«, der sich in einem Unterseeboot befand, angeblich Gedanken über eine Entfernung von zweitausend Kilometern und in eine Tiefe von einigen Hundert Metern übertragen worden seien.

Und dann erwies sich diese Information als eine Ente französischer Zeitschriften.

Dieser Fall verweist jedoch auf die Notwendigkeit der sorgfältigen Überprüfung der Glaubwürdigkeit solcher und ähnlicher Versuche, über die sehr oft Mitteilungen verbreitet werden.

Zu Beginn dieses Jahrhunderts beschäftigte sich der bekannte französische Psychiater Charles Richet ebenfalls mit derartigen Versuchen, und 1930 beschrieb der populäre amerikanische Schriftsteller Upton Sinclair in seinem Buch »Geistiges Radio« ähnliche Versuche, die er mit seiner Frau durchgeführt hatte.

1923, als ich noch Biologiestudent war, nahm ich an Versuchen meines Vaters — eines Psychotherapeuten und Hypnologen — teil. Unter dem Einfluß eines Buches bat ich meinen Vater, daß er versuchen möge, gedanklich einen seiner Patienten in Schlaf zu versetzen. Lange Zeit sah er diese Bitte als Scherz an, wurde sogar ärgerlich, probierte es aber eines Tages doch, und ... die Patientin fiel in Schlaf. Ebenso weckte er sie auf gedanklichem Wege wieder auf. Danach wiederholten wir diese Versuche mehrfach und in verschiedenen Varianten. 1924 demonstrierte mein Vater sie auf dem Kongreß der Neuropathologen und Psychiater in Leningrad, worüber auch die Lokalzeitungen berichteten.

In den Jahren 1932 bis 1937 wies der Physiologe Leonid Leonidowitsch Wassiljew in einer Versuchsreihe nach, daß das gedankliche Einschläfern und Aufwecken aus der Hypnose manchmal sogar möglich ist, wenn der Hypnologe und die Versuchsperson durch eine Wand, die für Radiowellen undurchlässig ist, getrennt sind.

1960 wurde am Physiologischen Institut der Leningrader Staatlichen Universität ein spezielles Laboratorium unter der Leitung von Wassiljew zur Untersuchung des Phänomens der Telepathie (aus dem Griech. — »Fernfühligkeit«) gegründet. Mitunter werden diese Erscheinungen als »parapsychologisch« (die griechische Vorsilbe »para« bedeutet »neben« oder »schein-«) bezeichnet, womit unterstrichen wird, daß diese Erscheinungen außerhalb des Feldes der traditionellen Psychologie liegen.

1962 veröffentlichte die Leningrader Universität Wassiljews Buch »Experimentelle Untersuchungen zur gedanklichen Suggestion«. Mit einem Wort, die hier aufgeworfene Frage ist nunmehr Gegenstand streng wissenschaftlicher Untersuchungen. Bleibt nur zu wünschen übrig, daß sie so allseitig wie möglich, vor allem experimentell, untersucht wird.

Viele Wissenschaftler zweifeln an der Glaubwürdigkeit dieser Versuche. Aber auch diejenigen, die sie — wie ich selbst — mit eigenen Augen gesehen haben, sind der Meinung, daß eine solche Fähigkeit,

39

gedanklich über eine bestimmte Entfernung auf jemanden einzuwirken, außerordentlich selten ist und eine spezielle »Einstimmung des Gehirns« erfordert. Die psychologische Wissenschaft besitzt auf ihrem gegenwärtigen Entwicklungsniveau vorläufig weder Beweise noch Gegenbeweise, ob die von verschiedenen Völkern und zu verschiedenen Zeiten beschriebenen Tatsachen, wie z. B., daß eine Mutter den Tod ihres Kindes oder ein Zwilling den Tod des anderen über große Entfernung hinweg fühlt, mit Hilfe der Telepathie erklärt werden können.

Jedoch sind genug Gründe vorhanden, um die Behauptung aufzustellen, daß der Mensch nicht in der Lage ist, willkürlich seine Gedanken demjenigen zu übertragen, dem er sie mitteilen möchte, bzw. daß es ihm auch nicht gelingt, Gedanken bei jemandem, wo er es gern möchte, zu lesen. Die meisten Fälle, die gewöhnlich als telepathische Erscheinungen betrachtet werden, müssen genauso differenziert wie beispielsweise die Vorführungen von Wolf Messing und Michail Kuni (darüber haben wir schon gesprochen) erklärt oder als Gedächtnisfehler, von denen wir noch hören, interpretiert werden.

Ignorabimus oder Ignoramus?

»Man kann mit Recht sagen, daß der seit Galileis Zeiten unaufhaltsame Gang der Naturwissenschaften zum ersten Male augenfällig vor dem höchsten Abschnitt des Gehirns oder, allgemeiner gesagt, vor dem Organ der kompliziertesten Beziehungen der Lebewesen zur Umwelt haltmacht ... Und es scheint, daß dies seinen Grund hat, daß wir es hier mit einem wirklich kritischen Moment in der Naturwissenschaft zu tun haben, denn das Gehirn, das in seiner höchsten Form, dem menschlichen Gehirn, die Naturwissenschaften schuf und noch schafft, wird nun selbst zum Objekt dieser Naturwissenschaft.«

So leitet Pawlow seinen Vortrag »Die Naturwissenschaft und das Gehirn« auf dem Kongreß der Naturwissenschaftler und Ärzte im Jahre 1909 ein. Das war eine Hymne auf die unanfechtbare Macht der Wissenschaft.

Pawlow setzte den heißen Streit fort, den Ernst Haeckel (1834–1919) und Emil Du Bois-Reymond (1818–1896) Ende des vorigen Jahrhunderts begonnen hatten. Dieser Streit ging in die Wissenschaft unter der Bezeichnung ein, die ich für diese Erzählung wählte.

Der deutsche Physiologe Du Bois-Reymond schloß 1872 seinen öffentlichen Vortrag »Über die Grenzen des Naturerkennens« mit den Worten: »Gegenüber den Rätseln der Körperwelt ist der Naturfor-

scher längst gewöhnt, mit männlicher Entsagung sein ›Ignoramus‹
auszusprechen ... Gegenüber der Rätsel aber, was Materie und Kraft
seien, und wie sie zu denken vermögen, muß er ein für allemal zu dem
viel schwerer abzugebenden Wahrspruch sich entschließen: ›Ignorabimus‹.«[1]

Der deutsche Biologe Ernst Haeckel widersprach Du Bois-Reymond und seinen Anhängern entschieden, indem er aktiv gegen die
These des »ignorabimus« kämpfte. Sein populäres Buch »Die Welträtsel« (1899) ist »ins Volk gedrungen und wurde zu einer Waffe des
Klassenkampfes« — wie W. I. Lenin über dieses Werk urteilte, das er
hoch schätzte.

Sowohl Du Bois-Reymond als auch Haeckel sprachen von sieben
»Weltwundern«; zwei davon gehören zum Bereich der Physik, zwei zur
Biologie und die drei letzten zur Psychologie:

1. Wesen der Materie und der Kraft
2. Ursprung der Bewegung
3. Ursprung des Lebens
4. Zweckmäßigkeit der Natur
5. Entstehung der Empfindung und des Bewußtseins
6. Entstehung des Denkens und der Sprache
7. Freiheit des Willens.

Haeckel wies leidenschaftlich und überzeugend nach, daß man
bezüglich all dieser Rätsel nur eines sagen kann: »Vorläufig wissen wir
noch nicht« — und damit hatte er natürlich recht. Nicht ohne Grund
zogen alle finsteren Kräfte der Kirche gegen ihn zu Felde und machten
nicht halt vor Lügen, Verleumdungen und sogar einem Mordanschlag.
Wir wissen es noch nicht, aber wir werden es wissen, behaupteten
sowohl Haeckel als auch Pawlow, der mit Empörung über die bürger-
lichen Psychologen erklärte: »Wahrscheinlich haben sie den Wunsch,
daß ihr Forschungsgegenstand unerforscht bleibt — wie seltsam ist
das!«

Der russische Pflanzenphysiologe Timirjasew (1843–1920) ver-
urteilte die Anschauungen von Du Bois-Reymond als »mystische
Ekstase der Unwissenheit, die sich selbst vor die Brust schlägt und
freudig wehklagt: ›Ich weiß es nicht! Ich werde es nicht wissen! Ich
werde es niemals wissen!‹«.

Das, was Du Bois-Reymond für ein Rätsel hielt, ist heute modernen
Psychologen weitgehend klar. Viel ist in dieser Hinsicht Wilhelm
Wundt zu verdanken. Er machte sich nicht nur um die Einführung,

---

1 »Ignoramus et ignorabimus« (lat.): »Wir wissen (es) nicht, und wir werden (es auch)
nicht wissen!« — Übers.

Erprobung und Weiterentwicklung der experimentellen Methode in der Psychologie verdient. Wilhelm Wundt brach mit der überlieferten Psychologie, indem er sie schöpferisch überwand und eine neue Psychologie schuf. Er warf eine große Anzahl von Problemen und Fragestellungen auf, die bis zum heutigen Tage zu den wissenschaftlich bearbeiteten Gegenständen in der Psychologie zählen. Außerdem aber entsteht gegenwärtig eine Menge neuer Fragen. Unser Wissen kann mit einer sich ständig erweiternden Sphäre verglichen werden. Je breiter der Bereich, desto mehr Punkte gibt es, an denen man mit Unbekannten zusammenstößt. Das führt zur Entstehung neuer Probleme, die gelöst werden müssen.

Die Psyche und das Gehirn

Reflex und Reflexion

Aus dem »Chirurgie-Papyrus« der alten Ägypter geht hervor, daß sie schon 3000 Jahre v. u. Z. Untersuchungen über den Zusammenhang zwischen Psyche und Gehirn eines Menschen anstellten.

Der griechische Philosoph Alkmäon (5. Jh. v. u. Z.) war der Meinung, daß das Gehirn der »Sitz der Seele und des Bewußtseins« sei. Andere Naturforscher glaubten, daß die Seele im Herzen wohnt; dritte lokalisierten sie im Magen. Bezüglich des Zusammenhangs zwischen Psyche und Gehirn gab es nicht nur materialistische, sondern auch idealistische Auffassungen. So faßte beispielsweise der französische Philosoph, Mathematiker und Physiologe René Descartes (1596—1650) diesen Zusammenhang idealistisch auf. Er vertrat die Ansicht, daß »Lebensgeister«, die er sich als besonders leichte Materieteilchen vorstellte, die Fähigkeit zur Reflexion haben, d. h., daß sie das, was auf die Sinnesorgane einwirkt, über das Gehirn auf die Muskeln übertragen können.

»Ich präpariere gegenwärtig die Schädel verschiedener Tiere, um das Wesen der Einbildungskraft, des Gedächtnisses usw. erklären zu können«, schrieb Descartes an einen Freund. Der Gelehrte war der Auffassung, daß die Nerven wie kleine Röhren beschaffen seien, durch die die »Lebensgeister« zirkulieren. In den Röhren gäbe es angeblich Fäden, die der Übertragung äußerer Einwirkungen auf das Gehirn dienen (etwa so wie mit Hilfe einer Schnur, die an einer Glocke befestigt ist, das Läuten ermöglicht wird). Den gesamten Prozeß stellte sich Descartes folgendermaßen vor: Die Fäden öffnen im Gehirn ein Ventil, der »Lebensgeist« strömt von dort durch die röhrenähnlichen Nerven zu den Muskeln und setzt, indem er sie aufbläht, die Extremitäten in Bewegung.

So naiv, wie diese Abbildung heute auch erscheinen mag, enthält sie doch — richtig verstanden — den zentripetalen (afferenten) und zentrifugalen (efferenten) Teil des Reflexes. Den Übergang eines dieser Teile in den anderen betrachtete Descartes als Transformation des Bewußtseins in körperliche Bewegungen. Diese Transformation vollziehe sich in der Zirbeldrüse, die seiner Meinung nach das einzige unpaarige Organ des Gehirns darstellt.

Das Descartessche Schema besitzt noch einen weiteren Vorzug. In ihm drückt sich die materialistische Auffassung vom Determinismus aus, d. h., es wird gezeigt, daß zwischen den Erscheinungen der

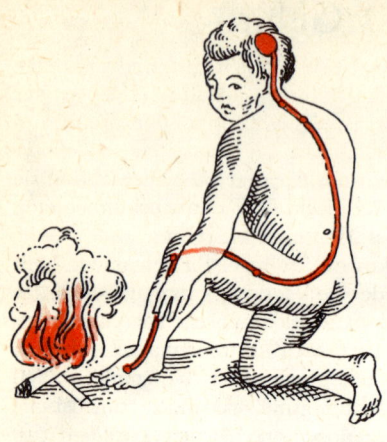

Eine der ersten Darstellungen des Reflexes (nach Descartes) zeigt den Weg des »Lebensgeistes«, der im Gehirn widergespiegelt wird

objektiven Welt ein kausaler Zusammenhang besteht: Eine Erscheinung (Ursache) ruft unweigerlich eine andere Erscheinung (Wirkung) hervor. »Es ist klar, daß für Descartes gerade die Idee der Determination das Wesen des Reflexbegriffs ausmachte«, schrieb Pawlow.

Alle menschlichen Gedanken sind Reflexionen (Widerspiegelungen) der Eigenschaften und Beziehungen der Gegenstände und Erscheinungen durch das Bewußtsein. Die Konzeption der Widerspiegelung als das Wesen der psychischen Tätigkeit wurde von Marx, Engels und Lenin zur »Widerspiegelungstheorie« bzw. zur marxistischen Erkenntnistheorie entwickelt. Das Wesen dieser Theorie besteht darin, daß das Bewußtsein als Funktion einer besonders komplizierten Form der Materie – des menschlichen Gehirns – anerkannt wird und daß Wahrnehmungen, Denken und andere psychische Prozesse nichts weiter sind als die Widerspiegelung der objektiv existierenden Realität.

Der Reflexbegriff wurde im naturwissenschaftlichen Bereich von Setschenow in seinem berühmten Werk »Die Reflexe des Gehirns«, erschienen 1863, entwickelt. »Er, dieser wissenschaftliche Psychologe, hat die philosophischen Seelentheorien beiseite geworfen, sich unmittelbar an die Untersuchung des materiellen Substrats der psychischen Erscheinungen – der Nervenprozesse – gemacht ...« Mit Recht darf angenommen werden, daß sich diese Worte Lenins auf Setschenow beziehen.

Die moderne »Reflextheorie der Psyche«, die sich auf die Lehre Pawlows stützt, geht davon aus, daß die psychische Widerspiegelung allein mit der bedingt reflektorischen (höheren) Nerventätigkeit der Großhirnrinde zusammenhängt.

Eine hohe Stirn, aber wenig Gehirn

»Ich war von seiner schönen, hohen Stirn und dem großen Kopf stark beeindruckt«, erzählte eine meiner Bekannten. »Und ich dachte, wer so einen Kopf sein eigen nennt, der ist sicherlich eine sehr intelligente und interessante Person. Bald aber mußte ich feststellen, daß dieser Mensch dümmer und einfältiger war als alle, die ich bisher kannte ... Wie kommt das? Gibt es denn keine direkte Beziehung zwischen dem geistigen Entwicklungsniveau und der Größe des Gehirns?«

Auf diese Frage nur kurz zu antworten, wäre unzureichend, deshalb hielt ich für meine Bekannte eine kleine Vorlesung. Ich sagte, daß der Zusammenhang nicht so einfach ist, wie das im ersten Augenblick erscheinen mag. Das Gehirn des Elefanten ist dreimal größer als das Gehirn des Menschen; beim Menschen macht das Gehirn aber 1/40 seines Körpergewichts, beim Elefanten nur 1/440 aus.

Je höher das Entwicklungsniveau der psychischen Tätigkeit des Tieres, desto bedeutender ist die relative Größe seines Gehirns. Das mittlere Hirnvolumen der gegenwärtig lebenden Menschen beläuft sich auf $1\,450\,cm^3$. So wurde in Ostafrika der Schädel eines Urmenschen gefunden, der vor etwa 600 000 Jahren gelebt hat. Sein Hirnvolumen betrug $600\,cm^3$. Menschenähnliche Affen haben ein Hirnvolumen von nur $350\,cm^3$.

Noch deutlicher wird das alles, wenn man einmal betrachtet, wie stark die Entwicklung der Großhirnrinde, insbesondere der frontalen Partien, von der phylogenetischen Entwicklungsstufe des Tieres abhängt. Einmal kommt die Zeit, wo die Hirnrinde nicht mehr genügend Platz unter dem Schädeldach findet, sich zusammendrückt und Furchen bzw. Windungen entstehen. Die Gesamtoberfläche des menschlichen Gehirns beläuft sich im Durchschnitt auf $2\,000\,cm^2$, 2/3 davon liegen aber in den Tiefen der Furchen.

Jedoch kann die Größe des menschlichen Gehirns allein nicht Kriterium für die Entwicklung psychischer Fähigkeiten sein. Die Gehirne des russischen Schriftstellers Turgenjew, des französischen Naturforschers Cuvier und des englischen Dichters Byron waren sehr groß (etwa $2\,000\,cm^3$), während das des französischen Schriftstellers Anatole France etwa nur die Hälfte dieses Volumens aufwies.

Eine große Hirnschale und eine hohe Stirn können also auch bei Menschen vorhanden sein, mit denen es sonst nicht sehr weit her ist. Puschkin legte Ruslan folgenden richtigen Gedanken in den Mund:

Ist noch so breit auch deine Stirn,
Verstand steckt nicht in deinem Hirn!

Und die Moral der hier erzählten Geschichte: Wähle deine Freunde nicht nach der Größe ihres Hutes!

1:10 000

1:550

1:440

1:90

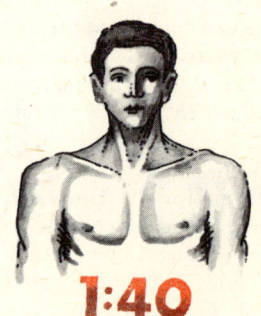

1:40

*Je höher ein Tier
entwickelt ist....*

desto größer ist
sein Hirngewicht im Vergleich
zu seinem Körpergewicht

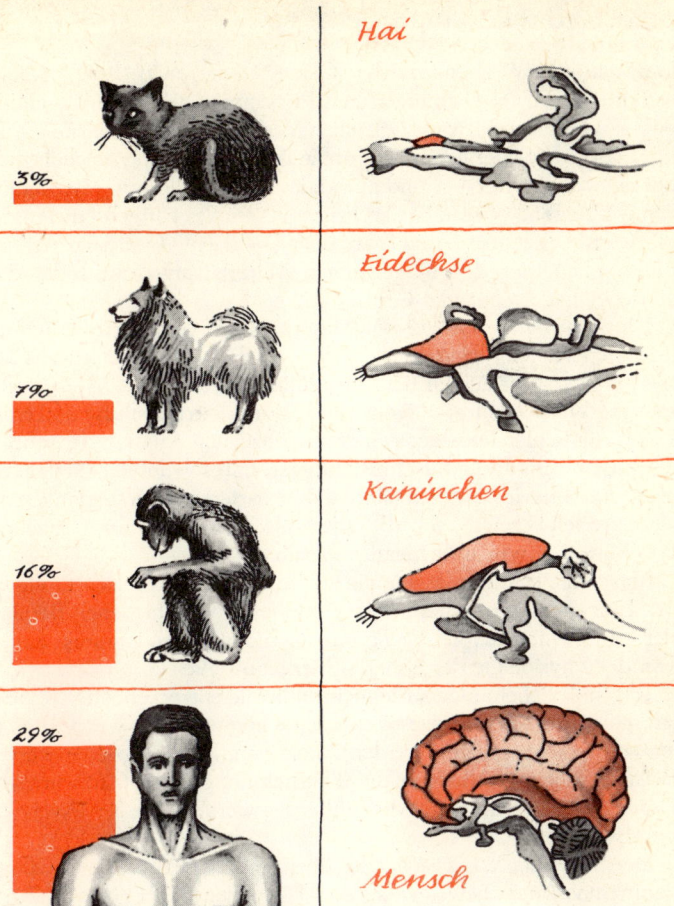

3%

7%

16%

29%

Hai

Eidechse

Kaninchen

Mensch

desto größer ist
die Oberfläche der Stirnlappen
im Vergleich zum gesamten Kortex

desto größer ist
die Oberfläche des Kortex
im Vergleich zum Gesamtgehirn

Sind Gedanken materiell?

Der deutsche Wissenschaftler Oskar Vogt (1870–1959), bekannt durch seine Untersuchungen zur Physiologie des Gehirns, glaubte, daß der Gedanke etwa im gleichen Verhältnis zum Gehirn steht wie die Galle zur Leber oder der Urin zu den Nieren. Ebenso dachte auch der deutsche Lohgerber und autodidaktische Philosoph Joseph Dietzgen (1828–1888), der in den sechziger Jahren des vorigen Jahrhunderts in Petersburg lebte. Lenin sagte über Dietzgen: »In diesem Arbeiterphilosophen, der den dialektischen Materialismus auf seine Weise entdeckt hat, steckt viel Großes!«

Dietzgen nahm an, daß der Materiebegriff erweitert werden muß und alle Erscheinungen der Realität — folglich also auch unsere Fähigkeit, etwas zu erkennen oder zu erklären — dazu zu zählen sind. In seinem Werk »Materialismus und Empiriokritizismus« unterzieht Lenin die Fehler Dietzgens einer ausführlichen Analyse. Er schreibt: »Das ist offenkundig falsch. Richtig ist, daß sowohl der Gedanke als auch die Materie ›wirklich‹ sind, d. h. existieren. Den Gedanken aber als materiell bezeichnen heißt einen falschen Schritt zur Vermehrung von Materialismus und Idealismus tun.«

Materielle Erscheinungen, die im Gehirn ablaufen, sind der Wechsel des Erregungs- und Hemmungsprozesses in verschiedenen Bereichen der Großhirnrinde, die sogenannte kortikale Neurodynamik. Sie wird von der Physiologie der höheren Nerventätigkeit untersucht.

Ideelle Erscheinungen, die nicht ohne die entsprechenden materiellen, physiologischen Prozesse existieren können (auch wenn sie zu den letzteren nicht gezählt werden), sind psychische Prozesse wie zum Beispiel die Empfindungen, die Wahrnehmungen, das Gedächtnis, das Denken, die Gefühle und der Wille. Sie werden von der Psychologie untersucht.

Der Streit der Wissenschaftler über die Materialität der Gedanken konnte noch nicht beigelegt werden. Ein wesentlicher Grund dafür ist, daß noch nicht eindeutig festgestellt werden konnte, auf welche Weise die materiellen Erscheinungen mit den ideellen verbunden sind. Die Wissenschaft verfügt noch nicht über ausreichende Ergebnisse beispielsweise der Art, worin sich hinsichtlich der chemischen Zusammensetzung und der physiologischen Funktionen Materie, die ein Bewußtsein besitzt, von einer, die keines besitzt, unterscheidet.

Die Lehre von den bedingten Reflexen und die sich erfolgreich entwickelnde Elektrophysiologie und Biochemie des Gehirns führen den Menschen aber an die Lösung dieser Frage heran.

Der Buckel der Religiosität

Mein Wohnungsnachbar ließ sich den Kopf rasieren, und sein buckliger, unebener Schädel war sofort Anlaß für einen derben Scherz.

»Diese Beule hier deutet seine mathematischen Fähigkeiten an«, spotteten die Freunde. »Diese dort — das Bedürfnis nach Ruhm und Ehre und jene da, die etwas kleinere — seine musikalische Begabung. Schaut euch alle die Beulen an, und ihr wißt, wie viele Talente der alte Junge hat!«

So scherzten sie weiter und wußten nicht, daß im vergangenen Jahrhundert sogar eine derartige Pseudowissenschaft, die Phrenologie (griech.: phren — Seele), entstanden war. Sie wurde von dem süddeutschen Arzt Franz Joseph Gall begründet. Diese »Lehre« behauptete, daß es eine Beziehung zwischen der äußeren Form des Schädels und den geistig-moralischen Eigenschaften des Menschen gäbe, und erkannte nicht nur alle die Beulen an, von denen hier schon die Rede war, sondern auch Beulen der Elternliebe, Religiosität u. a. m. (»Gallsche Schädellehre«). Das Progressive in Galls Anschauungen war, daß er die psychische Tätigkeit mit der Großhirnrinde in Zusammenhang brachte. Weiter jedoch nahm er an, daß das Vorherrschen irgendeiner psychischen Tätigkeit die Entwicklung eines bestimmten Hirnbereichs nach sich zieht, der dann auf den knöchernen Schädel drückt; daraus bildet sich dann eine kleine Erhebung auf dem Schädeldach. Natürlich ist das reiner Unsinn. Der berühmte Anatom Joseph Hyrtl bezeichnete Galls Ideen als eine Lehre »von Toren für Toren erfunden«.

Das Fehlerhafte in Galls Auffassungen wurde zu reaktionären Zwecken genutzt. Ein gewisser Matwej Wolkow beispielsweise schrieb, die Armut und die Entbehrungen der Bauern wären darauf zurückzuführen, daß bei ihnen der Buckel des »Widerstrebens« stark, der Buckel des »Unterordnens« schwach entwickelt seien. Während der russische Literaturkritiker Dobroljubow Wolkow scharf kritisierte, feierten ihn reaktionäre deutsche Wissenschaftler.

Die Lokalisierung einzelner psychischer Funktionen erwies sich als nicht so einfach, wie sich das Gall vorstellte. Die Funktionen verschiedener Rindenbereiche sind mit deren mikroskopischer Struktur, der sogenannten Zellarchitektonik des Gehirns, verbunden.

Die Hirnrinde des Menschen ist zwei bis fünf Millimeter dick und besteht aus etwa 15 Milliarden Zellen, deren Größe zwischen 0,005 und 0,05 Millimetern schwankt. In ihrer Form sind sie verschiedenartig; sie erfüllen auch unterschiedliche Funktionen. Einige dieser Zellen haben bis zu 10 000 Kontakte zu ihren »Kollegen«.

So wurde errechnet, daß $3\,mm^3$ Nervengewebe im Gehirn einer

Maus Milliarden von Kombinationen der wechselseitigen Verbindungen mit anderen Zellen gewährleisten. Die 15 Milliarden Zellen der Hirnrinde des Menschen aber lassen Verbindungen in einer Größenordnung von $10^{10\,000}$ zu.

Suchen Sie bitte auf dem unteren Teil der nebenstehenden Abbildung die Ziffern 18 und 19. Das sind die Bezirke der Rinde (häufig werden sie auch als »Felder« bezeichnet), deren Verletzung zur Blindheit führt, auch wenn die Augen noch funktionstüchtig sind. Eine Reizung dieser Felder, beispielsweise während einer Gehirnoperation, ruft optische Halluzinationen hervor. Eine Reizung des Feldes 22 führt zu akustischen Halluzinationen, eine Verletzung dieses Bereichs — zur Taubheit.

Es kann heute als bewiesen gelten, daß bestimmte Arten psychischer Tätigkeiten mit bestimmten Zentren der Hirnrinde verbunden sind, Pawlow bezeichnete das als »Prinzip der Strukturiertheit« der Arbeit des Gehirns und als »Verbindung der Dynamik mit der Struktur«. Unter »Zentren« sind jedoch nicht nur bestimmte Rindenbereiche, sondern die kompliziertesten Wechselwirkungen mehrerer Rindenfelder, die untereinander mehr oder weniger leicht austauschbar sind, zu verstehen. Es handelt sich hierbei um die sogenannte dynamische Lokalisation der Funktionen.

In der Hirnrinde liegen Zentren, die auf der Grundlage bestimmter aus dem äußeren Milieu einlaufender Signale die Wechselwirkung des Organismus mit der Umwelt gewährleisten. Dieses System könnte als »Informations-Service« bezeichnet werden.

Die grundlegenden physiologischen Funktionen des Organismus wie Atmung, Blutkreislauf, Verdauung, Wärmeregulation usw., gewöhnlich unter dem Begriff »vegetative Funktionen« zusammengefaßt, werden von Zentren reguliert, die in den subkortikalen Ganglien und im Hirnstamm liegen, wobei aber auch sie von der Arbeit des Großhirns (Kortex) abhängig sind.

Untersuchungen der letzten Jahrzehnte zeigten, daß es noch ein weiteres zerebrales System gibt, das sowohl mit dem Kortex als auch mit den subkortikalen Ganglien in Wechselbeziehung tritt. Es handelt sich hierbei um ein Netz von Nervenzellen, das die Ventrikel (Hohlräume im Inneren des Gehirns) umgibt und als Formatio reticularis bezeichnet wird. Das ist gewissermaßen das energetische System des Gehirns, das den allgemeinen Tonus der Hirnrinde aufrechterhält. Außerdem wirkt die Formatio reticularis im Sinne eines »Aufmerksamkeits-Service«, was aber später noch gesondert beschrieben wird.

Die kortikalen Zentren kann man also — bildlich gesprochen — mit Institutionen vergleichen, die — obwohl sie in verschiedenen Gebäu-

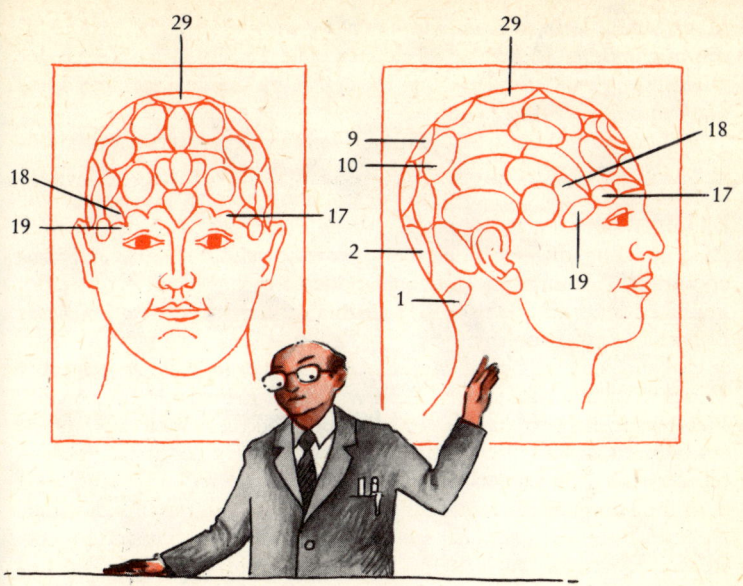

Lokalisation der Hirnfunktionen,
wie sie sich Gall vorstellte

1 Verliebtheit   2 Kinderliebe   9 Autoritätsliebe   10 Ruhmesliebe
17 Ordnungssinn   18 Musikalität   19 Rechenfähigkeiten   29 Religiosität

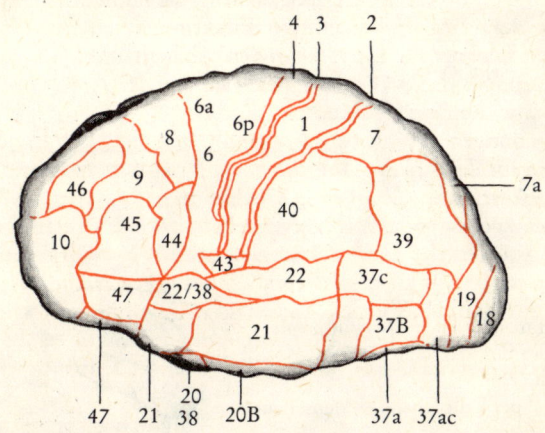

Moderne, etwas vereinfachte Auffassung von der Anordnung der Rindenfelder

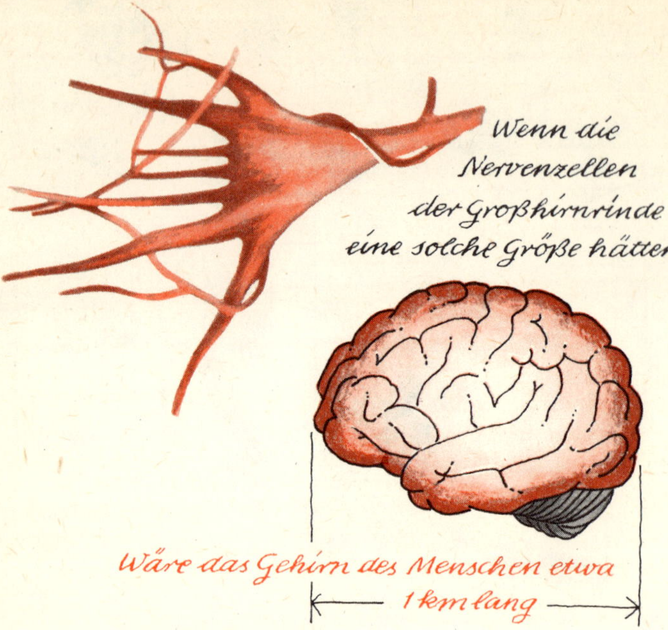

Wenn die Nervenzellen der Großhirnrinde eine solche Größe hätten,

Wäre das Gehirn des Menschen etwa 1 km lang

Die Gesamtlänge der Fortsätze
aller Nervenzellen
macht viermal die Entfernung
Erde–Mond aus

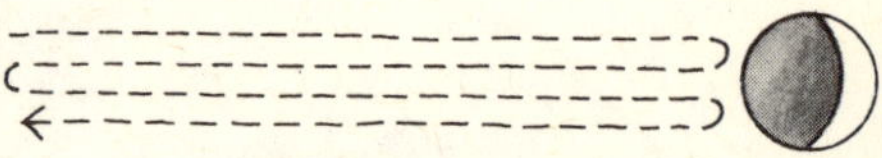

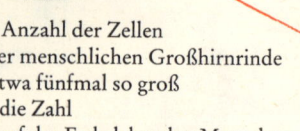

Die Anzahl der Zellen
in der menschlichen Großhirnrinde
ist etwa fünfmal so groß
wie die Zahl
der auf der Erde lebenden Menschen

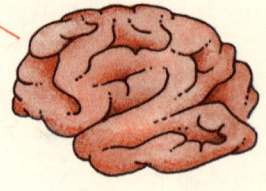

den, mitunter sogar in verschiedenen Stadtteilen untergebracht sind — dennoch eine äußerst enge Verbindung untereinander haben und als einheitliches Ganzes funktionieren.

Charakteristisch für das Gehirn sind seine außerordentliche Plastizität und die Fähigkeit einzelner Bereiche, die Funktionen anderer Bereiche übernehmen zu können. Der Bakteriologe Louis Pasteur (1822–1895) erlitt, als er sechsundvierzig Jahre alt war, in der rechten Großhirnhemisphäre einen Bluterguß. Er starb erst mit dreiundsiebzig Jahren. Eine postmortale Untersuchung zeigte, daß er seine bemerkenswerten wissenschaftlichen Arbeiten, die die Menschheit von der Tollwut befreiten und seinen Namen verewigten, nur mit der linken Hemisphäre zustande gebracht hatte, da die rechte Hälfte fast gänzlich atrophiert war.

Die Verbindung zwischen den Zentren sowie zwischen ihnen und den peripheren Muskeln wird durch Nervenfasern hergestellt. Hermann Helmholtz ermittelte 1850 erstmals die Geschwindigkeit der Erregungsleitung in einer Nervenfaser. Er erhielt dabei Werte, die zwischen 60 und 120 m/sec lagen. Vor Helmholtz hatte man geglaubt, die Erregungsleitung im Nerven erfolge mit Lichtgeschwindigkeit!

Die Projektion des Schweinerüssels

Alle Organe und Teile des Organismus haben ihre Projektion oder — mit anderen Worten — ihre Repräsentation im Kortex: die Sinnesorgane in den sensorischen und die Muskeln in den motorischen Feldern des Großhirns. Je wichtiger ein Organ für ein bestimmtes Tier oder den Menschen ist, desto größeren Raum nimmt sein Repräsentationsfeld im Kortex ein. So nimmt in der Hirnrinde des Schweines die Projektion des Rüssels den weitaus größten Platz ein (z. B. wesentlich mehr als die Projektion des »Schinkens«, d. h. der Oberschenkel). In der Hirnrinde des Pferdes nehmen die Nüstern und im Kortex der Schafe die Lippen den bedeutendsten Raum ein. Beim Igel belegt das olfaktorische Zentrum etwa ein Drittel der Großhirnrinde, während beim Affen das optische Zentrum und die Projektionen der Arme und des Schwanzes im Kortex dominieren.

Beim Menschen nehmen die Zentren, die eng spezialisierte Repräsentationen besitzen, sehr kleine Gebiete der Hirnrinde ein. Der größte Teil der Hirnrinde gehört zum Assoziationsbereich, der die Funktionen des Gehirns zu einem einheitlichen Ganzen zusammenfaßt.

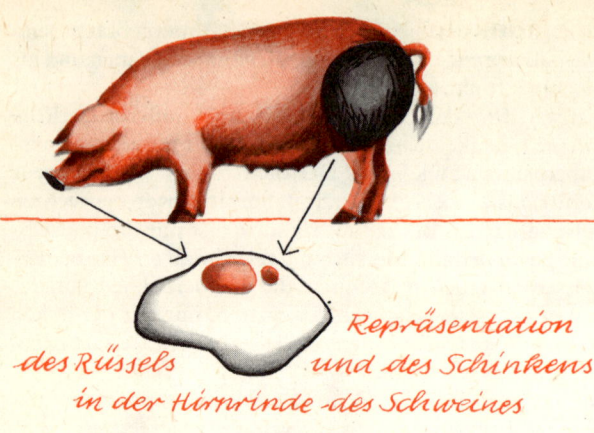

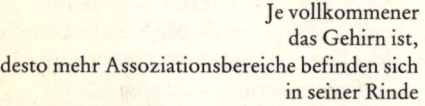

Repräsentation des Rüssels und des Schinkens in der Hirnrinde des Schweines

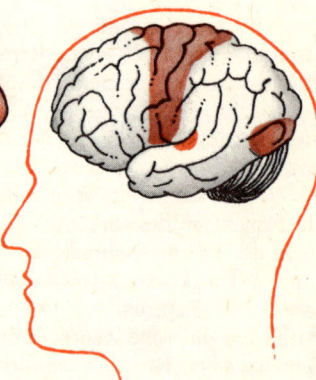

Je vollkommener das Gehirn ist, desto mehr Assoziationsbereiche befinden sich in seiner Rinde

Der Hirnhomunkulus

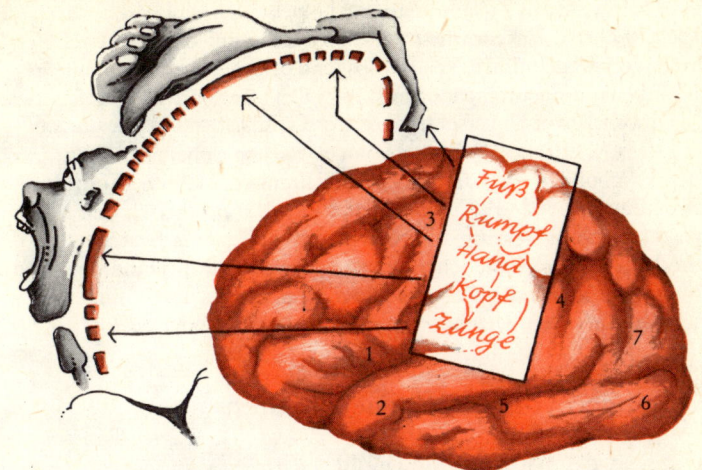

Je feiner und differenzierter Bewegungen sind, desto größer
sind die motorischen Repräsentationen in der Hirnrinde

1 motorisches Sprachzentrum, 2 motorische Zone, 3 sensorische Zone,
4 Hörzentrum, 5 akustische Erinnerung, 6 primäres Sehzentrum,
7 sekundäres Sehzentrum

Der kanadische Wissenschaftler Wilder Graves Penfield, der zum
Ehrenmitglied der Akademie der Wissenschaften der UdSSR gewählt
wurde, hat die Repräsentation verschiedener Muskeln in der motorischen Zone der Rinde, der sogenannten vorderen Zentralwindung
(frontaler Gyrus), detailliert untersucht. Die Ergebnisse seiner
Versuche stellte er anschaulich und unterhaltsam in Form eines
kleinen »Hirnhomunkulus« dar. Die relative Größe der Organe des
Hirnmenschen entspricht der relativen Größe ihrer Repräsentationen
im Kortex. Das seinerseits entspricht ihrer biologischen Bedeutsamkeit.

Sicherlich wird es Sie interessieren, wie derartige Karten vom
Gehirn hergestellt bzw. die einzelnen Funktionen lokalisiert
werden.

Dafür gibt es mehrere Methoden. Schon in den siebziger Jahren des
vorigen Jahrhunderts wurde festgestellt, daß die Reizung bestimmter
Hirnbereiche mit elektrischem Strom eine Bewegung bestimmter
Muskelgruppen zur Folge hat. Heute, da die Neurochirurgie weit
verbreitet ist, ist es möglich, während einer Gehirnoperation wertvolle
Ergebnisse zu gewinnen, indem der Kranke nicht nur beobachtet,

sondern indem auch mit ihm gesprochen wird. Große Perspektiven eröffnet in diesem Zusammenhang die elektrophysiologische Methode. Viele wichtige Erkenntnisse wurden auch durch eine Gegenüberstellung von Ergebnissen klinisch-psychologischer Untersuchungen an Kranken mit nachfolgenden postmortalen histologischen (»Histologie« — Gewebelehre) Untersuchungen der Gehirnstruktur gewonnen.

Der sowjetische Pathopsychologe (Pathopsychologie — ein Zweig der Psychologie, der die Psyche des kranken Menschen untersucht) A. R. Luria (1902—1977) ging dieses Problem praktisch von der entgegengesetzten Seite an. Er erarbeitete ein ganzes System von Methoden, um verschiedene, speziell ausgewählte Handlungen des Menschen allseitig zu untersuchen, und daraus kann eindeutig geschlossen werden, welcher Hirnbereich verletzt oder gestört ist.

Gefangen von den eigenen Leuten

Während des Großen Vaterländischen Krieges wurde von unseren Patrouillen ein relativ leichtverletzter Mann, der russische Uniform trug und Ausweise der Sowjetarmee bei sich hatte, aufgegriffen. Man wollte ihn verhören, aber er verstand weder die russische noch die deutsche Sprache. Überhaupt war er nicht in der Lage, etwas zu sagen oder zu schreiben. Aber der Mann war nicht taub und konnte sogar hervorragend Gitarre spielen.

Die medizinische Untersuchung zeigte, daß dieser Soldat in der linken Schläfenregion, im hinteren Drittel der ersten Schläfenwindung, wo sich das »Wernicke-Zentrum« (benannt nach dem deutschen Psychiater Wernicke, 1871) bzw. das sensorische Zentrum der Sprache befindet, verwundet worden war. Die Verletzung hatte zu einer Störung der Sprache, zur sogenannten sensorischen Aphasie, geführt.

Elf Jahre vor der Entdeckung Wernickes befand sich in der Pariser Klinik des Dr. Broca ein Patient, den dort jeder nur »Monsieur Tan-Tan« nannte. Er verstand alles, was ihm gesagt wurde, als Antwort aber konnte er nur brummeln: »Tan-tan-tan«. Als der Mann gestorben war, entdeckte Broca bei der Sektion im unteren Teil der dritten linken Stirnwindung eine Gehirnerweichung, die infolge eines Blutergusses eingetreten war. Broca war klar, daß er damit das Zentrum gefunden hatte, das die Sprechmotorik steuert.

Ein Jahr später wurde ein anderer Patient mit den gleichen Symptomen in die Klinik eingeliefert. Nach dem Tod dieses Mannes fand Broca bei ihm abermals im gleichen Hirnbereich Veränderungen. So wurde 1861 das motorische Sprachzentrum, das nach Broca benannt wurde, entdeckt.

Erregung und Hemmung

Ende des vergangenen Jahrhunderts führte der italienische Physiologe Angelo Mosso (1846–1910) einen interessanten Versuch durch. Er placierte einen ruhig liegenden Menschen auf eine spezielle Waage und brachte sie ins Gleichgewicht. Als die Versuchsperson Denkaufgaben zu lösen begann, wurde ihr Kopf schwerer, und die Waage neigte sich. So bewies der Wissenschaftler, daß geistige Arbeit mit einem Blutstrom zum Gehirn verbunden ist.

Zu dieser Zeit wurde auch noch ein anderes Experiment gestartet. Man nahm einige gut ausgeschlafene und erholte Hunde. Ein Teil von ihnen wurde schnell und schmerzlos getötet, um eine histologische Untersuchung der Pyramidenzellen der Hirnrinde durchführen zu können. Es konnte gezeigt werden, daß diese Zellen mit einer Substanz angefüllt waren, die als Tigroid oder Nissl-Schollen bezeichnet wurde. Man verwechselte hier wahrscheinlich den gefleckten Leoparden mit dem gestreiften Tiger.

Die restlichen Hunde aus der Versuchsgruppe mußten viel laufen und ermüdeten schließlich so stark, daß sie vor Müdigkeit buchstäblich umfielen; einige dieser Hunde wurden sofort danach ebenfalls getötet — in ihren Nervenzellen konnte jedoch keine Tigroid-Substanz gefunden werden. Als sich die noch übriggebliebenen Hunde erholt hatten, wurden auch sie getötet, und in ihren Pyramidenzellen konnte abermals die Tigroid-Substanz isoliert werden.

Dieses Experiment führt uns zu der Schlußfolgerung, daß die Erregung der Nervenzellen ein physiologischer Prozeß ist, der mit einem Verbrauch von Nervenenergie einhergeht.

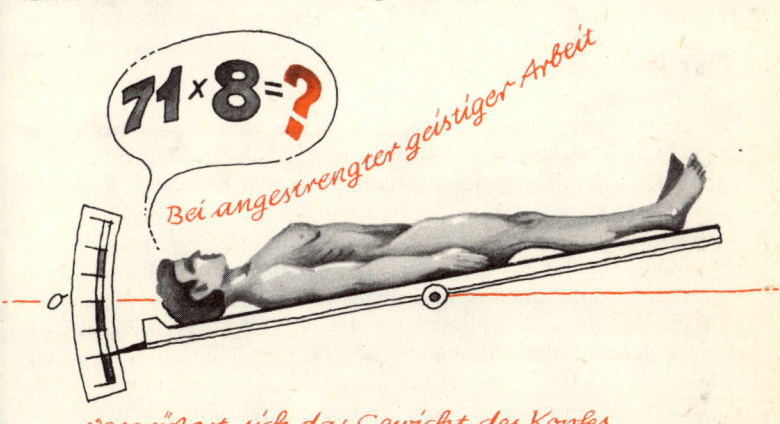

Bei angestrengter geistiger Arbeit vergrößert sich das Gewicht des Kopfes

Lange Zeit glaubte man, daß die Erregung der einzige aktive Prozeß in der Hirnrinde sei und daß ansonsten nur noch ein Zustand der Ruhe möglich ist. Später aber fand man, daß noch ein anderer Prozeß existiert – die Eindämmung der Aktivität der Nervenzellen, d. h. die Hemmung. Es gibt verschiedene Formen der Hemmung.

Stellen Sie sich vor, daß ein heißes Volleyball-Match stattfindet. Plötzlich zuckt ganz in der Nähe ein Blitz auf, und ein krachender Donner folgt. Jeder wird sich denken können, daß alle Spieler sofort wie erstarrt stehen – das ist das Ergebnis einer äußeren unbedingten Hemmung. Es ist klar, daß ein solcher Zustand nicht als Ruhe bezeichnet werden kann.

Sie können sich auch vorstellen, wie ein Spieler versucht, in der Nähe der Spielfeldgrenze einen Ball zu erreichen, und in seinen Bewegungen sofort verharrt, wenn jemand laut »Aus!« schreit. In diesem Augenblick entsteht in seinen Pyramidenzellen eine innere bedingte Hemmung. Wiederum befinden sich die Zellen seines Gehirns keineswegs im Ruhezustand. Sie beginnen im Gegenteil mit größerer Aktivität zu arbeiten, als wenn keine Hemmung eingetreten und der Spieler an den Ball gekommen wäre.

Eine bedingte Hemmung entwickelt sich nach dem gleichen Prinzip wie ein bedingter Reflex.

Nun, lieber Leser, sind wir bei der Frage der biologischen Anpassung, die für den lebenden Organismus eine so hervorragende Bedeutung hat, angelangt. Sie ermöglicht es dem Organismus, daß er für alle möglichen Reize (sowohl aus dem äußeren als auch aus dem inneren Milieu) immer reaktionsbereit ist.

Was also ist nun ein bedingter Reflex?

Der bedingte Reflex

Dieser wichtige Prozeß ist die Grundlage für die gesamte höhere psychische Tätigkeit, sowohl der Tiere als auch des Menschen.

Pawlow, der Begründer der Lehre von den bedingten Reflexen, sagte:

»Der bedingte Reflex ist heute ein selbständiger physiologischer Terminus, der eine bestimmte nervöse Erscheinung bezeichnet, deren allseitige Untersuchung zur Herausbildung eines neuen Zweiges in der Tierphysiologie – der Physiologie der höheren Nerventätigkeit als erstem Kapitel der Physiologie des höchsten Bereiches des Zentralnervensystems – geführt hat ...

Lassen Sie uns zwei einfache Versuche durchführen. Wir träufeln in das Maul eines Hundes eine schwache Säurelösung. Diese ruft bei

Schema der Ausbildung eines bedingten Reflexes

Herausbildung eines bedingten Reflexes

kein Reflex

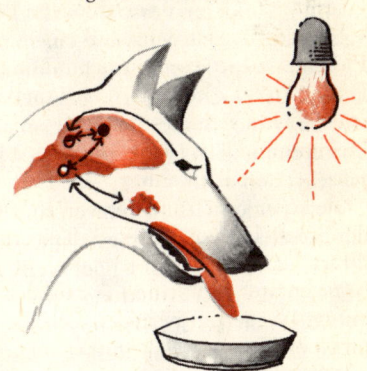

unbedingter Reflex

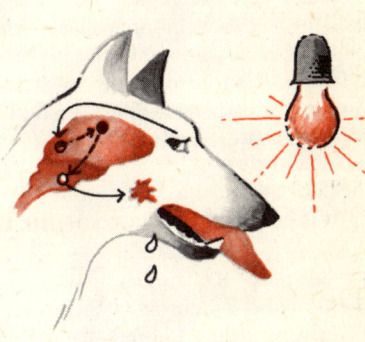

bedingter Reflex

- ○ Zentrum der Speichelabsonderung im Subkortex
- ◑ Optisches Zentrum in der Großhirnrinde
- ● Zentrum der Speichelabsonderung im Kortex
- ✳ Speicheldrüse

dem Tier eine gewohnte Abwehrreaktion hervor: Durch energische Bewegungen des Maules wird die Lösung ausgespuckt, im Maul des Hundes sammelt sich reichlich Speichel an, der die zugeführte Säure verdünnt und von den Mundschleimhäuten abwäscht.

Nun ein anderer Versuch. Wir wirken mit einem beliebigen äußeren Agens (Reiz), beispielsweise einem bestimmten Ton, einige Male auf den Hund ein, kurz bevor ihm die betreffende Lösung eingeträufelt wird. Was geschieht? Es genügt, diesen Ton zu wiederholen, um bei dem Hund die gleiche Reaktion wie im ersten Falle hervorzurufen: Es treten die gleichen Bewegungen des Maules und die gleiche Speichelsekretion auf.

Diese beiden Erscheinungen sind gleich präzise und stabil. Deshalb sollten beide Erscheinungen mit ein und demselben physiologischen Terminus ›Reflex‹ bezeichnet werden.

Die ständige Verbindung zwischen einem äußeren Reiz und der Antwortreaktion des Organismus auf dieses Agens kann mit Fug und Recht als unbedingter Reflex, eine zeitweilige Verbindung aber als bedingter Reflex bezeichnet werden«, betonte Pawlow.

»Diese zeitweilige nervöse Verbindung ist die universellste physiologische Erscheinung im Tierreich und beim Menschen. Gleichzeitig ist sie aber auch psychischer Natur, denn sie ist das, was die Psychologen als Assoziation bezeichnen, sei es die Herstellung einer Einheit aus verschiedenen Handlungen und Eindrücken oder aus Buchstaben, Worten und Gedanken ...«

Der Kortex und die inneren Organe

So betitelte Konstantin Michailowitsch Bykow (1886–1959), ein Schüler und Nachfolger Pawlows, 1944 sein Buch, in dem er die Gedanken seines Lehrers weiterentwickelte und nachwies, daß die Hirnrinde nicht nur die differenziertesten Verbindungen mit dem äußeren, sondern auch mit dem inneren Milieu realisiert.

»Um Ideen zu haben, muß man Fakten sammeln«, sagte der französische Biologe Georges Buffon (1707–1788) einmal. Bykow erinnert in seinem Buch an diese Worte und führt eine riesige Menge experimenteller Ergebnisse an, die eindeutig zeigen, daß äußere Faktoren — über die Hirnrinde — auf ausnahmslos alle Funktionen sämtlicher Organe des menschlichen Körpers einwirken können. Außerdem konnte er nachweisen, daß auch Signale, die von den inneren Organen ausgehen, in der Lage sind, die gleichen bedingten Reflexe zu bilden, die Pawlow für Signale, die aus der Umwelt kommen, beschrieb. So spült man beispielsweise einem Hund den speziell für diesen Zweck präparierten Magen, und gleichzeitig wird er gefüttert. Nach einigen derartigen Verbindungen wendet er bei der Magenspülung den Kopf zum Fressen, beleckt sich, und der Speichel fließt.

Derartige Untersuchungen machten eine physiologische Erklärung vieler Phänomene, die bis dahin geheimnisvoll erschienen, möglich. Sie erklärten auf physiologische Weise den Einfluß des Bewußtseins, der Gedanken und des Wortes auf die verschiedenartigsten Funktionen des Organismus. »Rätselhafte« psychosomatische Wechselbeziehungen wurden von nun an unter dem Aspekt der führenden Rolle des Kortex, der alle Funktionen der inneren Organe steuert, betrachtet.

Die Elektropotentiale des Gehirns

Unsere Abbildung auf Seite 62 zeigt einen modernen Elektroencephalographen, mit dessen Hilfe die elektrischen Potentiale, die bei Reizung der Nervenzellen der Hirnrinde entstehen, aufgenommen und aufgezeichnet werden können. Ein erregter Bereich des Kortex wird — im Verhältnis zu einem gehemmten Bereich — elektrisch negativ. Die Größe der Potentiale, die in der Hirnrinde entstehen, ist sehr gering; sie übersteigt nicht Hunderte von Mikrovolt.

Zur Untersuchung derartiger Potentiale öffnet man bei Tieren sehr vorsichtig das Schädeldach und implantiert für längere Zeit feinste Elektroden in bestimmte Bereiche des Kortex oder des Subkortex. Beim Menschen kann man diese Potentiale entweder während einer Gehirnoperation oder mit Hilfe der Elektroencephalographie, wobei die Schädeldecke nicht geöffnet werden muß, untersuchen.

Bei der Aufzeichnung der Aktionspotentiale des Kortex auf einem Oszillographen ergibt sich ein sehr kompliziertes Bild von Wellen verschiedener Frequenzen und Amplituden. Im Zustand der Ruhe dominieren bei einem gesunden Menschen zwei Wellenarten: Alphawellen mit einer Frequenz von 8–13 Hertz und Betawellen mit einer Frequenz von 18–30 Hertz. Die ersteren sind am stärksten in den Occipital- und Partietalregionen ausgeprägt, während letztere in den frontalen Bereichen des Gehirns überwiegen.

Wenn eine Versuchsperson beginnt, eine Aufgabe zu lösen, oder aus anderen Gründen ihre physischen und geistigen Fähigkeiten anspannt, oder wenn ihre Aufmerksamkeit plötzlich auf einen optischen oder akustischen Reiz konzentriert wird, verschwinden die Alpharhythmen, und die Betarhythmen nehmen an Amplitude und Frequenz zu.

Schläft die Versuchsperson tief, so können Deltarhythmen mit 4–5 Hertz pro Minute registriert werden. Treten beim wachen

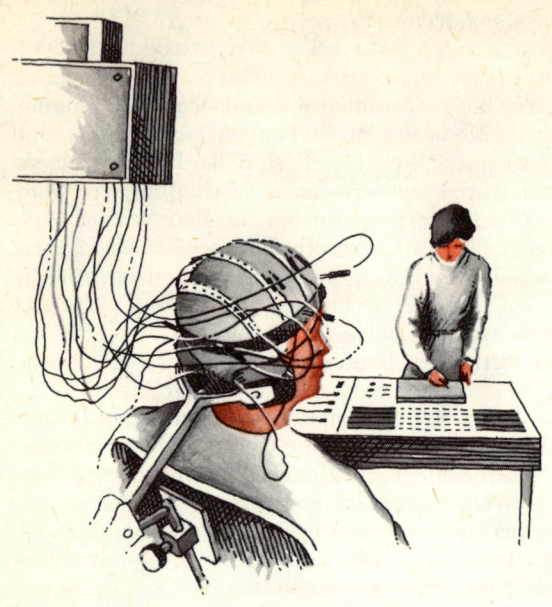

Elektroencephalograph

Menschen derartige Rhythmen auf, so sind sie Anzeichen für eine Erkrankung des Gehirns.

In jüngerer Zeit wurde nachgewiesen, daß eine Veränderung des Alpharhythmus auch bedingt-reflektorisch erreicht werden kann. Eine äußere Einwirkung, die die Alpharhythmen zunächst nicht beeinflußt, kann — wenn sie einige Male zusammen mit dem Reiz, der diese Wellen hervorruft, kombiniert wird — den Alpharhythmus verändern und nimmt den Charakter eines bedingten Reizes an.

Obwohl man schon in der Lage ist, die Biopotentiale einer einzigen Nervenzelle des Gehirns aufzuzeichnen, muß man dennoch feststellen, daß die Neuroelektrophysiologie noch in der Anfangsentwicklung steckt.

Ein bedauerliches Mißverständnis

Die Meinungen bezüglich Pawlows Verhältnis zur Psychologie gehen oft auseinander. Die einen versichern, daß er in seinem Laboratorium diejenigen bestrafte, die psychologische Termini verwendeten, und außerdem häufig mit bekannten Psychologen hart stritt. Andere berufen sich darauf, daß Pawlow, wenn er seine Mitarbeiter zum Konsilium versammelte, sagte, daß ein Psychiater unbedingt auch Psychologe sein muß, daß er 1912 die Eröffnung eines Psychologischen Instituts in Moskau sehr begrüßte und sogar bei sich in Koltuschi ein psychologisches Labor einrichten wollte.

Sowohl das eine als auch das andere ist richtig. Pawlow suchte und fand eine objektive Methode zur Untersuchung der höheren Nerventätigkeit der Tiere. Er kämpfte gegen den Anthropomorphismus, d. h., er war dagegen, daß Tieren die Eigenschaften der menschlichen Psyche zugeschrieben werden. Wenn er in seinem Laboratorium mit Hunden am bedingten Reflex arbeitete, hatte er tatsächlich für solche Äußerungen wie »der Hund hat nicht verstanden« oder »der Hund denkt« Strafen zur Hand. Pawlow trat den Vertretern der idealistischen Psychologie entschieden entgegen und warf ihnen vor, daß für sie die Psychologie nur als Erkenntnis des Ganzen denkbar sei. Er widersprach vielen Psychologen, die rein physiologische Erklärungen des Verhaltens der Tiere und des Menschen ablehnten. Sehr deutlich formulierte er sein Verhältnis zur Psychologie 1909 auf dem Kongreß der Naturwissenschaftler und Ärzte:

»Wenn ich dies alles sage, möchte ich doch nicht mißverstanden werden. Ich lehne die Psychologie als Erkenntnis der Innenwelt des Menschen nicht ab. Um so weniger bin ich geneigt, irgend etwas von dem tiefsten Drang des menschlichen Geistes zu verneinen. Jetzt und an dieser Stelle bekräftige und verteidige ich lediglich die absoluten, unanfechtbaren Rechte des naturwissenschaftlichen Denkens überall und wo immer es auch seine Macht bekunden kann. Wer aber weiß, wo diese Möglichkeit zu Ende ist?«

Leider trat dieses Mißverständnis später dennoch auf.

Muster und Untergrund

Pawlow sprach gern von der »gesetzmäßigen Ehe der Physiologie mit der Psychologie«. Er selbst versuchte ständig, »ein psychologisches Muster auf den physiologischen Untergrund zu legen«, indem er dieses Prinzip in seinen Artikeln und insbesondere beim »kollektiven Nachdenken« — den wöchentlich mittwochs stattfindenden Gesprächen mit seinen Mitarbeitern – zu realisieren strebte. Die Pawlowsche Lehre von der höheren Nerventätigkeit schließt in sich sowohl die Physiologie der höheren Nerventätigkeit ein als auch die Psychologie, die sich auf die reflektorische Tätigkeit der Hirnrinde stützt.

Nach Pawlow versuchten sowjetische Psychologen mit Erfolg, dem physiologischen Untergrund ein psychologisches Muster aufzudrükken, was sich auch in ihren Arbeiten widerspiegelt. Das bedeutet jedoch nicht, daß die psychischen Erscheinungen mit den im Gehirn ablaufenden physiologischen Prozessen gleichgesetzt werden können. Das wesentliche Problem steckt in der schon von Engels in der »Dialektik der Natur« formulierten Frage: »Wir werden sicher das Denken einmal experimentell auf molekulare und chemische Bewegungen im Gehirn ›reduzieren‹; ist aber damit das Wesen des Denkens erschöpft?«

Ein Blick durch das Schädeldach

Es ist am besten, das Kapitel über »Die Psyche und das Gehirn« mit den Worten Pawlows von 1913 zu beschließen:

»Ich will mich nur bemühen, die Frage mutmaßlich zu beantworten, welche physiologischen Erscheinungen, welche Nervenprozesse in den Großhirnhemisphären dann vor sich gehen, wenn wir sagen, daß wir uns unser selbst bewußt sind, wenn sich unsere Bewußtseinstätigkeit vollzieht.

Von diesem Gesichtspunkt aus erscheint mir das Bewußtsein als die Nerventätigkeit eines bestimmten Abschnitts der Großhirnhemisphären, der im gegebenen Moment, unter gegebenen Bedingungen über eine bestimmte optimale (höchstwahrscheinlich eine mittelstarke) Erregbarkeit verfügt. In demselben Augenblick befindet sich der ganze übrige Teil der Großhirnhemisphären im Zustand einer mehr oder minder herabgesetzten Erregbarkeit. Im Abschnitt der Großhirnhemisphären mit optimaler Erregbarkeit bilden sich leicht neue bedingte Reflexe, und es lassen sich auch erfolgreich Differenzierungen ausarbeiten. Das ist sozusagen in diesem Augenblick der schaffende Teil der Großhirnhemisphären. Ihre anderen Teile mit herabgesetzter Erregbarkeit sind dazu nicht fähig, und ihre Funktion äußert sich dabei – im Höchstfall – in früher ausgearbeiteten Reflexen, die beim Vorhandensein der entsprechenden Reize stereotyp entstehen. Die Tätigkeit dieser Abschnitte ist das, was wir subjektiv unbewußte, automatische Tätigkeit nennen. Der Abschnitt mit der optimalen Tätigkeit ist natürlich kein festgelegter Abschnitt. Er wechselt im

Gehirn eines arbeitenden Menschen

Wenn die Schädeldecke
durchsichtig wäre
und die erregten Hirnbereiche
hell aufleuchten würden,
die gehemmten Teile dagegen
dunkel blieben,
dann würden wir folgendes sehen:

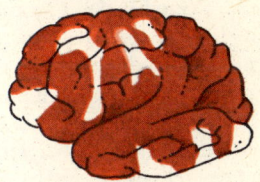

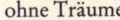

Gehirn eines schlafenden Menschen

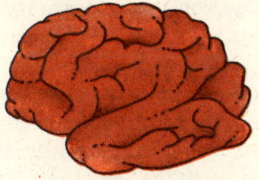

ohne Träume   mit Träumen

Gehirn mit „Wachpunkten"

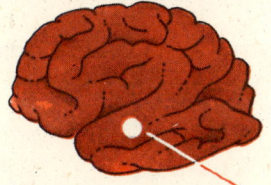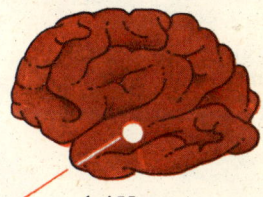

Schlaf der Mutter   bei Hypnose
am Bett des Kindes

»Wachpunkt«

Gegenteil ständig über den ganzen Bereich der Großhirnhemisphären
je nach den Beziehungen, die zwischen den Zentren bestehen, und je
nach dem Einfluß äußerer Reize. Dementsprechend äußert sich natürlich auch der Bereich mit herabgesetzter Erregbarkeit.

Wenn man durch das Schädeldach hindurchblicken könnte und die
Stelle der Großhirnhemisphären mit optimaler Erregbarkeit auf-
leuchten würde, so würden wir bei dem denkenden, bewußten
Menschen sehen, wie sich über seine Großhirnhemisphäre ein nach
Form und Größe ständig wechselnder, heller Fleck von merkwürdig
unregelmäßigen Umrissen verschiebt, der auf der übrigen Fläche der
Hemisphären von einem mehr oder weniger beträchtlichen Schatten
umgeben ist ...«

Die Vorgeschichte des Bewußtseins

Wo beginnt das Psychische?

Diese Frage bewegt die Menschheit schon lange. Heute ist uns bekannt, daß sich das Bewußtsein zusammen mit der Sprache unter dem Einfluß der Arbeit nur beim Menschen entwickelt hat. Wie aber ist es mit der Psyche?

Sie ist zusammen mit dem bedingten Reflex entstanden, als bestimmte Reize für das Tier die Bedeutung von »Signalen« annahmen.

Ein Hund kann einen Ton nicht fressen, wenn aber bei diesem Hund ein entsprechender bedingter Reflex auf diesen Ton herausgebildet worden ist, entsteht bei ihm eine »psychische Speichelreaktion«. Ein Frosch reagiert nicht auf einen noch so lauten Schrei des Menschen, ein leichtes Plumpsen aber veranlaßt ihn, seine Sicherheit in der Flucht zu suchen. Dieses Plumpsen ist für den Frosch ein »Signal« für Gefahr, das er von einem anderen Frosch, der deswegen ins Wasser gesprungen ist, wahrgenommen hat. Auch ein Hirsch reagiert sofort auf das Geräusch von Schritten. Alle diese Laute haben für den Hund, den Frosch oder den Hirsch »Signalwert«.

Dennoch sind die Dinge nicht so einfach, wie sie vielleicht erscheinen mögen. Für die Herausbildung eines bedingten Reflexes ist ein Ner-

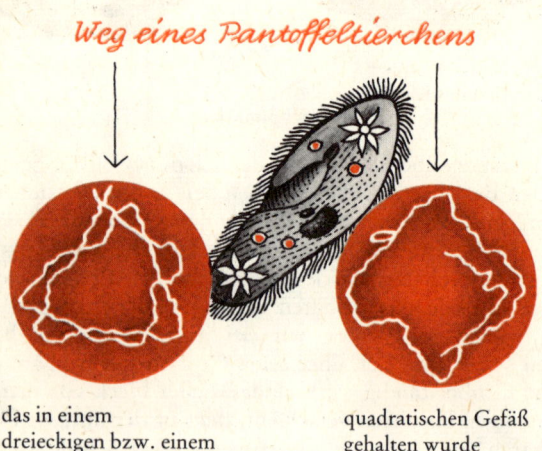

Weg eines Pantoffeltierchens

das in einem
dreieckigen bzw. einem

quadratischen Gefäß
gehalten wurde

vensystem notwendig. Beim einzelligen Paramaecium (Pantoffeltier-chen) ist aber noch keines vorhanden. Versuchen Sie dennoch einmal, ein Pantoffeltierchen längere Zeit in einem kleinen, dreieckigen Gefäß, ein anderes in einem quadratischen Gefäß zu halten. Nach einiger Zeit werden Sie feststellen können, daß sich jedes von ihnen daran »ge-wöhnt« hat, sich in seinem Behälter entsprechend zu bewegen. Das erste bewegt sich — auch wenn es in ein anders gestaltetes, z. B. rundes größeres Gefäß gesetzt wird — im Dreieck, das zweite — im Quadrat.

Ist das nun schon ein einfacher psychischer Akt? Schwerlich! Es erscheint aber durchaus logisch anzunehmen, daß die gesamte Materie über eine Eigenschaft verfügt, die ihrem Wesen nach den Empfin-dungen ähnlich ist — die Eigenschaft der Widerspiegelung.

Die Wespe als Chirurg

Es ist allgemein bekannt, mit welcher mathematischen Genauigkeit Bienen ihre hexagonalen (sechseckigen) Waben bauen, so als ob sie verstehen würden, daß das, geometrisch gesehen, die vorteilhafteste, platzsparendste Form sei. Aber nicht alle wissen, mit welch ver-blüffender anatomischer Genauigkeit Wespen mit ihrem Giftstachel eine Injektion in das Nervensystem ihrer Opfer — Käfer, Heuschrek-ken und Spinnen — einbringen, ehe sie diese in speziell dafür vor-bereitete Höhlen eingraben. So sichern die Wespen die Nahrung für ihre Larven, die aus den auf dem gelähmten Opfer abgelegten Eiern schlüpfen.

Denken Sie nicht, daß das ein falscher Zungenschlag war. Ich möchte betonen, daß es sich hier nicht um getötete, sondern nur um gelähmte Opfer handelt. Ein getötetes Opfer wäre für die Larven eine schlechte, schnell verderbende Nahrung. Ein Stich mit dem giftigen Stilett ins Nervenzentrum lähmt das Insekt, das danach von den gefräßigen Larven vertilgt wird.

Glauben Sie aber nicht, daß sich darin Verstand beweist. Alles das geschieht auf der Grundlage eines Instinkts oder — genauer gesagt — eines angeborenen Verhaltensprogramms. Ein Strickleiternervensy-stem wie es nicht nur Wespen, sondern alle Insektes, ebenso aber auch Ringelwürmer und Mollusken besitzen, ist ebenfalls ein Widerspiege-lungssystem (vgl. S. 9), welches die betreffenden Lebewesen in die Lage versetzt, sehr genau und fein auf Stimuli zu reagieren, die aus der Außenwelt über die große Anzahl der Rezeptoren einlaufen.

Die Entstehung einer — und sei es der einfachsten — subjektiven Erscheinung, wie etwa das Erleben einer elementaren Empfindung, ermöglicht dieses Nervensystem jedoch nicht. Alle wirbellosen Tiere

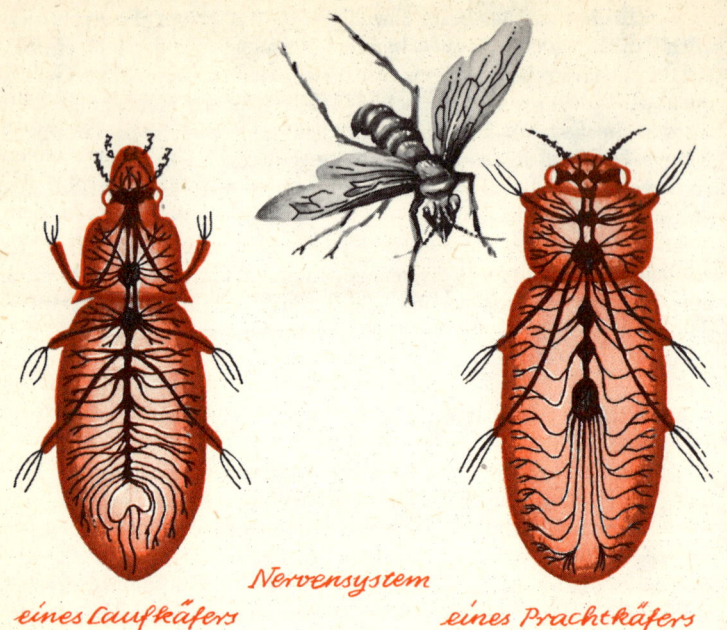

Nervensystem
eines Laufkäfers   *eines Prachtkäfers*

haben nichts Subjektives, d. h., sie haben keine psychischen Erscheinungen aufzuweisen. Es sind sozusagen lebende Roboter, die über erblich bedingte, mitunter sehr komplizierte Verhaltensformen verfügen. Das Verhalten der Tiere wird von einer Wissenschaft untersucht, die Ethologie genannt wird. Deshalb wird diese Form der Widerspiegelung, bei der ein komplizierteres Widerspiegelungssystem als bei der physiologischen Widerspiegelung vorhanden ist, gewöhnlich als ethologische Widerspiegelung bezeichnet.

Nun aber zurück zu unseren Wespen.

Das Nervensystem der Insekten besteht aus Zellanhäufungen, den sogenannten Ganglien, die durch Kommissuren (Längsstränge) zu einer Kette vereinigt sind. Jeder Teil des Insektenkörpers (Segment) besitzt gewöhnlich seine Ganglien. Um einen Käfer zu lähmen, müßte die Wespe mit ihrem Stachel mehrere Injektionen vornehmen; das aber ist nicht nur unökonomisch, sondern auch mit gefährlichen Folgen für die Wespe selbst verbunden. Es gibt jedoch Käfer (z. B. die Prachtkäfer oder Buprestiden), bei denen alle Ganglien eng zusammenliegen. Dort ist es ausreichend, einen Stich anzubringen, um den Käfer zu paralysieren. Die Cerceris-Wespe wählt unter den vielfältigen Käferarten nur Tiere dieser Familie aus.

Sprechen Sie hier nicht von Vernunft! Es ist Instinkt.

Der bescheidene französische Landlehrer Jean-Henri Fabre (1823–1915), der sich Ende des vergangenen Jahrhunderts mit seinen mehrjährigen, mühseligen Beobachtungen und Experimenten an Insekten, insbesondere an der Gattung Cerceris (zur Familie der Grabwespen gehörend), große Anerkennung erwarb, schrieb in seinen »Souvenirs entomologiques« (»Bilder aus der Insektenwelt«), die sich wie ein faszinierender Roman lesen: »Der Instinkt weiß in dem unveränderlichen Handlungsbereich, für den er vorbestimmt ist, alles, außerhalb dieses Bereichs weiß er nichts. Sein Schicksal ist es, gleichzeitig außerordentlich hellsichtig und überraschend naiv zu sein, was davon abhängt, ob das Tier unter normalen oder zufälligen Bedingungen handelt.«

In der trockeneren Sprache der Wissenschaft wird Instinkt (vom lat. »instinctus« — Naturtrieb, Impuls) als gesetzmäßiger, angeborener Verhaltensakt des tierischen Organismus, als Antwort auf Veränderungen des äußeren oder inneren Milieus definiert. Pawlow wies nach, daß Instinkte komplizierte unbedingte Reflexe sind. Er schrieb, daß »vom physiologischen Standpunkt aus kein wesentlicher Unterschied zwischen dem, was als Instinkt und dem, was als Reflex bezeichnet wird, zu finden sei. Die Komplexität der Verhaltensakte kann nicht als Unterscheidungsmerkmal dienen.«

Der blinde Instinkt

Eine andere Grabwespe, die Sphex languedocien, die J. H. Fabre untersuchte, besorgt als Futter für ihre Larven gelähmte Weibchen der Gattung Ephippiger. Da die Beute zu schwer ist, um damit zu fliegen, wird sie von dem Hautflügler an den Antennen (Fühlern) davongeschleppt. Hier ist die gekürzte Beschreibung der Versuche Fabres, die deutlich die Blindheit des Instinkts zeigen.

»Erstes Experiment. Eine Grabwespe ist, eine Beute hinter sich herziehend, einige Zoll vom Bau entfernt. Ohne sie zu stören, schneide ich mit einer Schere die Fühler der Springschrecke (Ephippiger) ab. Wie wir wissen, dienen diese Fühler als Zugleinen. Nachdem er sich von seiner Überraschung über die plötzliche Erleichterung der Bürde erholt hat, kehrt der Hautflügler zu seiner Beute zurück und ergreift ohne Zögern jetzt die Fühlerstümpfe ... Mit großer Vorsicht, um den Hautflügler nicht zu verletzen, stutze ich die beiden Fühlerstümpfe jetzt bis zum Schädel. Da das Insekt an den gewohnten Stellen nichts mehr zu packen findet, nimmt es nun an der Seite einen der langen Taster des Opfers und zieht weiter ... Die Beute wird nach

Eine Sphex schleppt eine gelähmte Ephippiger zu ihrem Bau

Hause gebracht und so hingelegt, daß ihr Kopf sich am Eingang des Baus befindet. Der Hautflügler geht dann allein hinein, um das Innere der Zelle zu inspizieren, bevor er die Nahrung aufspeichert ... Ich benutze diesen kurzen Augenblick, um die liegengebliebene Beute an mich zu nehmen, sie aller Taster zu berauben und ein wenig weiter vom Bau, etwa einen Schritt wegzulegen. Die Grabwespe erscheint wieder und geht geradewegs auf das Wild zu, das sie von der Schwelle ihrer Tür aus entdeckt hat. Sie sucht überm Kopf, an der Seite und findet nichts, was sie greifen könnte. Sie macht einen verzweifelten Versuch: Mit weit geöffnetem Mund versucht sie, die Springschrecke am Kopf zu packen. Aber die Klammer, die sich für ein derartiges Volumen zu wenig öffnet, gleitet auf dem runden Schädel aus. Sie versucht es noch mehrmals, immer ohne jedes Resultat.

Es fehlt indessen nicht an Stellen, wo die Springschrecke angefaßt und ebenso leicht wie an den Fühlern und Tastern gezogen werden könnte. Sie hat ja noch Beine, sie hat einen Eierstab ... Ich überlasse sie also sich selbst, gehe meiner Wege, und zwei Stunden später kehre ich wieder zu der Stelle zurück. Die Grabwespe ist nicht mehr da, der Bau ist immer noch offen, die Springschrecke liegt da, wohin ich sie gelegt hatte ...

Zweites Experiment. Der Hautflügler ist damit beschäftigt, seinen Bau zu schließen, wo die Beute bereits gespeichert und das Ei abgelegt wurde. Mit den Vorderfüßen kehrt er vor seiner Tür alles nach hinten und schleudert einen Strahl aus Staub in den Wohnungseingang ... In dieses Werk greife ich ein. Die Grabwespe wird entfernt, und dann lege ich sorgfältig mit einem Messer den kurzen Gang frei ... Dann entnehme ich mit einer Pinzette, doch ohne den Bau zu zerstören, die

Springschrecke, die mit dem Eierstab auf der Brust daliegt. Das Ei des Hautflüglers liegt auf der Brust des Opfers an der gewohnten Stelle.

Nachdem das geschehen ist und die Beute in einer Schachtel in Sicherheit gebracht ist, überlasse ich der Grabwespe meinen Platz; sie ist ganz in der Nähe auf der Lauer geblieben, während ihr Haus verwüstet wurde. Da sie die Tür offen findet, tritt sie ein und verweilt ein paar Augenblicke drinnen. Dann kommt sie heraus und beginnt die Arbeit wieder da, wo ich sie überrascht hatte, das heißt, sie macht sich daran, den Eingang zur Zelle gewissenhaft zu verschließen, indem sie den Staub nach hinten fegt und Sandkörner herbeiträgt, die sie mit gleicher sorgfältiger Genauigkeit festmacht, als ob sie eine nützliche Tätigkeit verrichtete. Nachdem die Tür von neuem gut zugemauert ist, bürstet sich das Insekt, scheint sein Werk zu betrachten und fliegt endlich davon.«

Akkumulation und Produktion

Der russische Tierpsychologe Wladimir Alexandrowitsch Wagner (1849–1934) erzählte, wie einst ein Naturfreund zwei junge Eichhörnchen aus einem Nest, das sich in den Wipfeln einer Kiefer befand, herausgenommen hatte. Die beiden hatten ihr Nest vorher noch nie verlassen. Als sie ein bzw. zwei Monate alt waren, zeigten sie einen sehr interessanten Instinkt. Wenn mehr Nüsse vorhanden waren, als ein Eichhörnchen fressen konnte, schaute es sich im Zimmer um, suchte eine passende Stelle und drückte in irgend einer stillen Ecke die Nuß auf den Teppich. Dann vollführte es noch Bewegungen, als ob es in der Erde scharrt. Danach ließ es die Nuß in Ruhe.

Unter natürlichen Bedingungen, wenn ein Überschuß an Nüssen vorhanden ist, verscharren erwachsene Eichhörnchen der betreffenden Art Nüsse in der Erde. Sie scharren eine kleine Grube aus, werfen die Nuß hinein, drücken sie fest an und bedecken dann alles wieder gleichmäßig mit Erde. Eichhörnchen, die frühzeitig von den Eltern entfernt wurden, haben niemals gesehen, wie Nüsse verscharrt werden, und legten ihre Reserven instinktiv an. Man sieht also, daß dieser Instinkt der Eichhörnchen dem einiger Insekten analog ist.

Marx und Engels schrieben, daß der wesentlichste Unterschied der menschlichen Gesellschaft von der tierischen darin besteht, daß die Tiere bestenfalls akkumulieren, während die Menschen produzieren. Dieser eine grundlegende Unterschied aber sei ausreichend, um eine einfache Übertragung der Gesetze des Tierreichs auf die menschliche Gesellschaft unmöglich zu machen.

Ein Küken in Not

Ein Küken geriet in Not. Jemand hatte es mit einem Bein an einen kleinen Pfahl angebunden. Die Mutter sieht ihr Küchlein nicht, hört aber seine Schreie und eilt instinktiv zu Hilfe. In diesem Augenblick stülpte der deutsche Biologe Uexküll — er hatte das Küken angebunden — eine gläserne Glocke über das Küken. Obwohl die Henne nun das zappelnde Küken sieht, beruhigt sie sich sofort, denn sie hört nicht mehr das klagende Schreien ihres Kükens.

Dieser Versuch, der zu Beginn dieses Jahrhunderts gemacht wurde, beweist, daß der Henne nicht die Gefahr, in der sich das Küken befindet, bewußt wird, sondern daß sie nur auf dessen Piepsen reagiert, d. h. auf einen Laut antwortet, der für sie ein unbedingter Reiz ist. Eine ähnliche instinktive Reaktion tritt manchmal bei jungen Müttern auf das Schreien ihres Kindes ein.

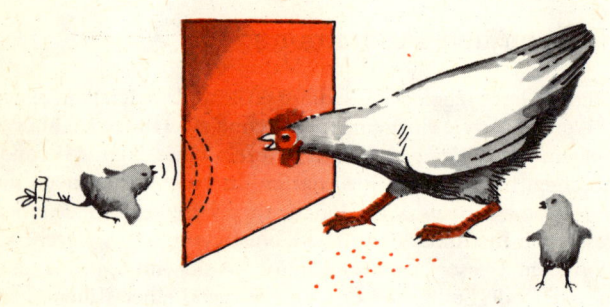

Die Henne hört, sieht aber nichts

Die Henne sieht, hört aber nichts

Mit der Zeit hat der Mensch gelernt, den Reflex der Tiere auf bestimmte Laute in seinem Interesse zu nutzen: Auf der Jagd »lockt« er damit Vögel und andere Tiere an, oder er kommandiert Haustiere. In diesem Zusammenhang ist folgendes interessant. Aufgescheuchte Moskitos erzeugen einen anderen Ton als in den Augenblicken, wo sie Nahrung aufnehmen. Dieser Gefahrenlaut, für das menschliche Ohr nicht hörbar, kann von einem besonderen Apparat imitiert werden. Trägt man ihn in der Tasche bei sich, so scheucht er die Mücken auf und schützt vor ihnen besser als alle Chemikalien und Schutznetze. Wird über einen Lautsprecher der Angstschrei der Krähen übertragen, so kann man sie dadurch mit Erfolg vom Feld vertreiben und die Saat retten. Zwar gehen diese beiden letztgenannten Beispiele augenblicklich noch nicht über den Rahmen der Forschung hinaus und haben noch keine praktische Bedeutung, doch sind derartige Perspektiven sehr vielversprechend.

Gegen den Instinkt?

Vielleicht kennen Sie Turgenjews Schilderung »Der Sperling«:

»Ich kehrte von der Jagd zurück und ging durch die Gartenallee. Mein Hund lief vor mir her.

Plötzlich hemmte er seinen Lauf und begann zu schleichen, so, als wittere er vor sich ein Wild.

Ich blickte die Allee entlang und sah einen jungen Sperling mit Gelb um den Schnabel und Flaum auf dem Köpfchen. Er war aus dem Nest gefallen (ein heftiger Wind schüttelte die Birken der Allee) und hockte unbeweglich, hilflos seine kaum befiederten Flügelchen ausbreitend.

Mein Hund näherte sich ihm langsam, als auf einmal, von einem nahen Baume sich herabstürzend, der alte schwarzbrüstige Sperling wie ein Stein unmittelbar vor seiner Schnauze niederfiel — und völlig zerzaust, entstellt, unter verzweifeltem und kläglichem Piepen mehrmals gegen den scharfgezahnten, geöffneten Rachen lossprang.

Er warf sich zur Hilfe herab, er schützte sein Junges mit seinem eigenen Leibe ... aber sein ganzer kleiner Körper bebte vor Schrecken, sein Stimmchen klang wild und heiser, er war wie betäubt, er opferte sich selbst!

Als was für ein riesengroßes Ungetüm mußte ihm der Hund erscheinen! Und dennoch hatte er nicht auf seinem hohen sicheren Aste zu bleiben vermocht ... Eine seinem Willen überlegene Macht hatte ihn von dort herabgerissen.

Mein Hund Tresor hielt inne, wich zurück ... Sichtlich erkannte auch er diese Macht an.

Ich beeilte mich, meinen verblüfften Hund zurückzurufen — und entfernte mich, Ehrfurcht im Herzen.

Ja, Ehrfurcht im Herzen, lächelt nicht. Ich empfand Ehrfurcht vor diesem heroischen kleinen Vogel, vor dem Aufschwung seiner Liebe.

Liebe, dachte ich, ist stärker als Tod und Todesschrecken. Nur durch sie, nur durch Liebe, erhält und bewegt sich das Leben.«

Auf den ersten Blick scheinen Tiere in derartigen Situationen gegen ihren Instinkt zu handeln. Dem ist aber nicht so. Der Instinkt der Arterhaltung ist stärker als der Instinkt der Selbsterhaltung! Das ist biologisch verständlich und zweckmäßig, was auch im Schluß des Textes von Turgenjew zum Ausdruck gebracht wird.

Gegen den Instinkt!

In der Durow-Ecke, die gleichzeitig Naturkundemuseum, Zoo und eigenartiges Tiertheater in Moskau ist, kann man eine Katze sehen, die friedlich neben Ratten schlummert, die sie beschnuppern. Derartige, der Verhaltensnorm entgegengesetzte Instinkte können vorwiegend in solchen Fällen beobachtet werden, wo besondere Bedingungen für die Tiere geschaffen worden sind.

Wie kann beispielsweise so eine Katze an Ratten gewöhnt werden?

Bei Katzen ist der Geruchsanalysator stärker als der optische Analysator entwickelt. Wenn neugeborene Ratten mit dem Speichel junger Kätzchen eingerieben, eine Zeitlang mit diesen zusammen gehalten und dann beide zu der Katze gelegt werden, nimmt sie nicht nur die Ratten an, sondern beleckt und ernährt sie auch wie ihre eigenen Jungen. Auf diese Weise wird sie an Ratten gewöhnt.

Bei Tieren, die einen gut entwickelten Kortex besitzen, führt eine Veränderung der Bedingungen, unter denen der Ablauf eines Instinkts unzweckmäßig wird, relativ schnell zur Herausbildung bedingter Reflexe. Anders verhält es sich bei den Insekten. Ihr Nervensystem ist anders aufgebaut, bedingte Reflexe bilden sich schwerer, und deshalb handeln Insekten niemals gegen ihren Instinkt.

Von den einfachsten Coelenteraten an verlief die Entwicklung der tierischen Organismen in zwei verschiedene Richtungen. Die Ameisen, Bienen und Wespen verkörpern in ihrem Entwicklungsbereich die gleichen »Gipfel der Evolution« wie der Mensch in seinem.

Jedoch spaltete sich vor Millionen Jahren auch der »nichtmenschliche« Entwicklungsweg der Tierwelt in zwei Richtungen auf: Der eine führte zu den Insekten, der andere — zu den Mollusken. Dort wiederum sind die Octopoden (Achtfüßer), von denen I. I. Akimuschkin in seinem Buch »Die Primaten des Meeres« so interessant erzählt, die »Entwicklungsspitzen«. Der Autor des genannten Buches schreibt auch, daß, wenn wir uns entschließen würden, im Meer (unter den Evertebraten) die Lebewesen zu suchen, die uns hinsichtlich der Kompliziertheit der Reflexe des Gehirns am ähnlichsten sind, unsere Wahl letzten Endes auf die Achtfüßer fallen würde. Obwohl ihr Verhalten im wesentlichen von Instinkten bestimmt ist, so können doch bei den Achtfüßern mit erstaunlicher Leichtigkeit auch bedingte Reflexe entwickelt werden.

Wenn es bei höheren Insekten auch schwerer als bei den Kopffüßern ist, bedingte Reflexe herauszubilden, so ist es dennoch nicht unmöglich. Wenn beispielsweise Bienen mit Zuckersaft gefüttert werden, der nach Rotklee duftet, dann wird dadurch erreicht, daß die so »dressierten« Bienen wesentlich öfter als sonst den Klee besuchen und ihn dabei — obwohl sie mit ihrem kurzen Rüssel den Nektar nicht erreichen können — bestäuben. Das bedeutet aber nicht, daß bei ihnen bereits subjektive Erscheinungen vorhanden wären.

Der Evolutionsweg der Großhirnrinde, die die Basis für die Herausbildung bedingter Reflexe darstellt, hat schließlich zum Auftreten des Homo sapiens, der heute den Kosmos erobert hat, geführt. Dagegen führte der Entwicklungsweg des Strickleiternervensystems die Ameisen und Bienen nicht weiter als bis zum Ameisenhaufen und Bienenstock.

Mit Peitsche oder Zucker?

Der Tierlehrer Durow hat in seiner »Schule« insgesamt mehr als 1 500 verschiedene Tiere trainiert. Er trat im Zirkus mit Tieren auf, die vor ihm noch niemand dressiert hatte, so z. B. mit einem Schwein, einem Schaf, einem Dachs und sogar einer Capybara (größtes, aber ungewöhnlich scheues Nagetier aus der Familie der Wasserschweine).

Vor Durow wurden bei der Dressur Methoden angewandt, die den Tieren Schmerzen verursachten. So stellten Zigeuner den Bären auf eine heiße Platte und schlugen dazu das Tamburin — deshalb begann der Bär vor Schmerzen »zu tanzen«. Später tanzte er, wenn nur das Tamburin erklang. Pferde wurden durch die Sporen gezwungen, bestimmte Tanzschritte zur Musik auszuführen. Der Tiger wurde mit Nadelstichen genötigt, durch einen Reifen zu springen, oder durch Stockschläge, in einer unbequemen Pose zu verharren.

Die Methode Durows aber bestand — wie er sich selbst ausdrückte — »in der Motivierung des Tieres zu einer bestimmten Bewegung«.

Durow erzählte, worin sein »Geheimnis« besteht:

»Meine ›Schüler‹ erhalten nach der Ausführung einer Aufgabe jedes Mal einen Leckerbissen als Belohnung. Das macht sie bereit, die Aufgabe einige Male hintereinander auszuführen. Ich nenne das Geschmacksbelohnung.«

Eines Abends trank ich bei Wladimir Durow Tee. Ich erinnere mich, daß er eine »frische«, d. h. noch undressierte weiße Ratte vor sich auf den Tisch setzte, mit der Pinzette ein kleines Stück Zucker nahm und sagte: »Dreh dich, dreh dich!« — wobei er mit der Pinzette den Zucker vor ihrem Maul hin und her schwenkte. Sobald die Ratte nur eine kaum merkliche Bewegung nach der richtigen Seite machte, hielt er ihr den Zucker hin, und sie konnte daran lecken. Später hörte er auf zu locken und befahl: »Dreh dich!« Sobald die Ratte die leiseste Bewegung ausführte, fütterte er sie wieder und zwang sie dazu, nach dem Zucker zu langen. Die Bewegungen des Tieres wurden immer deutlicher, und es verging keine halbe Stunde, bis die Ratte auf das Kommando »Dreh dich!« ohne zu zögern eine Wendung um 180 Grad machte — danach erhielt sie sofort die »verdiente« Belohnung.

»Mit Zucker kannst du bei Tieren viel mehr erreichen als mit der Peitsche«, sagte Wladimir Durow. Nach einer kurzen Pause fügte er hinzu:

»Und das wahrscheinlich nicht nur bei Tieren.«

Apport!

Vor den Augen eines gut dressierten Hundes wird ein Stock weggeworfen. Solange der Hund nicht den Befehl »Apport!« erhält, bleibt er auf seinem Platz sitzen. Wenn dann aber dieses Kommando gegeben ist, stürzt er sich für diesen Stock durchs Feuer oder ins Wasser.

Heißt das, daß er das Wort verstanden hat?

Nein! »Apport« ist für den Hund ein bedingter Laut. Man kann ihn durch Gestik oder durch eine deutliche Bewegung der Augenbrauen ersetzen. Es gibt sehr viele bedingte Reize, die bei der Dressur auf den Hund einwirken. Auf alle diese Reize können bedingte Reflexe ausgebildet werden.

An der Schwelle des Bewußtseins

1933 traf in Koltuschi, der »Hauptstadt der bedingten Reflexe«, wie Pawlow sein Institut in der Nähe Leningrads nannte, ein freundliches Pärchen ein. Dieses Pärchen waren Rafael und Rosa, zwei Schimpansen, die zum Objekt tiefgründiger Studien wurden.

»Wenn aber ein Affe seinen Turm baut, um eine Frucht zu erreichen, so kann man das nicht als ›bedingten Reflex‹ bezeichnen. Hier liegt eine Bildung von Wissen vor.« (I. P. Pawlow)

Allen ist bekannt, daß höhere Affen in ihrem Verhalten sehr stark an die Menschen erinnern. Wenn sie Kontakt mit dem Menschen haben, ahmen sie diesen nach und lernen schnell, mit Löffel, Gabel und Messer zu essen, sich die Zähne zu putzen, Nüsse mit der Zange zu knacken, auf einem Kopfkissen zu schlafen, sich mit einer Decke zuzudecken, sich an- und auszuziehen usw. Es ist deshalb kein Zufall, wenn einige afrikanische Stämme glauben, daß der Gorilla sogar zu sprechen vermöge, jedoch keinen Gebrauch davon mache, da er sich vorstellen könne, daß die Menschen ihn zur Arbeit heranziehen würden, falls sie davon erfahren.

Eine große Anzahl von Versuchen, die mit höheren Affenarten gemacht wurden, zeigten, daß sie außerordentlich komplizierte Aufgaben zu lösen vermögen. Der Schimpanse Rafael benutzte eine Stange als Stütze oder Steg, um auf dem Teich von Koltuschi von Floß zu Floß hinüberzusetzen. Um die Stange zu erreichen, ruderte Rafael mit einem Boot zu einem dritten Floß, wo diese Stange lag. Entgegen seiner instinktiven Angst vor dem Feuer lernte der Schimpanse, dieses Feuer, das vor einer Kiste mit einem schmackhaften Lockmittel brannte, mit Wasser zu löschen. Über die Ergebnisse all dieser Versuche sagte

Pawlow auf einem seiner »Mittwochkolloquien« im Jahre 1934: »Wir beginnen zu verstehen, wie das Denken des Menschen vor sich geht, über das soviel geredet wird und über das soviel leeres Geschwätz gemacht wird.«

Aber bereits vor Pawlow hatte Engels hypothetisch richtig festgestellt:

»Alle Verstandstätigkeit: Induzieren, Deduzieren, also auch Abstrahieren ... Analysieren ... Synthesieren ... Experimentieren ... haben wir mit dem Tier gemein. Der Art nach sind diese sämtlichen Verfahrensweisen — also alle Mittel der wissenschaftlichen Forschung, die die ordinäre Logik anerkennt — vollkommen gleich beim Menschen und den höheren Tieren. Nur dem Grade (der Entwicklung der jedesmaligen Methode) nach sind sie verschieden ... Ohne diese Vorgeschichte bleibt die Existenz des vernunftbegabten Menschen eine Farce.«

Das Verhalten eines Schimpansen ist aber weniger vorausplanend, sondern vielmehr rückschauend. Der Schimpanse ist, wenn man so sagen will, erst nach dem Reinfall gescheit. Die sowjetische Tierpsychologin Nadeshda Nikolajewna Ladygina-Kots, die viele Experimente mit ihrem Schimpansen Ioni durchführte, betonte, daß ein Schimpanse erst dann bestimmte Lösungswege richtig anwendet, wenn er sie in der Praxis überprüft hat.

Deshalb ist die Definition Benjamin Franklins: Der Mensch ist ein Werkzeuge fabrizierendes Tier, unvollständig. Freilich, kein Tier kann Werkzeuge so herstellen, wie das ein Mensch kann. Pawlows Rafael konnte aber beispielsweise aus einem Stock einen einfachen »Schlüssel« herstellen, um damit ein Schloß zu öffnen.

Helden unter den Tieren

Heute ist weitgehend anerkannt, daß nicht Gott den Menschen »nach seinem Ebenbild« schuf, wie in der Bibel berichtet wird, sondern der Mensch schuf den Mythos um Gott, indem er ihn mit menschlichen Zügen und Eigenschaften ausstattete, d. h. indem er Gott anthropomorphisierte (griech.: anthropos — Mensch; morphe — Form).

Es war charakteristisch für die Menschen, daß sie die Natur, besonders in der Religion und in den Märchen, anthropomorphisierten. Solche Beispiele finden wir noch heute in Fabeln oder lyrischen Werken. Erinnern wir uns nun an Goethes »Reineke Fuchs«:

»Isegrim aber, der Wolf, begann die Klage ...

›Gnädigster König und Herr! Vernehmet meine Beschwerden. Edel seid Ihr und groß und ehrenvoll, jedem erzeigt Ihr Recht und Gnade:

So laßt Euch denn auch des Schadens erbarmen, den ich von Reineke Fuchs mit großer Schande gelitten. Aber vor allen Dingen erbarmt Euch, daß er mein Weib so freventlich öfters verhöhnt und meine Kinder verletzt hat ...‹«

Innerhalb der Wissenschaft hielt sich der Anthropomorphismus auf dem Gebiet der Tierpsychologie am längsten. Noch Ende des vergangenen Jahrhunderts vertrat der deutsche Philosoph und Psychologe Wilhelm Wundt (1832–1920) die Auffassung, daß man die tierische Psyche nur erkennen könne, wenn man sie mit den Maßstäben der menschlichen Psyche messe; einen anderen Weg zu ihrer Erkenntnis könne es nicht geben. Gegen diese Vorstellung ankämpfend, tadelte Pawlow auch Mitarbeiter, die den Versuchshunden bewußt oder unbewußt Emotionen des Menschen zuschreiben wollten.

Die Anthropomorphisierung der Tiere ist für das Schaffen vieler Schriftsteller, die Tiere zu den Helden ihrer Bücher machen, charakteristisch. Nehmen wir zum Beispiel Jack London, der von einem Hund behauptete, daß er sich zu beherrschen gelernt habe und die Gesetze kenne, daß in seinem Charakter Optimismus, Ruhe und philosophische Geduld zum Ausdruck kämen.

Der kanadische Schriftsteller Ernest Thompson-Seton, der die Kinder in aller Welt lehrte, die Tiere zu lieben, betitelte eines seiner Bücher »Animal Heroes« (Tierhelden). In meiner Jugendzeit las ich Thompson-Seton sehr gern, als ich aber heranwuchs und Psychologe wurde, bemerkte ich, daß das kein treffender Titel für das Buch war. Ein Tier kann kein Held im strengen, wissenschaftlichen Sinne des Wortes sein, entschied ich. Denn ein Held vollbringt Taten.

Eine Tat ist — entsprechend einer in der Psychologie allgemein akzeptierten Definition — eine Handlung, bei der demjenigen, der sie vollbringt, die gesellschaftliche Bedeutung des Vollbrachten bewußt wird. Als Held bezeichnet man einen Menschen, dessen Taten es wert sind, daß sie den Zeitgenossen und den Nachfahren zur Belehrung bekanntgemacht werden.

Im Gespräch mit einer jungen Naturfreundin, ihr Name war Swetlana, wurde ich jedoch korrigiert, und das Mädchen bewies mir, daß der Titel des Buches doch richtig ist.

»Ich verstehe die Bezeichnung ›Tierhelden‹ so«, sagte sie, »daß das Verhalten der Tiere derart war, daß wir Menschen, die sich so verhalten, als Helden bezeichnen würden. Ist das richtig?«

»Genauso ist es«, antwortete ich.

»Nun, wenn das richtig ist, dann können die Menschen einiges von den Helden unter den Tieren lernen. Und wir müssen Bücher über sie schreiben«, atmeten Swetlana und mit ihr alle Zuhörer und ich selbst erleichtert auf.

Der kluge Hans

Der »kluge Hans« war das Pferd eines deutschen Schulmeisters namens Osten. 1904 war der »kluge Hans« weltbekannt, da er »ein Pferd mit noch nicht gekannten mathematischen Fähigkeiten« war, wie damals alle Zeitungen berichteten.

1912 führte Kral in der Stadt Elberfelde verschiedenen Kommissionen und zahlreichen Korrespondenten seinen Araberhengst Mohammed und noch fünf weitere Pferde vor, die alle die deutsche und französische Sprache verstanden, die Fragen mit einer Art Alphabet beantworten und Gegenstände zählen konnten, arithmetische Aufgaben lösten und mit ungewöhnlicher Schnelligkeit sogar aus Zahlen verschiedene Wurzeln ziehen konnten.

Bald gesellte sich der Hund Roger hinzu, der Karten spielen konnte, seine Partner dabei besiegte, arithmetische Aufgaben löste und aus Buchstaben ganze Wörter und Sätze zusammenbaute.

Die einen bezeichneten diese Tiere als »denkende Tiere«, die anderen, die Tieren nicht so hohe geistige Fähigkeiten zuerkennen wollten, erklärten dieses Phänomen mit der Telepathie, d. h., sie meinten, daß Hans, Mohammed und Roger die Gedanken ihrer Herren über eine bestimmte Entfernung erfassen können. Viele betrachteten Osten und Kral einfach als Scharlatane.

Es war nicht leicht festzustellen, daß diese Tiere in ungewöhnlichem Maße befähigt waren, die geringsten Bewegungen der Augen, des Kopfes, der Hände oder Beine ihrer Herren wahrzunehmen und darauf zu reagieren. Natürlich wurden die arithmetischen Aufgaben von den

Besitzern der Tiere und nicht von den Tieren selbst gelöst. Letztere reagierten nur entsprechend, indem sie zum Beispiel auf kaum merkliche Bewegungen ihres Herrn mit den Hufen aufscharrten.

Der Anteil der Arbeit an der Menschwerdung des Affen

»Wir wissen, daß uns die Arbeit und das damit verbundene Wort zu Menschen gemacht hat. Wie aber ging das vor sich?« wurde ich in einer Zuschrift, die ich nach einer Vorlesung erhielt, gefragt.

»Vor mehreren hunderttausend Jahren, während eines noch nicht fest bestimmbaren Abschnitts jener Erdperiode, die die Geologen die tertiäre nennen, vermutlich gegen deren Ende, lebte irgendwo in der heißen Erdzone — wahrscheinlich auf einem großen, jetzt auf den Grund des Indischen Ozeans versunkenen Festlande — ein Geschlecht menschenähnlicher Affen von besonders hoher Entwicklung. Darwin hat uns eine annähernde Beschreibung dieser unserer Vorfahren gegeben. Sie waren über und über behaart, hatten Bärte und spitze Ohren, und lebten in Rudeln auf Bäumen.

Wohl zunächst durch ihre Lebensweise veranlaßt, die beim Klettern den Händen andre Geschäfte zuweist als den Füßen, fingen diese Affen an, auf ebener Erde sich der Beihilfe der Hände beim Gehen zu entwöhnen und einen mehr und mehr aufrechten Gang anzunehmen. Damit war der entscheidende Schritt getan für den Übergang vom Affen zum Menschen ...

Wenn der aufrechte Gang bei unsern behaarten Vorfahren zuerst Regel und mit der Zeit eine Notwendigkeit werden sollte, so setzt dies voraus, daß den Händen inzwischen mehr und mehr anderweitige Tätigkeiten zufielen ...

Die Verrichtungen, denen unsre Vorfahren im Übergang vom Affen zum Menschen im Lauf vieler Jahrtausende allmählich ihre Hand anpassen lernten, können daher anfangs nur sehr einfache gewesen sein ...

So ist die Hand nicht nur das Organ der Arbeit, sie ist auch ihr Produkt. Nur durch Arbeit, durch Anpassung an immer neue Verrichtungen, durch Vererbung der dadurch erworbenen besonderen Ausbildung der Muskeln, Bänder, und in längeren Zeiträumen auch der Knochen, und durch immer erneuerte Anwendung dieser vererbten Verfeinerung auf neue, stets verwickeltere Verrichtungen hat die Menschenhand jenen hohen Grad von Vollkommenheit erhalten, auf dem sie Raffaelsche Gemälde, Thorvaldsensche Statuen, Paganinische Musik hervorzaubern konnte ...

Die mit der Ausbildung der Hand, mit der Arbeit, beginnende Herrschaft über die Natur erweiterte bei jedem neuen Fortschritt den Gesichtskreis des Menschen. An den Naturgegenständen entdeckte er fortwährend neue, bisher unbekannte Eigenschaften. Andrerseits trug die Ausbildung der Arbeit notwendig dazu bei, die Gesellschaftsmitglieder näher aneinanderzuschließen, indem sie die Fälle gegenseitiger Unterstützung, gemeinsamen Zusammenwirkens vermehrte und das Bewußtsein von der Nützlichkeit dieses Zusammenwirkens für jeden einzelnen klärte. Kurz, die werdenden Menschen kamen dahin, daß sie einander etwas zu sagen hatten. Das Bedürfnis schuf sich sein Organ ...

Arbeit zuerst, nach und dann mit ihr die Sprache — das sind die beiden wesentlichsten Antriebe, unter deren Einfluß das Gehirn eines Affen in das bei aller Ähnlichkeit weit größere und vollkommnere eines Menschen allmählich übergegangen ist. Mit der Fortbildung des Gehirns aber ging Hand in Hand die Fortbildung seiner nächsten Werkzeuge, der Sinnesorgane ...

Die Rückwirkung der Entwicklung des Gehirns und seiner dienstbaren Sinne, des sich mehr und mehr klärenden Bewußtseins, Abstraktions- und Schlußvermögens auf Arbeit und Sprache gab beiden immer neuen Anstoß zur Weiterbildung ...

Durch das Zusammenwirken von Hand, Sprachorganen und Gehirn nicht allein bei jedem einzelnen, sondern auch in der Gesellschaft, wurden die Menschen befähigt, immer verwickeltere Verrichtungen auszuführen, immer höhere Ziele sich zu stellen und zu erreichen.

Kurz, das Tier benutzt die äußere Natur bloß und bringt Änderungen in ihr einfach durch seine Anwesenheit zustande; der Mensch macht sie durch seine Änderungen seinen Zwecken dienstbar, beherrscht sie ...«

So beantworte ich die mir gestellte Frage mit den Worten Engels', die aus seinem Aufsatz, dessen Titel ich hier als Überschrift gewählt habe, stammen.

Die Biene und der Architekt

Kehren wir noch einmal zu der Wespe, von der ich am Anfang dieses Kapitels erzählte, zurück. Richtiger müßte ich sagen, denken wir noch einmal kurz an die Biene, die — wie die Wespe — Zellen bzw. Waben baut.

Ein englischer Mathematiker, der das »Bienenproblem« untersucht hat, kam zu dem Ergebnis, daß sich die Bienen etwas irren, da sie Zellen mit einem Winkel von 70°32' bauen. Richtiger wäre ein Winkel von 70°34'. Bei einer nachfolgenden Überrechnung stellte sich jedoch heraus, daß sich der Mathematiker wegen eines Druckfehlers in der Logarithmentafel, nicht aber die Bienen geirrt hatten.

Worin besteht trotz allem der grundlegende Unterschied zwischen der Psyche des Menschen und der des Insekts oder eines beliebigen anderen Tieres? Was macht den Hauptunterschied aus, der alle anderen sekundären Unterschiede bestimmt?

Diese Frage wird durch Karl Marx beantwortet.

»Eine Spinne verrichtet Operationen, die denen des Webers ähneln, und eine Biene beschämt durch den Bau ihrer Wachszellen manchen menschlichen Baumeister«, schrieb er. »Was aber von vornherein den schlechtesten Baumeister von der besten Biene auszeichnet, ist, daß er die Zelle in seinem Kopf gebaut hat, bevor er sie in Wachs baut. Am Ende des Arbeitsprozesses kommt ein Resultat heraus, das beim Beginn desselben schon in der Vorstellung des Arbeiters, also schon ideell vorhanden war. Nicht daß er nur eine Formveränderung des Natürlichen bewirkt; er verwirklicht im Natürlichen zugleich seinen Zweck, den er weiß, der die Art und Weise seines Tuns als Gesetz bestimmt und dem er seinen Willen unterordnen muß.«

Diese Worte von Marx beziehen sich nicht nur auf den Unterschied zwischen einem Weber und einer Spinne, einem Architekten und einer Biene, sondern auch auf den Unterschied zwischen einem Ingenieur und einem Biber oder einer Schwalbe und einem Segelflieger. Für den Unterschied zwischen einem Menschen und einer Schwalbe oder einem Biber gelten diese Wort sogar noch mehr, denn Biene und Spinne besitzen lediglich ein Strickleiternervensystem.

Insgesamt gesehen, ist es gerade die Herausbildung des Bewußtseins, das den Menschen aus der Tierwelt heraushebt.

Die Wahrnehmungen

»Der sechste Sinn«

Früher glaubte man, daß es bei dem Menschen fünf Sinne gibt: Sehen und Hören, den Geschmack, den Geruch und das Tastgefühl. Nur den Dichtern, die die Welt irgendwie anders und differenzierter wahrnehmen als andere Menschen, schrieb man einen »sechsten Sinn« zu. Ist das berechtigt?

Schließen Sie einmal die Augen, nehmen Sie eine beliebige Körperhaltung ein, gehen Sie dann wieder in die Grundstellung zurück, und nehmen Sie wieder die gleiche Stellung ein. Welches der fünf obengenannten Sinnesorgane erlaubt Ihnen, die Bewegungen so auszuführen, daß Sie wieder die gleiche Stellung, die Sie erst innehatten, einnehmen können?

Das war dank des »sechsten Sinnes« — des Bewegungssinnes — möglich. Dieser sogenannte kinästhetische Sinn meldet Ihnen alle Bewegungen, indem spezielle Rezeptoren (periphere Nervenendigungen) die in den Muskeln, Sehnen und Gelenken liegen, durch diese Bewegungen gereizt werden.

Beim Gehen, Tanzen oder Radfahren spüren Sie eine Veränderung der Schnelligkeit oder der Richtung Ihrer Bewegung dank des Vestibularapparates im Innenohr. Dieser Apparat nimmt eine Veränderung der Kopfhaltung und der Bewegungsrichtung des Körpers wahr. Außerdem empfinden wir Hunger, Durst, Bauchschmerzen usw. Alles das sind sogenannte interozeptive (von den lateinischen Wörtern: »interior« — innen und »receptio« — Aufnahme, Empfang) Gefühle.

Wir können also feststellen, daß nicht nur Poeten einen »sechsten Sinn« haben, sondern jeder Mensch, obwohl es in allen diesen Fällen besser ist, von »Empfindungen« und »Analysatoren«, nicht aber von Gefühlen und Sinnesorganen zu sprechen. Unter dem, was die Dichter als »sechsten Sinn« bezeichnen, ist der Sinn für das Schöne und die Intuition (von letzterer war schon die Rede) zu verstehen.

Pawlow erklärte: »Ein Analysator ist ein komplizierter Nervenmechanismus, der mit einem externalen Aufnahmeapparat beginnt und im Gehirn endet.« So besteht zum Beispiel der optische Analysator aus den Augen, den Sehnerven und der optischen Zone in der Großhirnrinde. Wir sehen also nicht nur mit den Augen, sondern mit dem gesamten optischen Analysator; wir hören nicht nur mit den Ohren, sondern mit dem gesamten akustischen Analysator usw.

Die Einwirkung der Umwelt auf die Analysatoren ruft verschiedene Empfindungen hervor. »Anders als durch Empfindungen können wir weder über irgendwelche Formen des Stoffes noch über irgendwelche Formen der Bewegung etwas erfahren ...«, schrieb Lenin. Er definierte die Empfindung als »Resultat der Einwirkung eines objektiv, außer uns existierenden Dinges ... auf unsere Sinnesorgane« und als »ein subjektives Abbild der objektiven Welt«. Diese Welt existiert unabhängig vom Bewußtsein der Menschen und wird durch die Menschen im Prozeß ihrer aktiven Tätigkeit erkannt und verändert. Dieses Leninsche Konzept von den Empfindungen bzw. die Leninsche »Widerspiegelungstheorie« ist das Fundament, auf dem die materialistische Psychologie aufgebaut ist.

Das empfindlichste Gerät

Wir empfinden den Geruch von Moschus selbst dann noch, wenn seine Konzentration $5 \cdot 10^{-15}$ Gramm in $1 \, cm^3$ oder $0{,}000\,000\,005$ Gramm in $1 \, m^3$ Luft beträgt. Diese Konzentration entsteht, wenn 100 Gramm Moschus in einem See von 1 km Länge, 250 m Breite und 10 m Tiefe aufgelöst werden.

In den Bereichen »Geschmack« und »Aroma« versagt die Technik. Kein technisches Gerät kann einen Geschmacksprüfer ersetzen, und keine internationale Tee-, Kaffee- oder Weinverkostung kommt ohne diese Leute aus. Ohne ihre Hilfe gäbe es auch keine neuen Sorten.

Ein noch empfindlicheres Gerät ist das Auge des Menschen. Es unterscheidet etwa eine halbe Million Farben und Tönungen. Wenn die Luft völlig rein wäre, könnten wir die Flamme einer Kerze noch in einer Entfernung von 27 km sehen. Das Aufflammen eines Lichtes, das nur $0{,}000\,3$ Sekunden dauert, kann schon von unserem Auge wahrgenommen werden.

Die Energie, die eine gerade noch wahrnehmbare optische Empfindung hervorruft, ist so gering, daß es 60 Millionen Jahre dauern würde, um ein Gramm Wasser um ein Grad zu erwärmen. Wasserdampf und Staub verschlechtern aber die Sichtbarkeit eines Gegenstandes, deshalb ist ein gewöhnliches Lagerfeuer meist nur sieben bis acht Kilometer, das Licht eines brennenden Streichholzes etwa eineinhalb Kilometer und das Glimmen einer Zigarette einen halben Kilometer sichtbar.

In der Technik sind keine Geräte mit solch hoher Empfindlichkeit, wie sie das menschliche Auge aufweist, bekannt. Dennoch stellte der deutsche Physiker und Physiologe Hermann Helmholtz (1821–1894), der die Grundlagen der physiologischen Optik schuf, wesentliche physische Mängel am menschlichen Auge fest. Diese veranlaßten ihn zu schreiben: »Wenn mir ein Optiker ein Instrument, das die genannten Mängel aufweist, verkaufen würde, dann würde ich mein Mißfallen über seine Arbeit deutlich kundtun und sie ihm zurückgeben.« Mein Lehrer, der in seiner Jugend bei Helmholtz gearbeitet hatte, erzählte, daß dieser gern zu sagen pflegte:

»Wenn Gott, als er den Menschen schuf, sich mit mir beraten hätte, wäre ein besseres Auge herausgekommen.«

Gute Augen

Wenn Sie fliegen lernen möchten, dann wird bei Ihnen die Sehschärfe überprüft. Ist sie geringer als 1,0 werden Sie nicht in den Fliegerklub aufgenommen. Wie wird diese Sehschärfe bestimmt?

Die Sehschärfe oder Refraktionsfähigkeit des Auges wird durch den kleinsten Winkel, unter dem der Mensch zwei feinste getrennte Punkte noch gesondert wahrnimmt, bestimmt, d. h., unter Sehschärfe versteht man das optische Auflösungsvermögen des Auges. Bei normaler Sehschärfe (1,0) werden zwei Punkte noch bei einem Gesichtswinkel von 1′ (Bogenminute) unterschieden, bei einer Sehschärfe von 0,5 bei einem Winkel von 2′ und bei einer Sehschärfe von 0,1 bei einem Winkel von 10′. Bei einer Sehschärfe von 1,0 beträgt die entsprechende lineare Abbildung zweier Punkte auf der Netzhaut 0,005 Millimeter (das entspricht etwa dem mittleren Durchmesser einer Sehzelle − des Zapfens). Die Sehschärfe wird mit Hilfe speziell zusammengestellter Tabellen (Optotypen) geprüft.

Die Indianer sagen, daß jemand »gute Augen« hat, wenn er »das Kind auf dem Rücken der Squaw« sieht, d. h., wenn er neben dem Stern zweiter Größe, z. B. dem Mizar (mittlerer Deichselstern des Großen Wagen), einen Stern fünfter Größe (z. B. den Alkor oder »Reiterlein«) unterscheiden kann. Der Abstand zwischen diesen Sternen beträgt nicht 1′, sondern etwa 12′, und dennoch nehmen wir die Sterne nicht als Punkte wahr.

Helmholtz erklärte diese Erscheinung folgendermaßen: »Die Abbilder der Lichtpunkte, die vom Auge aufgenommen werden, sind nicht direkt strahlenförmig. Die Ursache dafür liegt in der Augenlinse, deren Fibrillen strahlenförmig in sechs Richtungen angeordnet sind. Die Strahlen, die für uns von leuchtenden Punkten, z. B. von Sternen oder entfernten Feuern, auszugehen scheinen, sind nicht mehr als die Manifestation der radialen Struktur der Linse. Wie universell dieser Mangel des Auges ist, wird daraus ersichtlich, daß gewöhnlich jeder strahlende Körper als sternförmig bezeichnet wird.«

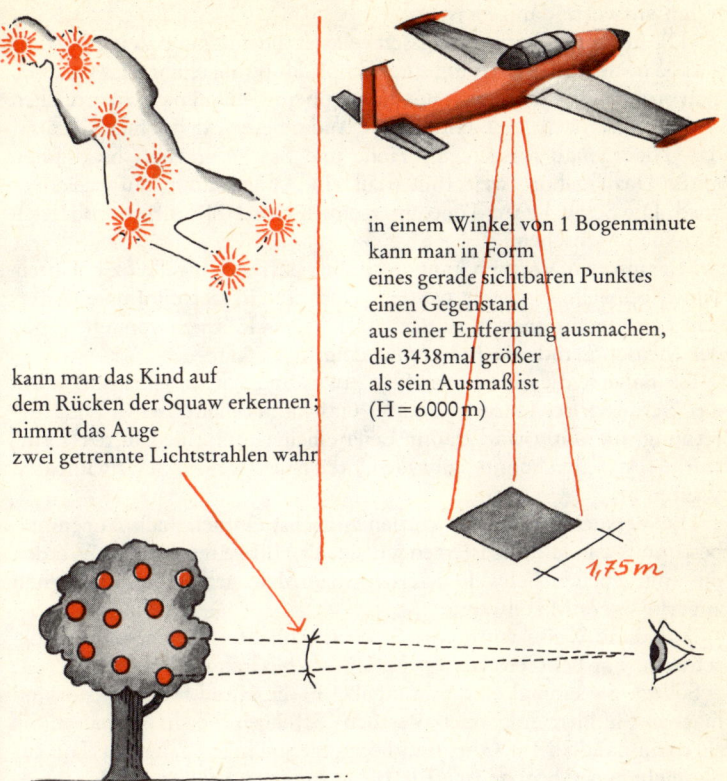

kann man das Kind auf
dem Rücken der Squaw erkennen;
nimmt das Auge
zwei getrennte Lichtstrahlen wahr

in einem Winkel von 1 Bogenminute
kann man in Form
eines gerade sichtbaren Punktes
einen Gegenstand
aus einer Entfernung ausmachen,
die 3438mal größer
als sein Ausmaß ist
(H = 6000 m)

1,75 m

Empfindungsschwellen

Gera und Lena stritten sich, wer von ihnen wohl das bessere Gehör
habe. »Warum streitet ihr euch?« mischte ich mich ein. »Wir werden
es gleich überprüfen! Setzt euch in einem Abstand von etwa 1,5 m
nebeneinander und schließt die Augen. Ich werden mich jedem von
euch mit einer Taschenuhr nähern. Sobald einer das Ticken der Uhr
hört, ruft er: ›Jetzt‹. Hört er es dann nicht mehr, so ruft er: ›Nein‹.
So bestimmen wir in relativ linearen, aber vergleichbaren Werten die
absolute Schwelle eurer akustischen Empfindungen.«

87

Freilich stellt man mir manchmal auch die Frage:
»Was ist das denn eigentlich — die absolute Schwelle?«
Ich antworte dann meist so:
»Die absolute Empfindungsschwelle ist die minimale Reizgröße, die gerade noch zur Entstehung einer Empfindung ausreicht.« Es versteht sich von selbst, daß man — um eine größere Genauigkeit zu erreichen — die Hörschwelle mit Hilfe eines Audiometers, d. h. eines Gerätes, das Töne genau festgelegter Höhe und Stärke erzeugt, bestimmen muß. Dazu gehört weiterhin, daß ein Audiogramm aufgezeichnet wird. Die Schwelle für Töne unterschiedlicher Höhe differiert bei den einzelnen Menschen.

Mit unserem Versuch kann auch die relative Schwelle bzw. Unterschiedsschwelle ermittelt werden. Darunter ist der minimale Unterschied in der Intensität zweier gleichartiger Reize zu verstehen, den der Mensch gerade noch getrennt empfinden kann.

Ich näherte die Uhr Lenas Ohr etwas und bat sie zu sagen, wann das Geräusch des Uhrwerks lauter und wann es leiser wird. Die Entfernung, die nötig war, damit Lena einen Unterschied in der Lautstärke feststellen konnte, gibt die Unterschiedswelle in relativ linearen Werten an.

Die Versuchsergebnisse wurden zunächst einfach nach Augenmaß bestimmt, danach präzisierten wir sie mit Hilfe eines Lineals. Werden die angegebenen Schwellenwerte einige Male gemessen, erhält man zuverlässigere Mittelwerte.

Auf diese Weise wurde der Streit geschlichtet. Die absolute Hörschwelle war bei Gera besser, die Unterschiedschwelle aber bei Lena.

Sollten Sie einmal eine Stimmgabel in die Hand bekommen, dann machen Sie bitte folgenden Versuch: Schlagen Sie sie an, halten Sie sie dann nahe an Ihr Ohr, und hören Sie so lange zu, bis der Ton für Sie nicht mehr hörbar ist, d. h. bis er unterschwellig wird. Ist dieses Stadium erreicht, dann drücken Sie die Stimmgabel fest auf Ihre Stirn. Was geschieht? Auf einmal hören Sie den schon verklungenen Ton wieder klar, denn die Leitfähigkeit des Knochens ist besser als die Leitfähigkeit der Luft.

Die Nutzung der optischen Empfindungsschwellen hat auch praktische Bedeutung. Objekte unterschiedlicher Größe sind nämlich nur auf bestimmte Entfernungen deutlich sichtbar, d. h., man kann — je nach der Sichtbarkeit dieser Gegenstände — die Entfernung zu ihnen bestimmen. Touristen und Jäger wissen das und benutzen spezielle Tabellen für die Entfernungsbestimmung (vgl. unsere Tabelle). Jedoch muß daran erinnert werden, daß die Genauigkeit der Entfernungsschätzung auch von der Klarheit der Atmosphäre, der Sehschärfe und von den Erfahrungen des betreffenden Menschen abhängt.

Engels schrieb dazu: »Der Adler sieht viel weiter als der Mensch, aber des Menschen Auge sieht viel mehr an den Dingen als das des Adlers«.

	aus einer Entfernung von
Diese Objekte können, wenn auch nicht sehr deutlich, unterschieden werden:	
Glockenturm, Fabrikschornstein	15—20 km
Wasserturm, mehrstöckiges Haus	8—10 km
einstöckiges Haus	5—8 km
Fenster eines Hauses	4 km
Schornstein auf einem Dach	3 km
einzelne Menschen	2 km
Kilometersteine auf einer Landstraße, allgemeine Konturen eines Menschen	1 km
Arm- und Beinbewegungen des Menschen	700 m
Kopfbedeckungen, Fensterkreuze	400 m
Kopf und Schultern, Gesicht, Farbe der Kleidung	300 m
Gesicht und Hände des Menschen	200 m
einzelne Mauersteine, Form und Farbe von Blättern	100 m
Augen, Nase und Finger	60 m
Augenlider	20 m

Die Schwellen legen nur die Qualität der Empfindung (als Widerspiegelung einzelner Eigenschaften der Gegenstände und Erscheinungen der materiellen Welt, die unmittelbar auf die Analysatoren einwirken) fest. Die Qualität der Wahrnehmung (als Widerspiegelung dieser Gegenstände und Erscheinungen in der Gesamtheit ihrer verschiedenen Eigenschaften) hängt von den Erfahrungen und der Fähigkeit ab, im gegebenen Augenblick gerade das zu sehen, was gesehen werden muß.

Bei alten erfahrenen Navigatoren gibt es ein Sprichwort: »Man muß nicht einfach nur hinschauen, sondern man muß auch etwas sehen.« Das hier Gesagte bezieht sich nicht nur auf die optischen Empfindungen und Wahrnehmungen, sondern auch auf die akustischen und alle anderen.

Als ich das alles im Kreise der Freunde erzählt hatte, die mit anwesend waren, als wir die Schärfe des Gehörs getestet hatten, kamen sie alle zu der Schlußfolgerung, daß Gera wohl bedeutend besser als Lena höre, daß Lena aber aus der Musik beispielsweise viel mehr heraushört. Denn Lena versteht es, Musik zu »hören«, obwohl Geras Gehör schärfer ist.

Am Fenster eines Zuges

Durch die Fenster eines entgegenkommenden Zuges sehen wir die Landschaft fast so klar wie vorher, lediglich mit einem kaum wahrnehmbaren Flimmern. Wenn nun die Durchschnittsgeschwindigkeit zweier entgegenkommender Züge etwa 35 Meter/Sekunde und die Entfernung zwischen den Fenstern ungefähr einen Meter beträgt, dann bedeutet das, daß das Bild der Landschaft alle 0,03 Sekunden unterbrochen wird. Diese Berechnung ist auf der Grundlage der Formel der gleichförmigen Bewegung $V = \dfrac{s}{t}$ möglich.

Daraus läßt sich die Dauer von einer Unterbrechung bis zur anderen ermitteln:

$$t = \frac{S}{V} = \frac{1\,m}{35\,m/Sek.} \approx 0,03\,Sek.$$

Auch durch die Fenster eines vorbeifahrenden Zuges kann man den gegenüberliegenden Bahnsteig völlig klar und deutlich sehen, obwohl dieses Bild alle 0,06 Sekunden unterbrochen wird.

Wenn wir durch das Zugfenster auf den Bahndamm schauen, so sehen wir kontinuierliche, zusammenhängende Linien. Lassen wir unseren Blick allmählich schweifen, dann können wir drei Zonen unterscheiden: das Verschmelzen, das Flimmern und das deutliche Sehen der einzelnen Gegenstände.

Fällt Schnee nahe bei uns nieder, scheint er schnell zu fallen; fällt er in der Ferne — scheint er langsam zu fallen. Schon bei Leonardo da Vinci ist zu lesen, daß »Schneefall in der Nähe eine ununterbrochene Kontinuität, ähnlich wie weiße Fäden, zu haben scheint; in der Ferne erscheint er uns dagegen unterbrochen«. Die Grenze zwischen den Zonen des Flimmerns und des Verschmelzens hilft dem Flieger, bei der Landung seines Flugzeuges die Entfernung zur Erde zu bestimmen.

Ptolemäus, der vor 1 800 Jahren in Ägypten lebte, machte folgenden Versuch, der später nach ihm benannt wurde. Er nahm eine Scheibe und malte mit roter Farbe einen radialen Streifen darauf. Wird diese Scheibe schnell gedreht, dann scheint es, als sei sie völlig rot angemalt. Diesen Versuch von Ptolemäus hat auch jeder von uns schon viele Male durchgeführt — mit einem farbigen Kreisel.

Newton färbte die Sektoren der Scheibe mit den sieben Grundfarben des Spektrums. Bei der Rotation verschmelzen die Farben miteinander, und der sogenannte »Newtonsche Kreis« erscheint weiß. Alle diese Erscheinungen treten auf, weil die im optischen Analysator entstehenden Abbilder der Gegenstände nicht sofort nach der Reizeinwirkung verschwinden. Sie bleiben noch eine gewisse Zeit als sogenannte »optische Nachbilder« erhalten. Die Zeitdauer dieser Nachbilder beträgt etwa 1/30–1/5 Sekunden; diese Zeit schwankt aber individuell und abhängig davon, was wahrgenommen wird. Das Minimum der Reizung pro Sekunde, bei dem das Flimmern in ein Verschmelzen zu einem Abbild (kontinuierliche optische Empfindung) übergeht, wird als kritische Flimmerzone bezeichnet.

Die Vorläufer des Kinos

Nehmen Sie ein Stück Zeichenkarton, und bringen Sie an beiden Seiten eine Schnur an. Auf die eine Seite zeichnen Sie einen Käfig, auf die andere einen Vogel bzw. auf die eine Seite ein Pferd und auf die andere einen Reiter. Wenn Sie nun das Blatt, indem beide Hände den Karton an der Schnur halten, schnell drehen, erreichen Sie es, daß der Vogel im Käfig oder der Reiter auf dem Pferd sitzt.

Ein derartiges Spielzeug fertigte 1825 Dr. J. A. Paris an und nannte es Thaumatrop (Wunderscheibe). Es war der Vorläufer des heutigen modernen Kinos. Später kamen Hefte mit fortlaufenden Darstellungen (von Bewegungen bzw. Handlungen) auf jeder Seite auf. Wenn man diese einzelnen Seiten schnell nacheinander mit dem Daumen durchblätterte, entstand ein lebendiges Bild.

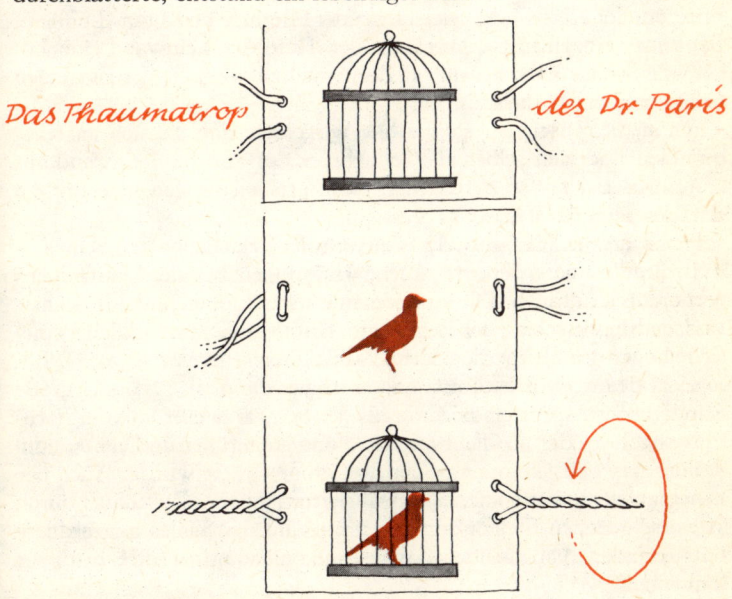

Das Thaumatrop des Dr. Paris

1833 entstand das Stroboskop, eine sich drehende Scheibe, auf der Figuren in verschiedenen Bewegungsphasen aufgezeichnet waren, die bei Beobachtung durch eine feststehende Öffnung den Eindruck einer ununterbrochenen Bewegung hervorriefen. 1891 baute Th. A. Edison ein Kinetoskop, in dem 1 440 Bilder mit einer Geschwindigkeit von 48 Bildern/Sekunde gezeigt wurden. Für 30 Sekunden sah der Zuschauer ein sich bewegendes Bild. Schließlich kombinierten 1895 die Gebrüder Lumière in Frankreich das Kinetoskop mit einem Projektor (Cinèmatographe). Das war dann schon ein echtes Kino, zwar zunächst noch eine Attraktion, bald aber ein neues Massenmedium.

Nunmehr habe ich fragmentarisch die Geschichte der Erfindung des Kinos dargelegt. Sie soll zeigen, daß das Grundprinzip des Kinos auf optischen Nachbildern beruht. Wechseln die Bilder auf der Leinwand zu schnell, dann verschwimmen sie zu Flecken; wechseln sie dagegen zu langsam, beginnen sie zu flimmern. Werden sie aber mit der heute üblichen Geschwindigkeit von 24 Bildern/Sekunde vorgeführt, dann werden sie als lebendiges, sich bewegendes flimmerfreies Bild wahrgenommen.

Der Effekt des Dabeiseins

In einem der ersten Filme der Gebrüder Auguste und Louis Lumière, »Ankunft eines Zuges«, taucht in der Tiefe der Leinwand eine Lokomotive auf, die genau auf die Zuschauer zufährt, die vor Entsetzen von ihren Sesseln aufspringen.

Wenn die Zuschauer so wie hier vergessen, daß sie sich im Kino befinden und sich selbst als Teilnehmer der auf der Leinwand ablaufenden Ereignisse betrachten, dann erleben sie den sogenannten »Effekt des Dabeiseins«.

Heute erscheint es uns seltsam, daß solche flächenhaften Schwarzweißfilme damals derartig starke Emotionen bei den Zuschauern hervorrufen konnten. Die weiterentwickelte Kinotechnik, die künstlerische Meisterschaft der Regisseure, Kameramänner und Schauspieler erhöhen zweifellos den Effekt des Dabeiseins immer mehr. Besonders deutliche Einschnitte gab es immer dann, als z. B. »der große Schweiger« zu sprechen begann; als der Schwarzweißfilm vom Farbfilm abgelöst oder als das Breitwandkino eingeführt und später zum Panorama- und Circorama-Kino weiterentwickelt wurde. Auch der Einsatz der Stereophonie, die gewährleistet, daß der Zuschauer durch an verschiedenen Stellen der Leinwand und des Saales angeordnete Lautsprecher den »vollen Klang« genießen kann, wirkte in dieser Richtung.

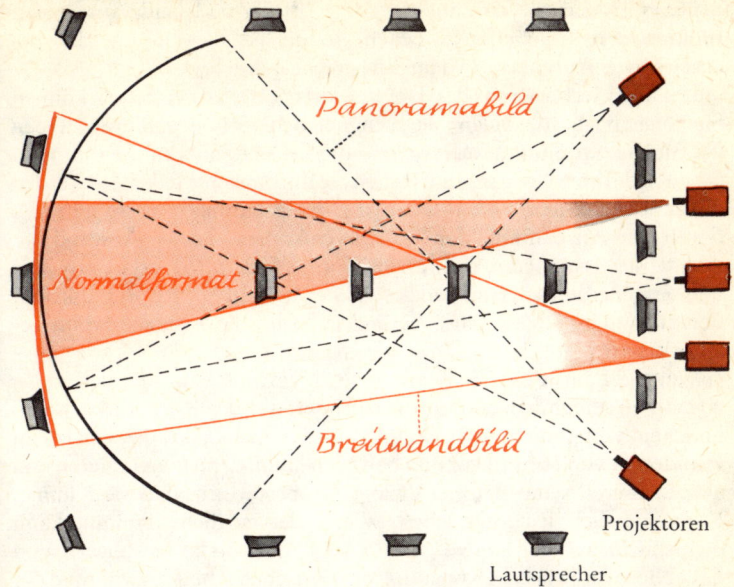

Panoramabild

Normalformat

Breitwandbild

Projektoren

Lautsprecher

Panorama-Leinwand mit Stereofonie vergrößert den Effekt des Dabeiseins

Eine kleine Leinwand ist wie ein Fenster in eine fremde Welt, in der der Zuschauer nur das sieht, was man ihm zeigt. Wird aber der Film auf Breitwand gezeigt, dann kann jeder Zuschauer selbständig wählen, was er sehen möchte. Diese Möglichkeit der aktiven Wahl erhöht den Effekt des Dabeiseins. Ein und derselbe Film wird, wenn er auf Breitwand und stereophon gezeigt wird, gänzlich anders wahrgenommen als auf einer gewöhnlichen Leinwand.

Tiefensehen

Hängen Sie einen Ring an einen dünnen Faden, und binden Sie den Faden nebst Ring an eine Lampe. Schließen Sie dann ein Auge, und stellen Sie sich seitlich von dem Ring auf, so daß Sie seine Öffnung nicht sehen. Versuchen Sie nun, durch diese Öffnung einen Draht oder dünnen Stab »hindurchzufädeln«. Sie werden merken, daß das gar nicht so einfach ist.

Wenn Sie nur mit einem Auge schauen (monokulares Sehen), dann verschlechtert sich der Eindruck von der Tiefe und Perspektive bedeutend. Wenn Sie das andere Auge öffnen und beide zusammen funktionieren (binokulares Sehen), dann ist die Lösung der beschriebenen Aufgabe mit dem Ring recht einfach.

Um den Mechanismus des Tiefensehens besser zu verstehen, können Sie auch noch folgenden Versuch machen. Schauen Sie auf einen Finger, halten Sie ihn zuerst entfernt von sich, nähern Sie ihn dann allmählich Ihrer Nase und entfernen Sie ihn danach wieder. Sie werden dabei sehr deutlich charakteristische Empfindungen verspüren, die durch eine Anspannung der Muskeln entstehen, die den Abstand der Augachsen zueinander verkürzen (Konvergenz) oder verlängern (Divergenz). Außerdem tritt bei diesem Versuch ein Muskel in Funktion, der die Wölbung der Linse verändert, d. h., die Akkomodation gewährleistet.

Wenn der Jäger auf die Kimme seiner Waffe schaut, die sich 35 bis 40 cm von seinem Auge entfernt befindet, auf das Korn, das etwa 80 bis 90 cm von ihm entfernt ist, und auf das Zielobjekt, das sich bis zu Hunderten von Metern vor ihm befinden kann, dann konvergieren und akkomodieren seine Augen. Viele Jäger bestätigen, daß sie Kimme, Korn und Ziel gleich gut sehen. Wie ist das möglich? Training kann die Schnelligkeit der Konvergenz und der Akkomodation steigern, und das »Nichtverlöschen« (Konstanz) des optischen Abbildes während des kurzzeitigen Schweifens des Blickes vom Ziel zur Kimme und zurück erlaubt dem Jäger, so wie im Kino, diese Bilder als eins und damit deutlich zu sehen.

Ähnliche, wenn auch schwächere Empfindungen entstehen bei der Wahrnehmung eines Abstandes zum Gegenstand bei Tiefensehen. Deshalb gelingt Ihnen auch beim monokularen Sehen der Versuch mit dem Ring und dem Draht so schwer.

Die sogenannte Luftperspektive und das Spiel von Hell und Dunkel auf sichtbaren Gegenständen unterstützen das monokulare Tiefensehen. Diese Faktoren können bei der Entfernungseinschätzung jedoch auch störend in Erscheinung treten. Reisende und Touristen müssen deshalb folgende Regeln kennen:

1. Bei Nebel oder Rauch erscheinen die Gegenstände am Horizont weiter entfernt als bei guter Sicht;
2. Grell beleuchtete Gegenstände, Lagerfeuer usw. scheinen, ebenso wie Gegenstände, die weiß, gelb oder rot angestrichen sind, näher zu liegen;
3. Befindet sich die Sonne vor einem Objekt, so erscheint uns die Entfernung dorthin geringer und umgekehrt;
4. Große Gegenstände sind in näherer Perspektive als kleine zu sehen;
5. Die Entfernung zu Objekten, die sich auf gleicher Höhe befinden, scheint sich zu verkürzen; befinden sich dagegen Objekte in hüg-

wenn diese Zeichnung umgedreht wird?

Die Bedeutung des Schattens für die Tiefenwahrnehmung

ligem Gelände, dann scheint sich die Entfernung zu vergrößern. Deshalb erscheint das gegenüberliegende Ufer eines Flusses bzw. Sees immer näher, als es wirklich ist;

6. Ein Gegenstand auf hellem Hintergrund sticht mehr hervor, deshalb erscheint ein Haus näher, wenn im Hintergrund nur der Himmel zu sehen ist; dagegen erscheint es weiter entfernt, wenn der Hintergrund von Bergen oder Wäldern gebildet wird.

Der Einfluß des Spiels von Licht und Schatten auf die Wahrnehmung der Tiefe wird gut durch die Abbildung verdeutlicht, auf der Sie ein Kreuz hervortretend (konvex) und das andere eingelassen (konkav) sehen. Wenn Sie die Abbildung um 180° drehen, dann wird das konvexe Kreuz zum konkaven und umgekehrt. Das ist unabhängig davon, ob Sie dieses Bild mit einem oder mit zwei Augen betrachten.

Das Rätsel der Stereoskopie

Wenn Sie aus dem Fenster schauen und abwechselnd die Augen schließen, so ist das Bild, das Sie sehen, unterschiedlich. Würden wir diese Bilder so fotografieren, wie sie das rechte und das linke Auge sehen, würden wir keine völlig identischen Bilder erhalten. Kämen die Fotos dann in ein Stereoskop, und würden wir es in einer solchen Entfernung aufstellen, daß die zwei Fotografien miteinander verschmelzen, wäre ein unerwartetes Bild zu sehen: Das aus zwei zusammengehörigen, perspektivischen Bildern kombinierte Foto ist stereoskopisch geworden, d. h., es entsteht ein körperlicher Eindruck von dem abgebildeten Gegenstand.

Bei der Tiefenwahrnehmung spielt es eine wichtige Rolle, daß die Widerspiegelungen der Gegenstände, die sich in verschiedener Entfernung befinden, in sogenannte disparate Punkte der Netzhaut des Auges fallen. Disparation bedeutet also, daß Objekte nicht auf identischen Punkten der Netzhaut abgebildet werden. Schaut der Mensch auf ein bestimmtes Objekt, dann stellen sich seine Augenachsen unwillkürlich so ein, daß das Abbild des Objektes auf die Zentralgrube (Fovea centralis) der Retina, d. h. auf die Stelle mit den meisten zapfenförmigen Nervenendigungen und damit des schärfsten Sehens räumlicher Formen und der Farbeigenschaften der Gegenstände fällt.

Stellen Sie sich zwei Netzhäute so übereinandergelegt vor, daß ihre Zentralgruben ebenso wie ihre vertikalen und horizontalen Meridiane deckungsgleich sind. In diesem Falle sind alle kongruenten Punkte beider Netzhäute identisch, und die Abbilder werden einzeln und als eben wahrgenommen. Alle anderen Punkte der Netzhäute sind untereinander nicht identisch oder disparat.

Ist die Disparation des Abbildes von Objekten in beiden Augen groß, dann verdoppelt sich der Gegenstand. Überschreitet aber die Disparation eine bestimmte Größe nicht, so entsteht die Empfindung der Tiefe. Deshalb verdoppelt sich das Abbild, wenn das Foto im Stereoskop zu weit bzw. zu nahe placiert wird. Bei einer für jeden Menschen genau definierten Entfernung verschmelzen dagegen beide Fotos, und es wird so eine deutlich perspektivische Wahrnehmung geschaffen.

Wheatstone, der Erfinder des Stereoskops, verwies darauf, daß man es lernen kann, auch ohne Stereoskop stereoskopische Bilder so anzuschauen, daß sie zu einem dreidimensionalen verschmelzen.

Das dominierende Auge

Die Coelenteraten als die direktesten gemeinsamen Vorfahren des Menschen und der Cephalopoden (Octopus, Kalmare u. a.) haben noch keine Augen. Die Augen des Octopus jedoch sind fast so wie das Auge des Menschen gebaut. Das ist eine Erscheinungsform der sogenannten Analogie in der Entwicklung der Organismen, die die Hypothese stützt, daß hochorganisierte Vertreter anderer Planeten eine menschenähnliche Struktur besitzen.

Beim engsten Verwandten des Octopus, dem Tiefseekalmar, ist das linke Auge viermal größer als das rechte. Offensichtlich ist es hier so, daß der Kalmar das linke Auge in großer Tiefe, das rechte dagegen dann verwendet, wenn er an der Wasseroberfläche schwimmt.

Auch beim Menschen sind selten beide Augen gleich leistungsstark, und gewöhnlich ist eines von beiden stärker entwickelt und dominiert.

Schauen Sie bitte gleichzeitig auf nahe und ferne Gegenstände und verdecken Sie mit der Handfläche zunächst das eine und dann das andere Auge. In dem Augenblick, wo Sie das dominierende Auge bedecken, wird sich alles stark seitlich verschieben; tun Sie das gleiche mit dem anderen Auge, dann ändert sich das Bild fast nicht. Auf diese Weise kann das leistungsstärkere Auge bestimmt werden.

Wenn Sie mit dem Mikroskop arbeiten und mit dem dominierenden Auge hindurchschauen, dann braucht man das andere nicht zusammenzukneifen. Da es aber einfacher ist, mit dem linken Auge zu mikroskopieren, weil man dann mit dem rechten gleichzeitig lesen oder eine Zeichnung anfertigen kann, wird bei Laboranten gewöhnlich das linke Auge das stärkere sein. Ein Jäger, bei dem das rechte das dominierende Auge ist, kann leichter zielen — dabei braucht er nicht einmal das linke Auge zu schließen. Deshalb sollte jeder Mensch wissen, welches seiner beiden Augen das leistungsstärkere ist.

Wie man Bilder betrachten soll

Schon vor langer Zeit hat man festgestellt, daß Bilder und Fotografien mit größerem Relief und manchmal sogar stereoskopisch wahrgenommen werden, wenn man sie nur mit einem Auge betrachtet. Der englische Philosoph Bacon gab im 16. Jahrhundert dafür folgende naive Erklärung: »Wir sehen mit einem Auge besser als mit beiden, da sich die Lebensgeister dabei auf eine Stelle konzentrieren und mit größerer Stärke agieren können.«

Korrekt wurde diese Erscheinung erst 1876 von dem englischen Psychologen William Carpenter geklärt: »... Wenn wir mit beiden Augen aus mittlerer Entfernung auf ein Bild schauen, sind wir gezwungen, es als platte Oberfläche anzuerkennen; schauen wir es nur mit einem Auge an, gibt unser Verstand leichter dem Eindruck der Perspektive, des Lichtes und des Schattens nach.

Bemerkenswert ist«, fährt Carpenter weiter fort, »daß der Effekt dieser Art des Betrachtens fotografischer Bilder mit einem Auge sich nicht auf die Ausgliederung der physischen Formen des Gegenstandes beschränkt; auch andere Besonderheiten treten mit unvergleichlich großer Lebendigkeit und Wirklichkeitsnähe zutage und nähren damit die Illusion. Das bezieht sich hauptsächlich auf die Darstellung des stehenden Wassers — der schwächsten Stelle fotografischer Bilder unter gewöhnlichen Bedingungen. Schaut man mit beiden Augen auf eine solche Darstellung des Wassers, dann erscheint die Oberfläche wachsbleich; schaut man aber mit einem Auge — dann kann man mitunter eine erstaunliche Durchsichtigkeit und Tiefe erkennen. Gleiches ist auch bezüglich verschiedener Eigenschaften von Oberflächen, die das Licht reflektieren, beispielsweise von Bronze und Elfenbein, feststellbar.«

Wir werden diese Erklärung besser verstehen, wenn wir uns in Erinnerung rufen, daß die Reflexion der Abbilder von Fotografien oder Bildern, die auf identische Punkte der Retina fallen, keinen Eindruck der Tiefe hervorrufen; dieser Eindruck entsteht nur, wenn das Bild mit einem Auge (auf Kosten der Luftperspektive und des Spiels von Licht und Schatten) betrachtet wird.

Auch die Entfernung ist bei weitem nicht gleichgültig. Am besten ist ein Foto unter dem gleichen Winkel zu betrachten, unter dem das »Auge« des Fotoapparates die fotografierten Objekte »gesehen« hat, d. h. aus der Entfernung der Brennweite des Objektivs. Diese Größe nimmt entsprechend zu, wenn das Foto vergrößert wurde. Wurde ein Foto zum Beispiel mit einer normalen Kamera gemacht und auf Postkartengröße vergrößert, dann sollte es aus einer Entfernung von etwa 20 cm betrachtet werden.

Betrachtet man Bilder, Fotografien, Zeichnungen usw. durch ein Rohr aus Papier oder anderem Material, so gewinnen sie dadurch auch an Relief, da auf diese Weise ebener Hintergrund (wie Mauern und Tische), vor dem sich die Objekte befinden, eliminiert wird.

Illusionen, von Goethe entdeckt

»Ein dunkler Gegenstand erscheint kleiner, als ein heller von derselben Größe. Man sehe zugleich eine weiße Rundung auf schwarzem, eine schwarze auf weißem Grunde, welche nach einerlei Zirkelschlag ausgeschnitten sind, in einiger Entfernung an, und wir werden die letztere etwa um ein Fünftel kleiner, als die erste halten. Man mache das schwarze Bild um so viel größer, und sie werden gleich erscheinen ...

Die erste Mondsichel scheint einer größeren Scheibe anzugehören, als der an sie grenzenden dunkeln, die man zur Zeit des Neulichtes manchmal unterscheiden kann. Schwarze Kleider machen die Personen viel schmäler aussehen als helle. Hinter einem Rand gesehene Lichter machen in den Rand einen scheinbaren Einschnitt. Ein Lineal, hinter welchem ein Kerzenlicht hervorblickt, hat für uns eine Scharte. Die auf- und untergehende Sonne scheint einen Einschnitt in den Horizont zu machen ...«

und wieviel dieser Kreise
zwischen dem unteren Kreis
und einem der oberen
untergebracht werden können

ob die weißen
und schwarzen Figuren
die gleiche Größe haben

Diese Bemerkungen schrieb Johann Wolfgang Goethe in seiner »Farbenlehre« nieder.

Die geschilderten Illusionen sind durch die optischen Eigenschaften unseres Auges zu erklären, und wir zählen sie deshalb zu den physiologischen Illusionen. Infolge der sogenannten sphärischen Aberration ist jede helle Kontur eines Gegenstandes auf der Retina von einer hellen Grenze umgeben. Diese helle Grenze ist es, die die Ausmaße des Bildes vergrößert: Goethe hatte nicht recht, wenn er meinte, daß sich das Bild um 1/5 verkleinert. Die Ausmaße der Grenze bleiben in Wirklichkeit die gleichen, aber die Größe des Abbildes verändert sich in Abhängigkeit von der Entfernung. Die von Goethe beschriebene Illusion tritt noch deutlicher auf, wenn man Gegenstände aus der Ferne betrachtet.

Auf unserer Abbildung scheint der leere Zwischenraum zwischen dem unteren und einem der beiden oberen Kreise größer zu sein als die Entfernung zwischen den äußeren Begrenzungen der zwei oberen

Kreise. Sie werden auch nur schwer glauben, daß zwischen dem unteren und einem beliebigen oberen Kreis nur drei derartige Figuren untergebracht werden können. Stellen Sie das Buch nun noch so hin, daß reichlich Licht darauf fällt, und betrachten Sie die Abbildung aus 5 bis 10 Schritten Entfernung. Sie werden sehen, daß sich die Illusion noch weiter verstärkt.

Der blinde Fleck

»Ich befestigte auf dunklem Untergrund, etwa in Höhe meiner Augen, einen kleinen aus weißem Papier geschnittenen Kreis und bat, daß gleichzeitig ein anderer Kreis rechts neben den ersten, ungefähr in einer Entfernung von zwei Fuß, aber etwas tiefer — so, daß sein Abbild genau auf den Sehnerv meines rechten Auges fiel — gehalten wurde, während ich das linke Auge zusammenkniff. Ich stellte mich genau dem ersten Kreis gegenüber und entfernte mich allmählich, ohne mit dem rechten Auge davon abzugehen. Als ich eine Entfernung von etwa neun Fuß erreicht hatte, verschwand der zweite Kreis, der eine Größe von ca. vier Inches hatte, völlig aus meinem Gesichtsfeld. Das konnte nicht an seiner seitlichen Lage liegen, da ich andere Gegenstände, die sich noch weiter seitlich befanden, sehen konnte. Ich würde geglaubt haben, daß er weggenommen worden wäre, wenn ich ihn nicht bei der geringsten Bewegung meiner Augen wiedergefunden hätte.«

So beschrieb Edme Mariotte (1620–1684) seinen 1666 durchgeführten Versuch. Er entdeckte im Auge den blinden Fleck, der nach ihm benannt wurde. Der blinde Fleck ist die Stelle, wo die Sehnerven ins Auge eintreten. Mariotte ist der gleiche Physiker, den wir alle als

Schließen Sie Ihr linkes Auge,
und fixieren Sie mit dem rechten
aus einer Entfernung
von etwa 25 cm das Kreuz;
der weiße Kreis wird verschwinden

25 cm

Mitentdecker des Boyle-Mariotteschen Gesetzes kennen. Er war außerdem einer der Begründer und eines der ersten Mitglieder der Pariser Akademie der Wissenschaften. Den Versuch Mariottes kann man nicht nur in seiner klassischen Form nachvollziehen, sondern auch mit Hilfe der hier für Sie abgedruckten Abbildung.

Das Bild an der Decke

Das nachfolgende Experiment müssen Sie sehr vorsichtig und mit großen zeitlichen Zwischenräumen durchführen, damit Ihre Augen durch das überstarke Licht nicht ermüden. Versuchen Sie also, das Experiment mit Hilfe der Abbildung durchzuführen.

Damit der Versuch besser gelingt, bleiben Sie zunächst eine Zeitlang mit geschlossenen Augen sitzen. Dann schauen Sie sich das Bild etwa 20 bis 30 Sekunden sehr konzentriert an. Kneifen Sie dann die Augen zusammen, und schauen Sie schnell an die Decke: Dort werden Sie dann das Porträt des russischen Mathematikers Lobatschewski sehen.

Schauen Sie sich dieses Bild genau an, wenden Sie danach Ihren Blick schnell zur Decke ...

Diese Erscheinung kommt aufgrund von Spurenprozessen zustande, die in der Retina des Auges und in der Großhirnrinde ablaufen.

Mitunter ist das positive Nachbild so klar und beständig, daß der Mensch sozusagen weiterhin das sieht, was früher wahrgenommen wurde. Diese Erscheinung wird als eidetische Imagination bezeichnet.

Das Nachbild scheint in der Regel zu »schwanken«, wie Goethe sagte, oder es schwimmt in einer Richtung. Der Grund dafür ist, daß wir – wenn wir einen Gegenstand anschauen – die Augen und den Kopf drehen, d. h. den motorischen und vestibularen Analysator gleichzeitig mit in den Akt der optischen Wahrnehmung einbeziehen. Bei der Erscheinung des Nachbildes entfällt diese Wechselwirkung der Analysatoren, und das ruft die schwankende Bewegung hervor. Wenn Sie den Kopf heftig drehen, dann hört auch das Bild an der Decke auf zu »schwimmen«.

Die Ganzheit der Wahrnehmung

Fast jeder, der den oberen Teil der Zeichnung angesehen hat, wird zwei Dreiecke sehen. Bei jeder Wahrnehmung fällt vor allem die Darstellung des Ganzen ins Auge, erst danach werden die Details beachtet. Mit Hilfe der ganzheitlichen Wahrnehmung werden einzelne Linien und Punkte zu Figuren vereinigt. Eine Reihe von Linien wird als Muster wahrgenommen, dessen Charakter gewöhnlich von einem Teil, der das Ganze organisiert, bestimmt wird. Auf dem unteren Abschnitt unserer Zeichnung bestimmt der erste Zwischenraum das Muster, das wir sehen. Wir haben uns daran gewöhnt, von links nach rechts zu lesen. Die Araber aber lesen von rechts nach links, sie werden deshalb in dieser Zeichnung ein anderes Muster sehen.

Wenn wir Musik hören, nehmen wir nicht einzelne Töne, sondern eine Melodie wahr. Die Melodie bleibt die gleiche, egal ob sie von einem Sinfonieorchester, einem Streichorchester oder auf einem Klavier gespielt wird. Die Ganzheitlichkeit des musikalischen Abbildes prägt sich in unserem Bewußtsein klarer ein als einzelne akustische Empfindungen.

Wenn wir telefonieren, hören wir meist nicht alle Buchstaben, die unser Gesprächspartner sagt. Kaum einer wird sich aber bisher daran gestört haben. Denn auch im normalen Gespräch artikulieren wir nicht alle Buchstaben eines Wortes aus, z. B. »'n amd«. Trotzdem wird jeder, der vorbeigeht, wissen, daß er gegrüßt wurde.

Auch das ist eine Manifestation der Ganzheitlichkeit der Wahrnehmung. Manchmal werden zwei, drei unvollendete Sätze verallgemeinert und als kompletter Gedanke wahrgenommen. Ein Kunstwerk veranlaßt uns, es aktiv und schöpferisch wahrzunehmen und aus Details das Ganze zusammenzusetzen.

»Aber ich bitte Sie, lieber Professor«, wurde ich von einem jungen Künstler während einer Diskussion über diese Fragen unterbrochen. »Was Sie sagen, ist doch nur noch einen Schritt von der abstrakten

Aufgrund der Ganzheit der Wahrnehmung

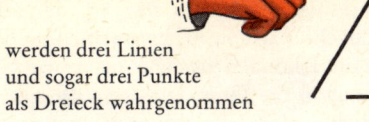

werden drei Linien
und sogar drei Punkte
als Dreieck wahrgenommen

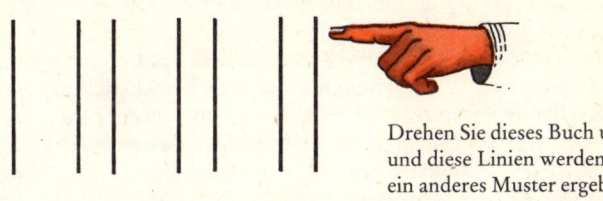

Drehen Sie dieses Buch um,
und diese Linien werden
ein anderes Muster ergeben

Malerei entfernt, die auch scheinbar etwas nur andeutet und Punkte setzt.«

Damit hatte er nicht recht. Eine punktierte Zeichnung und Andeutungen im Gespräch sind Teil von etwas Eindeutigem, von einem schon bekannten Ganzen, wie z. B. der Motorradfahrer auf dem Bild. Prinzip der abstrakten Malerei ist es dagegen, nichts Gegenständliches darzustellen.

Obwohl dieses Bild nicht zu Ende gezeichnet ist, *können Sie schon sagen, was hier dargestellt ist*

Launen des Geschmacks

»Das Mittagessen schmeckt heute aber gar nicht«, sagte meine Tischnachbarin in der Gaststätte und nieste.

»Das Essen ist heute nicht schlechter als sonst«, wendete ich ein. »Sie haben nur starken Schnupfen und können deshalb nichts riechen. Gerüche gehen nämlich nicht nur in die Geschmacksempfindungen mit ein, sondern sie bestimmen auch deren Reichtum.«

Erfahrene Verkoster schmecken gerade mit Hilfe ihrer Geruchsempfindungen nicht nur die Sorte des Weines oder der Trauben, sondern auch das Jahr der Herstellung.

Unsere Geschmacksempfindungen als solche sind recht arm, d. h. wenig differenziert. Wir können nur vier Geschmacksrichtungen mit unterschiedlicher Intensität differenzieren: süß, sauer, bitter, salzig. Es fällt uns aber sehr schwer, sie in Zwischengeschmacksrichtungen zu untergliedern. Das kann mit Hilfe des folgenden Versuchs nachgewiesen werden.

Stellen Sie in einem Glas eine gesättigte Zucker-, in einem anderen eine gesättigte Salzlösung bereit. Bringen Sie nun etwas von der ersten Lösung auf die linke Hälfte der Zungenspitze und von der zweiten Lösung etwas auf den rechten Zungenrand. Sie werden nacheinander zwei Geschmacksempfindungen haben, die sich aber nicht zu einer gemeinsamen, dritten verbinden. Nach einiger Zeit kann dieser Versuch mit Zitronensaft und Chininlösung wiederholt werden.

Dabei muß man beachten, daß verschiedene Zungenbereiche den Geschmack unterschiedlich wahrnehmen. Süß wird am besten von der Zungenspitze, sauer von den Zungenrändern und bitter von der Zungenwurzel wahrgenommen. In jedem dieser Bereiche befinden sich entsprechende Geschmacksrezeptoren.

Als letztes noch folgenden Versuch. Reiben Sie Ihre Zunge mit einem sauberen Taschentuch trocken, und bringen Sie dann ein Stück Kandiszucker und große Salzkristalle darauf (sie können auch eingerieben werden). Sie werden weder das eine noch das andere schmekken, da kein Speichel zum Auflösen der Stoffe vorhanden ist. Man kann also auf die trockene Zunge sogar Chinin bringen, ohne daß Sie einen bitteren Geschmack empfinden.

Das Zeitgefühl

Es gibt Leute, die immer wissen, wie spät es ist, und sie können auch ohne Wecker zu einer bestimmten Zeit erwachen.

Klopfen Sie mit mehr oder weniger großem zeitlichen Abstand

zweimal auf den Tisch, und bestimmen Sie das Zeitintervall zwischen den Klopfzeichen mit Hilfe einer Stoppuhr. Wenn Sie verschiedene Leute befragen, welche Zeit zwischen dem ersten und zweiten Klopfen vergangen ist, dann werden Sie Antworten mit sehr unterschiedlicher Genauigkeit erhalten.

Als von den Analysatoren die Rede war, habe ich Ihnen noch nicht gesagt, was unter dem Analysator der Zeit zu verstehen ist.

Neben dem Raum ist die Zeit eine der Grundformen der Existenz der Materie. Alle unsere Analysatoren nehmen die Bewegung der Materie nicht nur im Raum, sondern auch in der Zeit wahr. Alle biochemischen und physiologischen Prozesse im Organismus verlaufen in der Zeit. Viele von ihnen werden von verschiedenen biologischen Rhythmen gesteuert (darunter auch vom Tag-und-Nacht-Rhythmus). Die akustischen und kinästhetischen Empfindungen gewährleisten die genaueste Differenzierung von Zeitintervallen. Setschenow hielt sie für ausgezeichnete Meßapparate kleiner Zeitintervalle.

Die Wahrnehmung der Zeit ist eine Widerspiegelung der objektiven Realität, Geschwindigkeit und Abfolge realer Erscheinungen. Das Zeitgefühl ist nicht angeboren, sondern es entwickelt sich mit der Zunahme entsprechender Erfahrungen.

Ich bin sicher, daß Sie nicht erst einmal über die Zeit geklagt haben: Warum rennt sie manchmal so schnell davon, ein anderes Mal dagegen zieht sie sich endlos lang? In Wirklichkeit »rennt« oder »steht« nicht die Zeit, sondern es ist Ihre Zeiteinschätzung, die sich ändert.

Stunden, Tage oder Wochen, die mit wichtigen und interessanten Ereignissen angefüllt sind, scheinen schneller zu vergehen und kürzer zu sein als solche Zeitabschnitte, in denen nichts Besonderes geschieht, und alles seinen normalen, einförmigen Gang geht. Erleben wir Befriedigung, Freude usw., dann unterschätzen wir gewöhnlich die verstrichene Zeit. Zeiten, die mit Unannehmlichkeiten bzw. Langeweile angefüllt waren, werden in der Regel überschätzt. Am kürzesten erscheint uns die Zeit, in deren Verlauf man vieles schaffen muß.

Für alles das gibt es eine physiologische Erklärung. Wenn im Kortex Erregungsprozesse dominieren und im Zusammenhang damit auch der Stoffwechsel erhöht ist, vergeht die Zeit »schneller«. Bei einem Vorherrschen der Hemmung zieht sie sich »länger« hin.

Jetzt soll noch etwas zur unmittelbaren Einschätzung von Zeitintervallen gesagt werden. Wenn wir die Zeit aus der Erinnerung einschätzen wollen, dann ändert sich das Bild: Zeiträume, die in der Vergangenheit mit interessanten, abwechslungsreichen Ereignissen gesättigt waren, werden länger eingeschätzt als solche Perioden, in denen nichts Besonderes geschah, und von denen wir keine Erinnerung haben.

Zeitintervalle von unter fünf Minuten erscheinen in der Erinnerung gewöhnlich länger, als sie objektiv waren. Am genauesten werden Zeitintervalle von 5 bis 15 Minuten eingeschätzt; längere Zeiten prägen sich verkürzt ein. Diesen Tatbestand berücksichtigen die Untersuchungsrichter bei der Befragung von Augenzeugen.

Die schwimmende Brücke

Wenn Sie von der zwanzigsten Etage eines Hauses in die Ferne schauen, wird Ihnen nicht schwindlig. Blicken Sie aber nur einen Moment nach unten, wird Ihnen sicherlich übel werden. In solchen Augenblicken ist die normale Wechselwirkung verschiedener Analysatoren gestört: des Vestibularapparates, der die vertikale Lage des Körpers signalisiert, und des Auges, das die Ebene der Erde gewöhnlich als Horizontale wahrnimmt.

Schwindelgefühl entsteht, wenn die Wechselwirkung der Analysatoren bei der Wahrnehmung der Lage im Raum gestört ist

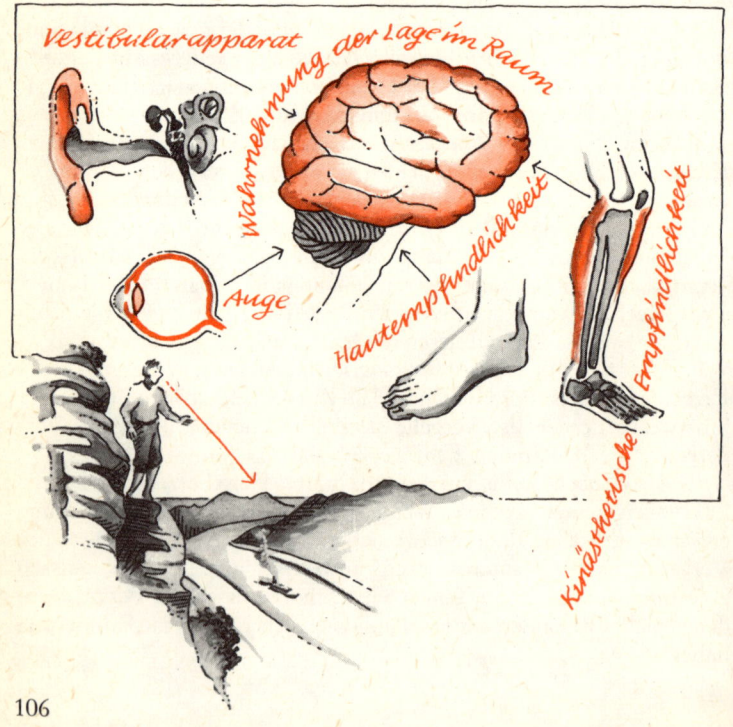

Ein orientalisches Sprichwort besagt: »Schau durch das Geländer einer Brücke, und du wirst sehen, wie die Brücke durch das stehende Wasser schwimmt.« Genauso scheint sich der Mond an unbeweglichen Wolken vorbeizuschieben. Ebenso schwer ist festzustellen, ob sich unser Zug oder der gegenüberliegende in Bewegung setzt.

Alle diese Beispiele sind auch noch aus einem anderen Grund interessant. Wenn man am Heck eines Schiffes steht und das davonströmende Wasser beobachtet, tritt selten ein ungutes Gefühl ein. Stehen Sie aber auf der Mitte einer Brücke und schauen nach unten, auf das durchströmende Wasser, dann fängt es im Kopf an zu drehen, und bald kommt auch noch Übelkeit hinzu. Das heißt also, daß in diesen Situationen die normale Wechselwirkung zwischen optischem und vestibularem Analysator gestört ist, während sie — wenn Sie sich mit dem Schiff bewegen — aufrechterhalten bleibt.

Mit den Füßen nach oben

Sicherlich wissen Sie, daß unser Auge einem Fotoapparat gleicht und daß das Abbild realer Objekte umgekehrt auf der Netzhaut steht. Das wird nicht nur durch die optischen Gesetze des Auges, sondern auch durch direkte Experimente demonstriert. Wird das Auge eines eben getöteten Hundes sehr schnell in entsprechender Weise präpariert, so kann man auf der Retina die umgekehrte Darstellung dessen entdecken, was dieser Hund im Augenblick seines Todes und der Augentrübung gesehen hat.

»Entwickelte« Retina eines
Hundeauges

107

Ich möchte gleich darauf hinweisen, daß diese Laborversuche nur theoretische Bedeutung haben und selten gelingen. Alle Vermutungen in der Richtung, daß die gleiche Erscheinung auch im Auge eines getöteten Menschen auftritt und helfen könnte, den Mörder zu finden, sind Unsinn.

Warum sehen wir dann aber nicht alles mit den Füßen nach oben?

Weil die ganzheitliche Wahrnehmung stärker als einzelne Empfindungen sind. Einem Kind sagt seine Erfahrung vom ersten Tag an, wo oben und wo unten ist. Jedoch ist bekannt, daß Menschen, die früher blind waren und durch eine Operation das Sehvermögen erhalten haben, in der ersten Zeit nach der Operation tatsächlich alles mit den Füßen nach oben sehen.

Der österreichische Psychologe Erismann lebte und bewegte sich einige Tage lang mit einer Brille, die prismatische Gläser hatte und alles umkehrten. Er nahm sie nur ab, wenn er schlief und wenn völlige Dunkelheit herrschte. Die erste Zeit sah er die Gegenstände mit den Füße nach oben, bald aber »stand alles wieder auf den Füßen«. Nach einiger Zeit konnte er nicht nur ganz normal sehen, sondern mit dieser Brille auch Fahrrad fahren. Als er die Brille abnahm, sah er die erste Zeit alles wieder verkehrt herum.

Diesen Versuch wiederholte der genannte Psychologe auch mit einer Brille, die spiegelbildliche Darstellungen liefert und — kam zu dem gleichen Ergebnis. Bemerkenswert wäre noch, daß in der ersten Zeit, nachdem er die Brillen gewechselt hatte, aufgrund der gestörten Wechselwirkung zwischen optischem, vestibularem und kinästhetischem Analysator Schwindelgefühl, Übelkeit und Erbrechen auftraten.

Wenn Wasser »aufwärts fließt«

»Während unserer touristischen Wanderungen durch den Kaukasus und die Krim«, sagte mir eine Sportlerin, »waren wir immer wieder überrascht, wie es so aussehen konnte, als ob ein Fluß oder ein Bach neben der Straße nicht abwärts, sondern aufwärts fließt. Können Sie das erklären?«

»Das geschieht dann, wenn die Neigung der Straße oder des Weges größer ist als die des Flußbetts. Schauen Sie her!« sagte ich und demonstrierte es ihr an einer Zeichnung.

Die gleiche Illusion entsteht, wenn das gesamte Tal steiler abfällt als die Straße und der Fluß seitlich davon. Diese Illusion kann auch durch die Konturen der Bergkämme, die das Tal umschließen, hervorgerufen werden.

Weg

Fluß

Horizontale

Wenn Wasser „aufwärts fließt"

Diese Erscheinung war für mich Anlaß größeren Ärgers, als ich per Auto durch den Kaukasus fuhr. Man sieht, daß die Straße abfällt und nimmt deshalb das Gas weg, um Benzin zu sparen. Da aber bleibt auch schon das Auto stehen. Am Elbrus in Terskol plagten wir uns lange Zeit mit dem Motor und der Zündung herum, da es uns schien, daß der Wagen sehr schlecht zog, sogar an den kleinsten Steigungen. Erst als wir zurückfuhren, merkten wir, daß unsere Bastelei ungerechtfertigt gewesen war: Nur im Verhältnis zur steilen Baksan-Schlucht war die Steigung als gering zu bezeichnen.

Schätzfehler

»Unsere Augen, mein Freund, sind unfähig, die Natur der Dinge zu erkennen, schreibe ihnen deshalb nicht die Irrtümer der Vernunft zu.«

Diese Worte schrieb der römische Philosoph Lucretius vor mehr als 2000 Jahren in seinem didaktischen Poem »De natura rerum« (Von der Natur der Dinge) nieder.

»Unsere Sinne betrügen uns nicht — aber nicht deshalb, weil sie immer richtig urteilen, sondern deshalb, weil sie überhaupt nicht urteilen«, bemerkte Kant vor etwa 200 Jahren zu dem gleichen Sachverhalt.

Schätzungsfehler sind oft durch die Ganzheitlichkeit der Wahrnehmung zu erklären und werden dadurch provoziert, daß die Be-

Vergleichen Sie
diese Linien
und Figuren

urteilung eines Gegenstandes insgesamt auf die Beurteilung seiner Details übertragen wird.

Schon im vergangenen Jahrhundert beschrieb der deutsche Psychologe Müller-Lyer eine Illusion, die auch auf unserer Zeichnung dargestellt ist und in der Folgezeit seinen Namen erhielt. Die Diagonale AB des großen Parallelogramms scheint länger als die Diagonale BC des kleineren Parallelogramms zu sein. Die Entfernung AB wiederum scheint länger als die Entfernung CD zu sein. Das Deck des linken Schiffes erscheint länger als das des rechten. Je ganzheitlicher die

*Ihre Schätzfehler
sind durch die Ganzheitlichkeit
der Wahrnehmung hervorgerufen*

Darstellung ist, desto deutlicher wird die Illusion bei der Schätzung. Deshalb ist auf der Abbildung oben die Illusion bei der Schätzung der Linie AB, die kürzer als AC erscheint, am deutlichsten, denn AB nimmt nur einen Teil des Weges ein.

Bestimmte Illusionen verschwinden oder verringern sich nach einer nochmals vollzogenen Überprüfung wesentlich. Wahrnehmungstäuschungen dagegen können außerordentlich stabil sein. Dazu gehört vor allen Dingen die Illusion der Verschiebung, die bei der Wahrnehmung von sich kreuzenden Linien und Winkeln auftritt. In diesem Zusammenhang ist die Zeichnung der Poggendorf-Illusion sehr lehrreich. Sie zeigt, daß die ganzheitliche Wahrnehmung stärker als die Illusion der Verschiebung ist, wodurch letztere verschwindet (s. S. 112).

Aufgrund des Gesetzes der Perspektive erscheint die hintere Säule größer als die vordere. Es wird auch deshalb ein Baum, ein Fels, ein Haus, ein Schornstein, überhaupt jeder Gegenstand, kleiner wahrgenommen, als er in Wirklichkeit ist. Die Korrektur, die wir gewöhnlich anbringen, führt zu einer Überbewertung der Länge vertikaler Linien im Vergleich zu horizontalen Linien. Deshalb erscheint auf unserer Zeichnung (S. 113) die Höhe des Zylinders größer als die Breite; auch bei den Figuren daneben erscheint die Höhe größer als die Breite. Diese Illusion ist so beständig, daß sie bei der Herstel-

Illusion der Verschiebung

Zöllner-Illusion

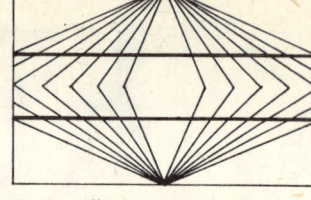

Göring-Illusion

*Es fällt schwer zu glauben,
daß alle diese Linien parallel sind –*

die Linie A-B gerade ist

Die Poggendorf-Illusion
verschwindet bei ganzheitlicher Wahrnehmung

lung von typographischen Lettern berücksichtigt werden muß.
Auch Architekten haben bei der Projektierung von Verzierungen
an Gebäuden damit zu rechnen.

Frauen wissen, daß sie in einem längsgestreiften Kleid größer und
schlanker und in einem quergestreiften fülliger erscheinen. Infolgedessen spielt also die Illusion nicht nur eine negative Rolle.

Tarnung

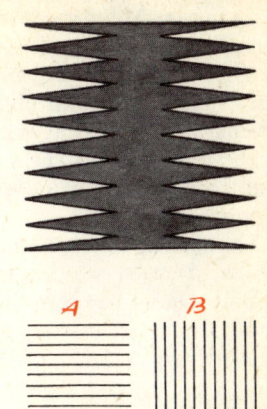

Illusionen der Höhe und der Breite

Tarnung einer Kiste

So angestrichen

erscheint es aus der Ferne so

Die Gesetzmäßigkeiten optischer Illusion werden insbesondere bei der Tarnung im Militärwesen genutzt. Es gibt Schutzfärbungen unterschiedlicher Art. Die Tarnfarbe im Sommer ist grün und im Winter weiß. Dadurch sind Gegenstände schwer erkennbar, denn sie stimmen mit dem Hintergrund überein. Deformationsfarben verändern die Form der Gegenstände. Wird eine helle Kiste stellenweise mit dunkler Farbe bemalt, so erscheint sie aus der Ferne als dunkler, ungleichmäßiger Fleck, oder sie wird als irgendein anderes Objekt wahrgenommen.

Tarnmäntel sind mit hellen und dunklen Flecken bedeckt, Kriegsschiffe dagegen werden mit regelmäßigen geometrischen Figuren bemalt. Damit wird erreicht, daß die Bestimmung des Schiffskurses durch die entstehenden optischen Illusionen einem Beobachter erschwert wird.

Über den Kontrast

»Ich tanze gar nicht gern mit dir, Du bist so groß, daß ich neben dir noch kleiner erscheine, wie ein richtiger Zwerg«, sagte sie.

»Quatsch«, erwiderte er beleidigt. Daß das Mädchen aber doch recht hatte, davon kann man sich durch diese Zeichnungen und die folgenden Versuche überzeugen.

Füllen Sie drei Gläser mit Wasser, und schütten Sie in eines davon einen halben Teelöffel Salz. Bitten Sie jemanden, aus dem ersten Glas zu trinken, dann aus dem zweiten (es enthält Salzwasser) und schließlich aus dem dritten Glas, das wiederum reines Wasser enthält. Das Wasser des dritten Glases wird als besonders frisch und schmackhaft beurteilt, während das aus dem ersten Glas weniger schmackhaft erscheint. Auch bei sich selbst kann man diesen Versuch mit den gleichen Ergebnissen wiederholen. In diesem Fall reichen zwei Gläser aus: mit reinem und mit Salzwasser. Besonders deutlich wird die Illusion des Kontrastes bei dem nun folgenden Versuch. Stellen Sie drei Schüsseln auf den Tisch; in die rechte füllen Sie kaltes Wasser, in die linke warmes (etwa 40 Grad), und die mittlere füllen Sie je zur Hälfte mit kaltem und warmem Wasser. Legen Sie dann eine Hand in die rechte und die andere in die linke Schüssel; lassen Sie beide Hände eine Zeitlang im Wasser, und bringen Sie dann beide Hände gleichzeitig in die mittlere Schüssel. Das gleiche Wasser ist für die linke Hand kalt und für die rechte warm. Durch den Kontrast erscheint der Junge auf der rechten Seite dunkler und der mittlere Kreis in der oberen Figur größer.

Kontraste

Wo ist der Grashüpfer?

Wer von Ihnen, liebe Leser, hat nicht schon versucht, einen laut zir-
penden Grashüpfer zu fangen, und es doch nicht geschafft! Sobald
man fast herangeschlichen ist, zirpt es schon wieder von einer anderen
Stelle.

In Wirklichkeit ist es anders. Das Tier sitzt noch an der gleichen
Stelle wie vorher, nur haben Sie die Richtung der Töne nicht richtig
bestimmt. Wenn Sie sich so zu dem Grashüpfer stellen, daß Sie die
Töne nicht von vorn, sondern von der Seite hören und dann genau in
dieser Richtung auf ihn zugehen, ohne den Kopf zu drehen, werden
Sie ihn ohne große Mühe fangen können. Da aber ein Grashüpfer nicht
immer gleich zur Hand ist, schlage ich als Beweis für das Gesagte
folgenden Versuch vor.

115

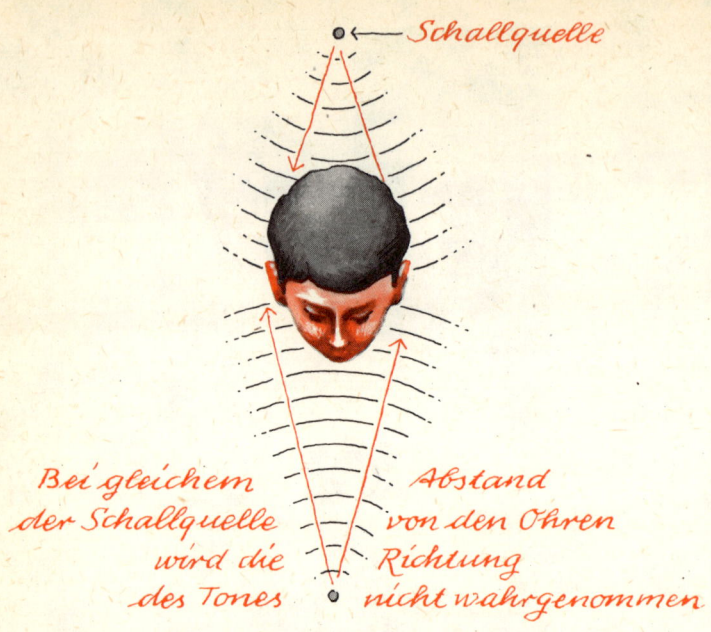

Bei gleichem ———— Abstand
der Schallquelle —— von den Ohren
wird die —— Richtung
des Tones ● nicht wahrgenommen

Ihr Freund soll die Augen schließen, und Sie schlagen zwei Gegenstände, sagen wir zwei Steine, in unterschiedlicher Entfernung von seinem Kopf zusammen. Wichtig ist dabei, daß das genau vor oder hinter ihm geschieht, d. h. in einer Ebene, die durch die Achse des Kopfes verläuft. Mit anderen Worten heißt das, daß Sie den Ton immer in gleicher Entfernung vom linken und rechten Ohr erzeugen müssen. Ich garantiere Ihnen, daß weder Ihr Freund noch irgendein anderer Ihrer Kameraden die Tonrichtung genau bestimmen kann, denn der Ton scheint genauso wie ein Grashüpfer »zu springen«. Schlagen Sie dagegen die Steine seitlich neben dem Kopf zusammen, dann entsteht kein Wahrnehmungsfehler, und jeder wird Ihnen leicht sagen können, von welcher Stelle aus der Ton kam.

Deshalb drehen und neigen wir auch den Kopf unwillkürlich, wenn wir aufmerksam zuhören, damit der Ton von seitwärts einfällt.

Zwei oder eine?

Die Illusion, von der jetzt die Rede sein wird, beschrieb Aristoteles schon vor etwa 2300 Jahren.

Schließen Sie die Augen und rollen Sie eine Kugel (am besten eine kalte, metallische Kugel) mit den gekreuzten Zeige- und Mittelfingern, so wie es auf der Abbildung dargestellt ist. Sicherlich wird es Ihnen erscheinen, als ob Sie zwei Kugeln rollen. Das Ganze ist leicht erklärlich: Die äußeren Oberflächen zweier benachbarter Finger berühren praktisch niemals gleichzeitig eine Fläche, und deshalb werden Empfindungen, wenn sie von ihnen ausgehen, nicht verallgemeinert (generalisiert). Mitunter tritt diese Illusion sogar ein, wenn Sie mit den Fingern die eigene Nasenspitze berühren: Es kann dann der Eindruck entstehen, daß Sie zum stolzen Besitzer zweier Nasen geworden sind.

Wenn Sie dagegen den Handrücken mit zwei Zirkelspitzen, die einen Abstand von weniger als 20 bis 25 mm voneinander haben, berühren, werden Sie nur einen Einstich empfinden. An den Fingerspitzen dagegen spüren Sie deutlich zwei Berührungen (das ist sogar der Fall, wenn Sie den Zirkel nur 1 bis 2 mm öffnen). Setzen Sie die Zirkelspitze auf der Haut des Rückens auf, dann ist eine Öffnung des Zirkels um mehr als 60 bis 70 mm notwendig, um zwei Einstiche unterscheiden

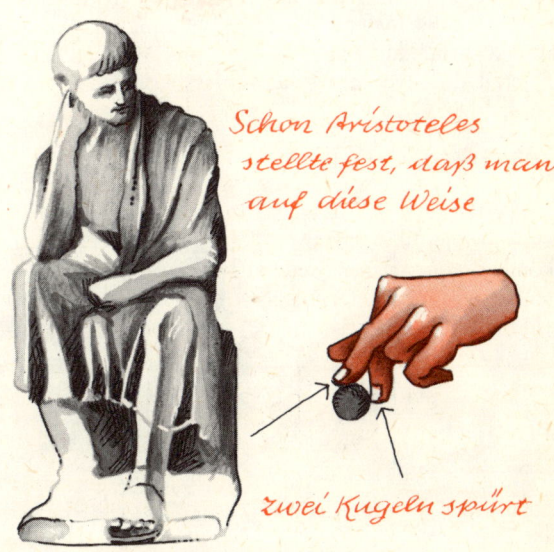

Schon Aristoteles stellte fest, daß man auf diese Weise zwei Kugeln spürt

zu können. Das alles erklärt sich aus der ungleichmäßigen Anordnung und Dichte der Nervenendigungen, die Berührungen der Haut signalisieren. Damit aber der Versuch gut gelingt, sollten Sie darauf achten, daß die Zirkelspitzen nicht die Haare der Haut berühren.

Figur und Untergrund

Auf die Frage, die zur linken unteren Abbildung gestellt wird, bietet sich etwa eine solche Antwort an: »Das ist entweder eine Vase, oder es sind zwei Profile; was es ist, hängt davon ab, worauf man schaut.« Ein Psychologe würde sagen: »Was man sieht, hängt davon ab, was zur Figur und was zum Untergrund wird.«

Bei unserer Deutung von Figur und Untergrund tritt noch eine andere Eigenschaft der Wahrnehmung — ihre Selektivität — in Erscheinung. Bei einer Wahrnehmung gliedern wir gewöhnlich ein oder mehrere Objekte aus — alles andere wird zum Untergrund. Besonders deutlich wird das bei der Betrachtung von sogenannten Doppel- oder Kipp-Bildern, auf denen man — je nach „Auslegung" — „sowohl das als auch das" sehen kann.

Wenn Sie Ihre Aufmerksamkeit auf die Darstellung der jungen, zur Seite blickenden Frau konzentrieren, werden Sie vielleicht nicht sofort auf der gleichen Zeichnung die alte Frau mit der großen gebogenen Nase und dem Kinn, das von einem Pelzkragen umhüllt ist, bemerken. Sehen Sie in der Mitte der Abbildung ein Ohr, so ergibt sich daraus die Wahrnehmung einer jungen Frau; nehmen Sie dagegen das gleiche Detail als Auge wahr — dann entsteht das Bild einer alten Frau.

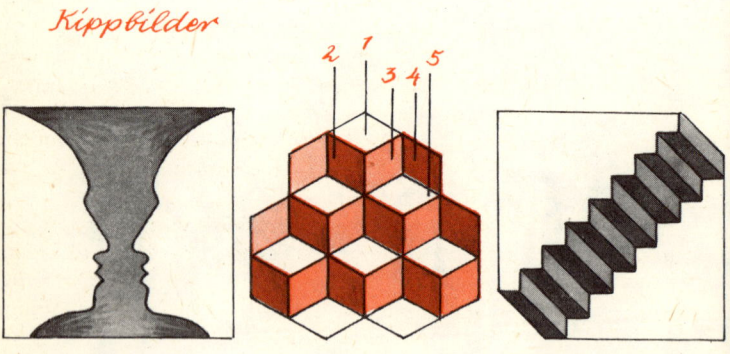

Was ist auf dieser Abbildung dargestellt?   Wieviel Würfel sehen Sie?   Die Schrödersche Treppe

Wo ist der Dompteur?

Verbinden Sie die Seiten 1, 2 und 3 zu einem Würfel, so erhalten Sie sechs Würfel, nehmen Sie dagegen die Seiten 3, 4 und 5, dann werden es sieben.

Die Schrödersche Treppe ist nicht nur eine doppelte, sondern sogar eine dreifache Darstellung. Schauen Sie von links unten diagonal nach oben, wird eine Treppe sichtbar. Betrachten Sie das Bild von rechts oben diagonal nach unten, dann sehen Sie einen hängenden Sims. Lassen Sie aber die Augen diagonal von links nach rechts und zurück schweifen, werden Sie eine Reihe von Papierstößen bemerken, die ziehharmonikaförmig auseinandergezogen ist.

Auf der Zeichnung oben ist ein Fixierbild dargestellt. Schauen Sie es sich einmal aus der Nähe, dann aus der Ferne und schließlich durch ein Vergrößerungsglas an. Solange Sie nicht wissen, wo der Dompteur ist, werden die Linien, mit denen ihn der Zeichner angedeutet hat, als Untergrund wahrgenommen. In dem Moment aber, wo Sie ihn entdeckt haben, können Sie machen, was Sie wollen, Sie werden sein Gesicht nicht wieder übersehen können.

Auch wenn Sie die Zeichnung weglegen und sie nach einer gewissen Zeit wieder anschauen, werden Sie den Dompteur — klarer als irgend etwas anderes — sehen. Er ist jetzt zum Hauptgegenstand Ihrer Aufmerksamkeit — zur »Figur« — geworden, alles andere ist nun »Untergrund«.

Diese Beispiele haben also auch allgemeinere Bedeutung, denn sie verdeutlichen den Unterschied zwischen der Technik der Wahrnehmung und der Auffassung des Wahrgenommenen. Außerdem wird daraus deutlich, daß die Wahrnehmung immer selektiv ist und von der Apperzeption abhängt. Was das bedeutet, werden Sie gleich erfahren.

Apperzeption

Die Abhängigkeit der Wahrnehmung vom Gesamtinhalt des psychischen Lebens des Menschen, von seinen Erfahrungen und seinem Wissen, wird als Apperzeption bezeichnet. Sie sichert nicht nur die Selektivität der Wahrnehmung, sondern kann auch zu Illusionen führen. Eine solche Illusion wurde von Puschkin in seinem Gedicht »Wurdalak« beschrieben.

Ach, wie fürchtete sich Wanja,
Als er nachts nach Hause quer
Durch den Friedhof tappen mußte!
Kalten Angstschweiß schwitzte er.

Keuchend stolpernd über Gräber,
War's ihm jäh, als hörte er
Dumpfes Knurren, als benagte
Einen Knochen irgendwer.

Wie erstarrt blieb Wanja stehen,
Dachte nur: Herrgott, hilf mir!
Da verschlingt gewiß sein Opfer
ein blutgieriger Vampyr!

Klein und schwach bin ich, gefressen
Werd mit Haut und Haaren ich!
Friedhofserde muß ich essen,
Beten und bekreuzigen mich!

Doppelt wütend wurde Wanja,
Als er sah: Ganz ohne Grund
Schwitzte er vor Angst! Im Dunkeln
Knurrte nur ein kleiner Hund.

Dieser Fall zeigt deutlich, daß viele Arten von Aberglauben durch eine frühzeitig von der Geistlichkeit anerzogene Apperzeption der Gläubigen, zu denen auch Puschkins Wanja zählte, zu erklären sind.

Halluzinationen

»Letzte Nacht hatte ich eine Halluzination; ich bin davon so erschrocken, daß ich die ganze Nacht schlecht geschlafen habe«, sagte eine meiner Patientinnen. »Ich gehe abends in mein Zimmer und sehe jemanden im Mondschein stehen. Ich wunderte mich, wer das sein könnte. Ich gehe näher heran und sehe, daß es mein Morgenrock ist, der an der Wand hängt, und ein darüber befindlicher Hut. Deshalb war ich so erschrocken. Wenn ich solche Halluzinationen habe, muß ich doch wohl sehr krank sein!«

Es besteht kein Grund zur Befürchtung, denn das war keine Halluzination, sondern eine Illusion, d. h. eine falsche, entstellte Wahrnehmung irgendeines realen Gegenstandes oder einer Erscheinung. In diesem Falle waren es der Morgenrock und der Hut, die den Eindruck einer menschlichen Gestalt erweckten.

Es gibt verschiedene Illusionen:
- physikalische (der Löffel in einem Glas mit Tee erscheint — sogar auf der Fotografie — »gebrochen«);
- physiologische (beispielsweise die Illusion der Gegenbewegung oder die des Temperaturkontrastes);
- psychologische (zum Beispiel solche Illusionen, die durch die Ganzheitlichkeit der Wahrnehmung determiniert sind).

Anders verhält es sich mit den Halluzinationen. Das ist schon ein krankhaftes bzw. pathopsychologisches Symptom. V. Ch. Kandinski, ein führender russischer Psychiater und Autor der ersten, klassisch gewordenen Untersuchung dieses Phänomens, definierte 1880: »Die Halluzination ist ein spürbares Abbild, das nicht von äußeren Eindrücken abhängt, gleichzeitig aber für die unter Halluzinationen leidende Person als objekte Realität erscheint.«

Während der Halluzination nimmt der Mensch überhaupt nichts wahr; die Halluzination ist die Spur früherer Wahrnehmungen, eine im Bewußtsein entstehende krankhafte Vorstellung. Nach Pawlow beruhen Halluzinationen auf trägen, überstarken Erregungen (pathologischer Trägheit des Erregungsprozesses) in bestimmten Rindenzellen, die sonst durch äußere oder innere Reize in Erregung versetzt werden.

Die Halluzination ist ein Wachtraum. Dabei scheint es dem Menschen, daß er etwas sieht oder hört, was gar nicht existiert; er kann fehlende Gerüche oder sogar Berührungen empfinden. Obwohl er die Augen schließt und sich die Ohren verstopft, sieht und hört er weiterhin bestimmte Bilder bzw. Laute.

Mitunter zeichnen Kranke (Alkoholiker, Epileptiker u. a.) ihre Halluzinationen auf.

„Die Teufel, die mich nicht nach Hause lassen"

Halluzination
(nach der Zeichnung eines Alkoholikers)

Als klassisches Beispiel für die Schilderung des Auftretens optischer und akustischer Illusionen können Passagen aus Goethes »Erlkönig« dienen.

... Mein Sohn, was birgst du so bang dein Gesicht? —
Siehst, Vater, du den Erlkönig nicht?
Den Erlenkönig mit Kron und Schweif? —
Mein Sohn, es ist ein Nebelstreif. —

... Mein Vater, mein Vater, und hörest du nicht,
was Erlkönig mir leise verspricht? —
Sei ruhig, bleibe ruhig, mein Kind!
In dürren Blättern säuselt der Wind. —

Jack London dagegen führt in seiner Erzählung »Die Liebe zum Leben« das Wirken einer Halluzination aus.

»Eine unangenehme Halluzination begann sich seiner zu bemächtigen. Er war ganz überzeugt, daß er noch eine Patrone übrig hatte. Sie lag in der Kammer des Stutzens, und er hatte sie bisher einfach übersehen. Andererseits aber wußte er die ganze Zeit, daß die Kammer leer war. Die Halluzination wollte jedoch keiner vernunftmäßigen Überlegung weichen. Er konnte sie für Stunden verdrängen, dann aber öffnete er doch schnell die Kammer und mußte feststellen, daß sie leer war. Und die Enttäuschung war genauso bitter, als wenn er wirklich erwartet hätte, eine Patrone zu finden.

Eine halbe Stunde lang trottete er weiter. Dann tauchte die verrückte Halluzination wieder in seinem Gehirn auf. Und abermals bekämpfte er sie, und dennoch blieb sie hartnäckig, bis er, um sich zu vergewissern und sich von ihr zu befreien, wiederum die Gewehrkammer öffnete und feststellte, daß nichts vorhanden war.«

Nachts auf dem Fahrrad

»Wenn ich ohne Licht nachts mit meinem Fahrrad fahre, scheint es mir stets so, daß der Weg, auf dem ich fahre, schlechter ist als der, der sich knapp danebenbefindet. Deshalb habe ich den beständigen Wunsch, meine Fahrspur zu wechseln. Scheint das nur mir so, oder haben alle dieses Gefühl?« fragte mich mein Begleiter, als wir von einer Spazierfahrt in der Dämmerung zurückkehrten.

»Nein, das scheint nicht nur Ihnen so, obwohl wahrscheinlich noch nicht jeder diese Erscheinung bemerkt hat. In meiner Jugend hat mich das auch verwirrt; eines Tages aber fand ich heraus, woran das liegt. Möchten Sie es auch wissen? Hören Sie zu!«

Die Nervenendigungen der Retina sind der Apparat des Tagessehens, die sogenannten Zapfen, von denen es im Auge etwa sieben Millionen gibt. Im Zentralfleck liegen die meisten derartigen Zellen. Wenn man auf einen bestimmten Gegenstand oder, sagen wir, während des Radfahrens auf den Weg schaut, stellen wir das Auge unwillkürlich so ein, daß die Darstellung dessen, was wir sehen wollen, auf diesen Zentralfleck (Fovea centralis) fällt.

Die Zapfen sind daneben auch das Organ des Farbensehens. Bei einer Beleuchtungsstärke unter 0,01 Lux (lx) wird die Funktion der Zapfen von anderen Nervenendigungen — den Stäbchen — übernommen. Bei einer Beleuchtungsstärke von 0,01 lx (das entspricht etwa einer Leuchtkraft, die vorhanden ist, wenn der Mond hinter leichten Wolken versteckt ist) bis 33 lx (Leuchtkraft bei starker Bewölkung) funktionieren sowohl die Zapfen- als auch die Stäbchenzellen. Die Beleuchtung des Weges in einer hellen Mondnacht entspricht etwa 0,25 lx; ist die Nacht dagegen nicht durch Mondschein erhellt, sondern nur klarer Sternenhimmel, dann entspricht das etwa 0,003 lx.

In der Netzhaut gibt es mehr Stäbchenzellen (etwa 130 Millionen) als Zapfen. Erstere sind mehr an der Peripherie der Netzhaut angeordnet. Am häufigsten sind sie in einem Bereich, der 12 Grad vom Zentralfleck liegt. Daraus folgt, daß in der Dämmerung tatsächlich

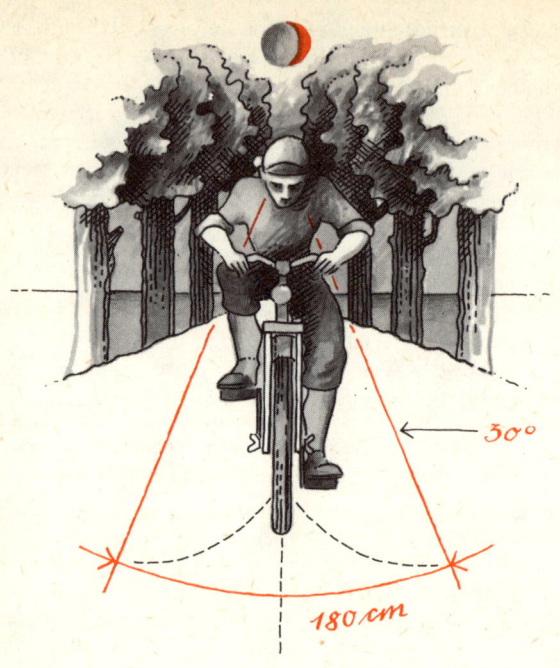

In der Dunkelheit muß man einen bestimmten Wegstreifen beobachten

nicht die Stelle des Weges am besten zu sehen ist, auf die man direkt schaut, sondern die, die 12 Grad seitlich liegt. Deshalb entsteht auch der Eindruck, daß dort der Weg besser ist.

Die Stäbchenzellen vermitteln keine Farbempfindungen, und in der Dunkelheit verblassen alle Farben. Daher auch das Sprichwort: »Nachts sind alle Katzen grau.«

»Das heißt also, daß es beim Radfahren in der Dunkelheit besser ist, nicht direkt auf den Weg vor sich, sondern in einem Winkel von 12 Grad zu schauen?« fragte mein Begleiter weiter.

»Darauf würde ich nicht bestehen«, antwortete ich. »Gewöhnlich ist es so, daß das, worauf wir schauen, auch unsere Aufmerksamkeit auf sich zieht. Der Gegenstand, dessen Abbild auf den Zentralfleck der Netzhaut fällt, wird als Figur und alles übrige als Untergrund wahrgenommen. Versuchen Sie einmal, auf einer Uhr aufmerksam den Sekundenzeiger zu verfolgen und gleichzeitig den Blick auf die Ziffer 12 zu fixieren — Sie merken, daß das gar nicht so leicht ist und daß Sie unwillkürlich die Augen auf den Zeiger richten.«

124

Ich empfahl dann meinem Begleiter, es so zu machen, wie ich es selbst gemacht habe, als ich mich schon näher mit der Psychologie befaßt hatte. Bei tiefer Finsternis ist es am besten, den Weg mit pendelförmigen Augenbewegungen 15 Grad nach beiden Seiten zu mustern. Bei normaler Haltung des Radfahrers im Sattel befinden sich seine Augen etwa eineinhalb Meter über der Erde, und wenn er zwei bis drei Meter vorwärts schaut, dann ist eine Straßenbreite von 130 bis 180 cm im Gesichtsfeld zu behalten. Unter diesen Bedingungen wird das periphere Nachtsehen ausgenutzt, und die Illusion, die wir zuletzt kennengelernt haben, verschwindet.

200 000mal besser

Allen ist bekannt, daß — wenn man aus dem grellen Licht in ein dunkles Zimmer tritt — man zunächst überhaupt nichts, nach einiger Zeit aber dann schon wesentlich besser sehen kann. Wissen Sie aber auch, daß der Prozeß der Anpassung des optischen Analysators an die Dunkelheit (die sogenannte Dunkel-Adaptation) ungleichmäßig verläuft und viele Stunden, ja sogar Tage andauert? Schon nach einer Stunde kann die Empfindlichkeit der Augen 200 000mal größer als zu Beginn sein. Für eine gute Adaptation an die Dunkelheit benötigt das Auge etwa 18 Minuten, jedoch kann nach direktem Bestrahlen der Augen durch einen Scheinwerfer ein Flieger schon nach 3–6 Sekunden die Meßwerte von ihm gut bekannten Geräten ablesen. Ebendeshalb

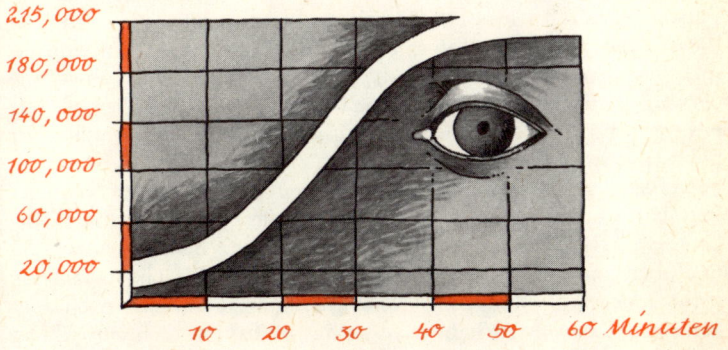

Die Empfindlichkeit des Auges gegenüber kleinen Helligkeiten nimmt in der Dunkelheit nach grellem Licht zu

schützen Röntgenologen, Nachtflieger und überhaupt alle Menschen, die in der Dunkelheit zu arbeiten haben, ihre Augen vor grellem Licht.

Die Fähigkeit des Nachtsehens erhöht sich, wenn man vorher eine rote Brille trägt oder sich in einem Zimmer aufhält, das mit rotem Licht beleuchtet ist. Fehlt in der Nahrung das Vitamin A, sinkt die Fähigkeit des Nachtsehens deutlich, oder es kommt sogar zu einer Krankheit, die als »Nachtblindheit« bezeichnet wird. Vitamin A ist in großen Mengen in Lebertran, in der Leber, in Möhren, Kohl, Butter und der Milch enthalten.

Die Adaptation kann die Empfindlichkeit (Sensitivität) des Analysators nicht nur erhöhen, sondern auch herabsetzen. Haben wir uns beispielsweise mit einem Parfüm besprüht, das sehr langanhaltend duftet, dann empfinden wir in Kürze diesen Duft schon gar nicht mehr, benutzen das Parfüm vielleicht ein zweites Mal und rufen damit das Lächeln unserer Mitmenschen, die sich noch nicht an unsere ausgeprägte »Duftnote« adaptiert (gewöhnt) haben, hervor.

Die Hand »sieht« Licht

Eine Person sitzt vor einem kastenförmigen Apparat, und die Hand wird in den Kasten gelegt. Von Zeit zu Zeit fällt — in unterschiedlichen Intervallen — durch eine Öffnung grünes Licht auf die Handfläche. Dabei wurden alle Vorkehrungen (mit Hilfe von Filtern) getroffen, damit die Strahlen keine Wärme verbreiten und daß alle möglichen zusätzlichen Reize — Töne, Vibrationen usw. —, die gleichzeitig mit der Einwirkung des Lichtes auftreten könnten, ausgeschaltet sind. Die Person sieht weder ihre Hand noch die Lichtstrahlen.

Wird die Versuchsperson mit ihrer Handfläche das Licht empfinden?

Nein, natürlich nicht. Das ist jedem klar. Aber die Wissenschaft erfordert mitunter auch die Überprüfung und Bestätigung scheinbar unbestreitbarer Tatsachen.

Der sowjetische Psychologe und Leninpreisträger Alexej Nikolajewitsch Leontjew (1903–1979) überprüfte diese »unbestreitbare Tatsache« mit Hilfe eines speziellen Gerätes, das eben beschrieben wurde, und überzeugte sich, daß der Mensch mit der Handfläche tatsächlich keine Lichtempfindungen wahrnehmen kann. Um einen noch zugkräftigeren Beweis zu haben, versuchte er, für die Lichteinwirkung auf die Handfläche einen bedingten Reflex auszuarbeiten. Der Versuchsperson wurde unmittelbar nach der Bestrahlung der Handfläche (sie wußte davon natürlich nichts) ein kleiner Stromstoß in den Finger, der auf einer Drucktaste lag, gegeben. Aber auch nach 350 bis 400 solcher Verbindungen zog niemand unmittelbar nach Bestrahlung der Handfläche den Finger zurück. Es hatte sich also kein bedingter Reflex herausgebildet. Diese Versuche bekräftigen nochmals die Feststellung, daß der Mensch mit der Hand kein Licht empfinden kann.

Vielleicht aber kann man es lernen, Licht mit der Handfläche zu empfinden, d. h. ein neues Sinnesorgan beim Menschen schaffen?

»Natürlich geht auch das nicht!« werden Sie voreilig sagen. Auch Leontjew konnte darauf nicht positiv antworten. Ausgehend aber von theoretischen Erwägungen über die Entstehung der Psyche, räumte er ein, daß es unter Umständen doch möglich sei. Dafür ist es lediglich erforderlich, daß im Experiment solche Bedingungen modelliert werden, die bei den Tieren zur Entwicklung der Sinnesorgane beitragen.

In der Wissenschaft verläuft der Weg von der Annahme zur Bestätigung über das Experiment, und Leontjew bewies mit seinen Versuchen seine Hypothese.

Damit der Mensch auch mit der Handfläche Lichtstrahlen empfindet, war eine einfache Veränderung der Versuchsbedingungen erforderlich. Der Form nach war diese Veränderung sehr unwesentlich, dem Wesen nach aber fundamental. Es reichte aus, wenn den Versuchspersonen mitgeteilt wurde, daß vor jedem elektrischen Stromstoß etwas auf ihre Handfläche einwirken wird. Obwohl ihnen nicht genau gesagt wurde, was das sein würde, so erwarteten sie jetzt nicht einfach nur eine kleine Schmerzempfindung, hervorgerufen durch den Stromstoß, sondern sie versuchten auch, diese zu verhindern. Wenn sie glaubten, daß etwas den bevorstehenden elektrischen Schock signalisiert, nahmen sie den Finger von der Taste weg. Auch bei Tieren entstehen Empfindungen nur auf der Grundlage solcher Reize, die durch ihre Signalfunktion den Organismus in seiner Umwelt orientieren.

Nach 30 bis 40 solchen Übungen — jetzt schon aktiv ausgeführt — empfanden alle Versuchspersonen fast fehlerlos mit der Handfläche die Lichtstrahlen und nahmen als Reaktion darauf den Finger von der Taste weg. Das war eine neue, wenig differenzierte und schwer mit Worten zu beschreibende Empfindung. »Wie eine Berührung von den Flügeln eines Vogels«, »wie ein leichtes Lüftchen« — so versuchten die Versuchspersonen, ihre Empfindung zu charakterisieren. Noch empfindet die Hand das Licht sehr schwach — aber sie empfindet es! Das war auch nur der Anfang von Untersuchungen in einem völlig neuen Bereich der Psychologie.

Er bestätigte die alte Weisheit, daß es für die Wissenschaft keine Grenzen gibt.

Daltonismus

Der englische Physiker John Dalton (1766–1844), der das Druckgesetz von Gasgemischen (Daltonsches Gesetz) entdeckte, beschrieb 1794 die Besonderheiten seiner optischen Wahrnehmungen: Er konnte rote und grüne Farbe nicht unterscheiden. Seit dieser Zeit wird diese angeborene Eigenschaft des Menschen als »Daltonismus« bezeichnet.

Derartige Störungen des Farbsinns treten bei Männern häufiger (insgesamt bei etwa vier Prozent aller Männer) als bei Frauen (dort zu etwa einem halben Prozent) auf. Der Daltonismus ist nicht zu heilen und stört bei Arbeiten, die mit der Beurteilung von Farben verbunden sind (z. B. Kraftfahrer, Eisenbahner, Flieger, Maler).

Oft wissen die Leute gar nicht, daß sie an dieser Krankheit leiden, solange sie nicht zum Arzt gehen. Sie sind es gewöhnt, eine rote Fahne und einen grünen Rasen nach Tönungsunterschieden zu beurteilen. Wenn ihnen der Facharzt aber spezielle Farbtafeln zeigt, können sie die Ziffern darauf, die bei normalem Farbsehen deutlich sichtbar sind, nicht lesen.

Ist die Welt wirklich so, wie wir sie wahrnehmen?

»Was seht ihr auf diesem Bild?« fragte ich meine jungen Freunde und zeigte ihnen aus der Nähe eine Abbildung, die dem Album »Optische Täuschungen« von J. I. Perelman entnommen ist. Auf der Abbildung ist der zehnfach vergrößerte Teil einer Autotypie, eines Abdrucks einer Rasterätzung, zu sehen. Zunächst erkannten alle nur Punkte und Flecke.

Als ich aber vorschlug, die Abbildung aus größerer Entfernung anzuschauen, kamen alle schnell dahinter, daß hier der Teil eines Frauengesichts mit einem Auge dargestellt ist. Meine Absicht war zu zeigen, wie stark sich die Wahrnehmung in Abhängigkeit vom »Standpunkt« des Betrachters ändert, nicht im übertragenen Sinne wie bei der Apperzeption, sondern im buchstäblichen Sinne des Wortes.

»Wenn aber der Standpunkt und das Mikroskop die Wahrnehmung derartig verändern, wenn der Farbblinde die Welt nicht so wie ich sieht, wenn Illusionen auch bei mir die Wahrnehmung entstellen, dann ist die Welt vielleicht doch irgendwie anders, und unsere Wahrnehmungen sind nur Symbole einer uns unbekannten Welt, die nur die Dichter kennen«, sagte eines der Mädchen träumerisch.

»Sieh da, jetzt sind wir schon bei der Dichtkunst angekommen«, rief eine andere.

128

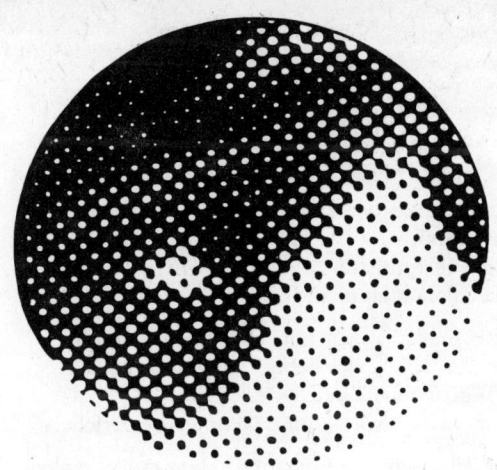

Aus größerer Entfernung können Sie erkennen, was auf diesem Bild dargestellt ist

»Es wäre halb so schlimm, wenn es nur Dichtkunst wäre«, bemerkte ich. »Solche Äußerungen aber würden bürgerliche Idealisten (Agnostiker), die die Welt für unerkennbar halten, mit großem Beifall aufnehmen.« In diesen idealistischen Sumpf schlitterten viele große Geister hinein. Helmholtz, obwohl er in der Naturwissenschaft eine Größe war, schrieb in seiner »Physiologischen Optik« fast das gleiche: »Ich habe ... die Sinnesempfindungen nur als Symbole für die Verhältnisse der Außenwelt bezeichnet und ihnen jede Art der Ähnlichkeit oder Gleichheit mit dem, was sie bezeichnen, abgesprochen«.

Lenin zerschlug diese »Theorie der Symbole«, indem er ihr idealistisches Wesen und die absolute Unzulänglichkeit dieser Lehre nachwies. Er war genauso wie Engels der Auffassung, daß Empfindungen eine mehr oder weniger genaue Kopie, Fotografie, spiegelbildliche Darstellung bzw. ein Abbild der realen Wirklichkeit sind. Aber sie sind keine Symbole und keine Hieroglyphen, wie sie mitunter ebenso falsch bezeichnet wurden. »Gewiß kann ein Abbild dem Modell nie ganz gleich sein ...«, schrieb Lenin. Aber eine Fotografie und ein Mikrofoto von einer Ameise, so unähnlich sie einander auch sein mögen, sind dennoch keine Symbole der Ameise, sondern deren Abbild.

Außerdem sollte man sich daran erinnern, daß unsere Wahrnehmungen nur die erste Stufe der Erkenntnis sind, die durch das Denken vertieft und durch die Praxis überprüft wird.

Wie sie sich die Welt vorstellen

Wenn den Zauberklang der Töne sie verstehen,
Ihre Augen über Mond und Sterne streifen,
Denken viele, wie kann sie die Schönheit sehen,
Blind, gehörlos, Ton und Frühlingslicht begreifen? ...

Fühlend spüre ich den Duft, den Tau im Garten,
Liest die Hand, was raschelnd nur das Laub erzählt!
Wenn die Finsternis mich einhüllt, wird von zarten
Liebesträumen auch mein frohes Herz beseelt.

Bleibt mir seiner Augen Leuchten auch verhüllt,
Höre ich den Klang der lieben Stimme nicht ...
Sind es Worte ohne Laute — jedes fühlt
Bebend meine schnelle Hand, wenn er sie spricht!

Ach, ich liebe den, der Geist und Herz mir schenkt
(Wie ich liebe einer Blume süßen Duft),
Der mir liebend seiner Freundschaft Worte schenkt,
Durch das Fühlen meiner Hand, die Liebe ruft!

Denn es sieht mein Geist, hört mein Empfinden,
Meiner Seele Sehnsucht diese Welt umfliegt! —
Sehend seid ihr? — Doch wie viele finden
Nie das klare Bild, das strahlend vor mir liegt!

Ich bin reicher durch mein starkes Fühlen,
Mich entflammt ein brennendes Erleben! ...
Glühend, leuchtend wird es mir die vielen
Bunten Muster meines Daseins weben.

Diese Verse schrieb die seit ihrer Kindheit taube, stumme und blinde
Dr. päd. Olga Iwanowa Skorochodowa. Obwohl sie die Welt anders
als wir wahrnimmt, stellt sie sie sich genauso vor. Das ist nicht nur
aus dem hier angeführten Gedicht, sondern auch aus ihrem Buch »Wie
ich die Umwelt wahrnehme und sie mir vorstelle« ersichtlich.

Es soll hier nicht unerwähnt bleiben, daß im Jahre 1977 vier blinde,
taube und stumme junge Männer und Frauen die Psychologische
Fakultät der Moskauer Staatlichen Universität absolvierten und
Diplome für folgende Arbeiten erhielten: Serjoscha Sirotkin »Von der
Geste zum Wort«, Sascha Suworow »Die Rolle der Einbildungskraft«,
Jura Lerner »Die Fertigkeiten des Blinden« und Natascha Kornejewa
»Die Entwicklung moralischer Vorstellungen«. Alle diese Arbeiten
geben zudem einen guten Einblick in die Psyche von Menschen, bei
denen die Sinnesorgane diese oder jene Defekte aufweisen.

Und hier ein Auszug aus einem ebenfalls autobiographischen Werk der blinden, tauben und stummen amerikanischen Schriftstellerin Helen Keller:

»Manchmal allerdings befällt mich ein Gefühl der Vereinsamung wie ein kalter Nebel, wenn ich allein bin und wartend vor dem geschlossenen Tor des Lebens sitze. Da drinnen ist Licht und Musik und heitere Geselligkeit; aber mir ist der Eintritt verwehrt. Das Schicksal versperrt mir schweigend, erbarmungslos den Weg ... Die Bibel gibt mir das tiefe, trostbringende Gefühl, daß das Sichtbare zeitlich, das Unsichtbare aber ewig ist.«

Erzogen unter verschiedenen sozialen Bedingungen, lernten Olga und auch Helen, sich die physische Welt, ihre Umgebung, hinreichend gut vorzustellen; sie lernten die Literatur, Poesie und Musik lieben. Außerdem aber nahmen sie die Weltanschauung der Gesellschaft, in der sie erzogen wurden und zu deren repräsentativer Vertreterin jede von ihnen geworden ist, sehr deutlich wahr und eigneten sie sich an.

Die Aufmerksamkeit

Experiment mit einer Uhr und einem Buch

Wenn Sie in Ihrem Zimmer eine Stand- oder Wanduhr haben, dann hören Sie gewöhnlich deren Ticken nicht, da dieser monotone Ton von Ihrer Aufmerksamkeit nicht registriert wird.

Versuchen Sie einmal, wenn Sie ein Buch lesen, eine Uhr neben sich auf den Tisch zu stellen und die willkürliche Aufmerksamkeit so zu verteilen, daß Sie das Ticken der Uhr verfolgen und gleichzeitig weiterlesen. Eine Zeitlang wird Ihnen das gelingen, bald aber werden Sie entweder das Lesen unterbrechen, um die Uhr zu hören, oder Sie werden über der interessanten Lektüre die Uhr »vergessen«. Ich setzte dieses »vergessen« in Anführungsstriche, da hier Ihr Gedächtnis keinen Einfluß hat, sondern die Aufmerksamkeit.

Unter Aufmerksamkeit versteht man die Konzentration des Bewußtseins auf wahrgenommene oder erinnerte Objekte bei gleichzeitiger Ablenkung von anderen; Aufmerksamkeit ist eine Gerichtetheit des Bewußtseins auf ein bestimmtes Objekt. In der Aufmerksamkeit äußert sich die Selektivität des Bewußtseins.

Das, was unsere Aufmerksamkeit anzieht, wird für uns zur »Figur«, alles andere zum »Untergrund«. »Bei konzentriertem Nachdenken oder bei einer interessanten Beschäftigung sehen und hören wir nicht, was neben uns geschieht – das ist ein deutliches Beispiel für eine negative Induktion«, führte Pawlow aus bezüglich des physiologischen Mechanismus der Aufmerksamkeitsablenkung, die wir in unserem Versuch reproduziert haben.

Rufen wir uns noch einmal die anschauliche Darstellung Pawlows vor Augen: Wenn unser Schädeldach durchsichtig wäre, könnte man während dieses Versuchs beobachten, wie der optimale Erregungsherd zwischen den Zentren, die einerseits das Lesen des Buches und andererseits das Hören der Uhr gewährleisten, hin und her wandert.

Als Beispiel für eine extrem starke Konzentration einer Erregung mit begleitender negativer Induktion kann man eine Anekdote über den bedeutendsten Mathematiker, Physiker und Techniker der Antike, Archimedes, anführen. In mathematische Berechnungen vertieft, bemerkte er nicht das Eindringen der feindlichen Heere nach Syrakus. Erst als ihn der Schatten der ihn umdrängenden Menge bei der Arbeit störte, bat er sie, beiseite zu treten, ohne dabei zu bemerken, daß er es mit Feinden zu tun hatte.

In ähnlicher Weise veranschaulicht L. Tolstoi in seinem Roman

»Krieg und Frieden« den hier beschriebenen physiologischen Zustand. Pierre Besuchow konzentrierte seine ganze Aufmerksamkeit auf den General, dem er folgte, und begreift dabei nicht, was um ihn geschieht. »Pierre sah, daß vor ihm eine Brücke war und daß sich zu beiden Seiten der Brücke dort auf der Wiese zwischen den Heuhaufen, auf die er gestern kaum geachtet hatte, Soldaten befanden, die dort irgend etwas taten. Obwohl unaufhörlich geschossen wurde, kam Pierre nicht auf den Gedanken, daß gerade hier das Schlachtfeld war. Er hörte nicht das Pfeifen der überall vorbeifliegenden Gewehrkugeln und das Sausen der über ihn hinfauchenden Artilleriegeschosse; er sah nicht den Feind auf dem anderen Ufer des Flusses, und lange bemerkte er nicht einmal die Gefallenen und Verwundeten, obgleich viele gar nicht weit von ihm zusammenbrachen.«

»Aufmerksamkeitsservice«

»Er ist ganz Aufmerksamkeit«, sagt man von einem Menschen, der sich voll auf das Zuhören, Lesen oder Betrachten konzentriert. Der Grad der Aufmerksamkeit tritt auch in der Mimik, Pantomimik und im gesamten Verhalten des Menschen zutage.

Die äußere Bekundung der Aufmerksamkeit hat ihre physiologischen Ursachen. Erinnern Sie sich, daß ich bereits einmal sagte, daß die Nervenzellen der sogenannten Formatio reticularis, die in der Tiefe des Gehirns um die Ventrikel lokalisiert sind, für den »Aufmerksamkeitsservice« verantwortlich sind.

Ein Hündchen dämmert vor sich hin. Sein Rindentonus ist herabgesetzt. Pfeifen Sie aber, spitzt es sofort die Ohren, wedelt mit dem Schwanz und will aufspringen. Der Pfiff hat also seine Aufmerksamkeit erregt.

Man kann das aber auch anders ausdrücken.

Über die tierische Formatio reticularis hat der Pfiff, auf der Grundlage eines Orientierungsreflexes, den Tonus des Kortex erhöht und sowohl diesen als auch den gesamten Organismus in einen Bereitschaftszustand zur Aufnahme weiterer Informationen und zur Einleitung entsprechender Reaktionen darauf versetzt.

Genauso wird durch ein Alarmsignal die Bereitschaft der Feuerwehrleute, einer Schiffsbesatzung oder einer militärischen Einheit zur Ausführung weiterer Befehle gesichert.

Umfang der Aufmerksamkeit

Lesen Sie einer beliebigen Testperson folgende Aufgabe vor: »Ich werde Ihnen jetzt eine Sekunde lang eine Abbildung zeigen, auf der einige Zahlen zu sehen sind. Schauen Sie genau hin, welche Zahlen auf der Tabelle erscheinen. Nachdem ich die Abbildung wieder verdeckt habe, addieren Sie die Zahlen und schreiben die erhaltene Summe auf.«

Daraufhin zeigen Sie für eine Sekunde (Sie zählen dabei im stillen »eins und«) den oberen Teil der Abbildung und verdecken alles andere mit einem Blatt Papier.

Wenn die Versuchsperson die Summe aufgeschrieben und Ihnen ausgehändigt hat, bitten Sie diese, Ihnen zu sagen, welche Zahlen in welche geometrischen Figuren geschrieben waren. Selten wird sich jemand an diese Figuren erinnern. Die Mehrzahl gibt ehrlich zu: »Darauf habe ich nicht achtgegeben« oder »Ich habe das gar nicht bemerkt«. Einer, der sich in der Psychologie etwas auskennt, sagt Ihnen vielleicht: »Mein Aufmerksamkeitsumfang reichte nicht aus, um gleichzeitig die Zahlen und die Figuren wahrzunehmen.«

Dieser Versuch illustriert nicht nur den Umfang der Aufmerksamkeit. Unter diesem Terminus ist die maximale Anzahl von Objekten zu verstehen, die nicht zu Gruppen vereinigt sind und die der Mensch in Verbindung mit der Lösung einer bestimmten Aufgabe gleichzeitig und deutlich wahrnehmen kann.

Große Bedeutung hat in diesem Versuch auch die Selektivität der Wahrnehmung, die in unserem Falle durch die Einstellung bzw. die Aufgabe bestimmt ist. Wenn Sie in der obenangeführten Instruktion die Worte: »Prägen Sie sich gleichzeitig mit ein, welche Zahlen in welche Figuren gezeichnet sind!« hinzufügen, dann wird die Aufmerksamkeit ganz anders organisiert. Es kann jedoch sein, daß auch unter diesen Bedingungen der Aufmerksamkeitsumfang nicht ausreicht, um die Aufgabe vollständig zu lösen.

Den Aufmerksamkeitsumfang eines Menschen kann man gut mit der Versuchsanordnung untersuchen, wie sie auf der gleichen Abbildung dargestellt ist. Nehmen Sie ein Stück Zeichenkarton (etwas größer als das aufgeschlagene Buch), und schneiden Sie ein »Fenster« hinein. Mit Hilfe dieses Fensters können Sie nacheinander jedes der neun Kästchen zeigen, und zwar so, daß jeweils nur eines der quadratischen Kästchen zu sehen ist und die anderen verdeckt sind. Danach bereiten Sie für jede Versuchsperson auf Papier je neun leere Kästchen mit 25 Feldern vor. Versuchen Sie zunächst selbst, so schnell und vor allem so gleichmäßig wie möglich, das »Fensterchen« zu öffnen und wieder mit der Handfläche zu verdecken. Ist Ihnen das gelungen,

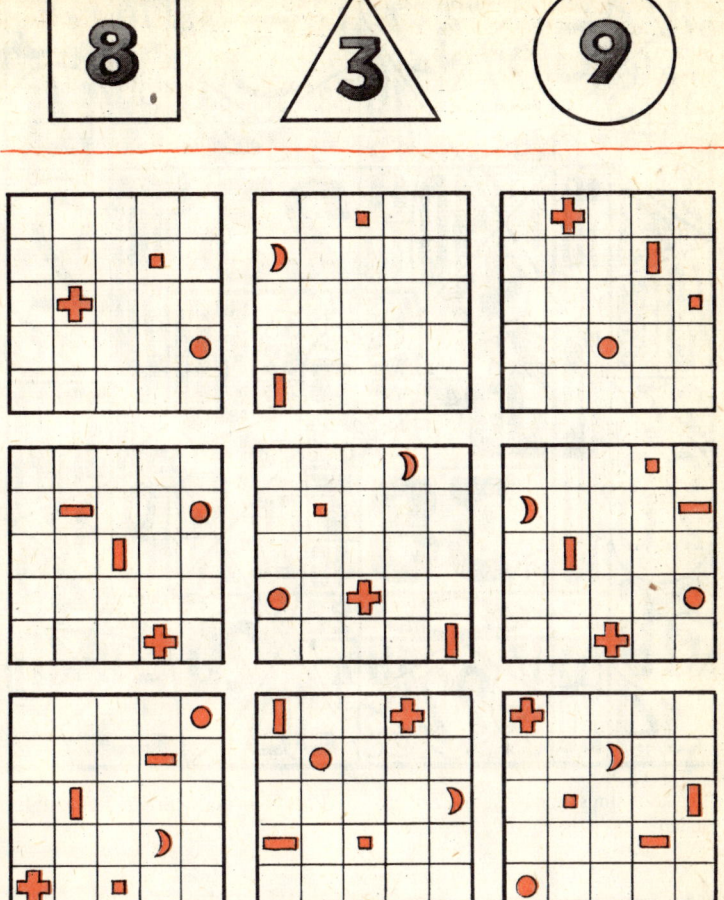

zeigen Sie auf diese Art und Weise allen Teilnehmern am Versuch nacheinander alle neun Kästchen. Letztere haben die Aufgabe, sich während der Exposition des Kästchens einzuprägen, welche Figuren wo stehen und im Anschluß daran ihr Ergebnis in das leere Kästchen auf dem Papier zu übertragen.

Wer kann am schnellsten alle Ziffern von 1 bis 50 in der richtigen Reihenfolge finden?

So kann untersucht werden, wer von den Teilnehmern die größte Anzahl von Figuren in einem Kästchen bemerkt hat. Gewöhnlich können nur vier bis sechs Figuren gleichzeitig wahrgenommen werden.

Auch die Aufgabe des »Ziffernsuchens« erlaubt, den Aufmerksamkeitsumfang einer Versuchsperson einzuschätzen.

Indianerspiele

Für Angehörige von Naturvölkern, die sich durch die Jagd ernähren, ist eine hochentwickelte Aufmerksamkeit lebensnotwendig. Bei diesen Völkern ist folgendes Spiel verbreitet: Zwei oder mehr Wettkämpfer betrachten im Verlauf einer kurzen Zeitspanne einen Gegenstand; danach berichtet jeder der beiden Konkurrenten einzeln einem Kampfrichter, was er gesehen hat. Dabei ist er bemüht, soviel wie möglich Details aufzuzählen.

Von diesem Spiel erzählte ich einigen Leuten, die ich in einem Erholungsheim kennengelernt hatte. Alsbald begannen wir auf unseren Spaziergängen dieses Spiel mit Begeisterung zu strapazieren.

Wir teilten uns in zwei Parteien. Jede Gruppe legte auf einem großen Tuch etwa ein Dutzend Gegenstände gut sichtbar aus. Dann wurden die Gegenstände (meist waren es Bleistifte, Messer, Manschettenknöpfe, Steine, Blumen usw.) zugedeckt. Ein Kampfrichter überprüfte beide Häufchen.

Danach gingen die Mitglieder der einen Partei nacheinander zum Platz der anderen Partei, ein Kampfrichter schlug die Decke kurz zurück, so daß die Gegenstände gut zu sehen waren. Dann deckte er sie wieder zu. Jedes Mannschaftsmitglied mußte die Gegenstände aufzählen, die es gesehen hatte, und sie möglichst ausführlich — nach Farbe, Größe usw. — beschreiben. Zum Schluß wurden beide Häufchen wieder aufgedeckt und gemeinsam festgestellt, wer der Einzel- und Mannschaftssieger war.

An Regentagen, wenn wir auf unserem Zimmer bleiben mußten, veränderten wir dieses Spiel ein wenig. Wir verteilten dann Dominosteine, und jeder mußte sie nennen.

Machten wir Spaziergänge durch die Stadt, bemühten wir uns, beim schnellen Vorbeigehen an den Schaufenstern eine möglichst große Anzahl von Ausstellungsstücken wahrzunehmen und sie dann zu beschreiben.

Nach einem Monat bemerkten wir auch bei uns einen positiven Einfluß unseres Trainings auf den Aufmerksamkeitsumfang jedes einzelnen, obwohl der Zuwachs nicht bei allen gleich war.

Wieviel Dinge kann man gleichzeitig tun?

Man erzählt sich, daß Napoleon gleichzeitig sieben verschiedene Tätigkeiten verrichten konnte. Es ist schwer nachzuprüfen, ob dem so war. 1887 aber demonstrierte der französische Psychologe Paulin seine Fähigkeit, Zuhörern ein Gedicht vorzulesen und gleichzeitig ein anderes zu schreiben. Er war in der Lage, wenn er seine Verse vortrug, schriftlich komplizierte Multiplikationen durchzuführen. Das ist eine beglaubigte Tatsache.

Ein Fluglehrer, der seinem Schüler den Start eines Flugzeuges erklärt, muß dessen Aufmerksamkeit auf viele verschiedene Handlungen lenken: auf die Bestimmung der Entfernung zum Boden, auf das Beseitigen seitlicher Neigungen und evtl. Abtrift, auf die Einhaltung der Flugrichtung, auf das richtige Funktionieren des Motors nach dem Gehör. Wenn der Fluglehrer den Start zusammen mit einem Flugschüler übt, dann kommt zusätzlich noch hinzu, daß er die Qualität der Ausführung jeder der genannten Handlungen durch den Schüler einschätzen muß.

Verteilung oder Distribution der Aufmerksamkeit tritt bei Ausführung zweier oder mehrerer Handlungen auf. Pawlow sagte, abermals die Verbindung zwischen physiologischem Grund und psychologischem Muster herstellend:»Ist es denn nicht ein ganz gewöhnlicher Vorgang, daß wir, hauptsächlich mit einer bestimmten Arbeit oder einem Gedanken beschäftigt, gleichzeitig auch noch eine andere, uns sehr gut gewohnte Tätigkeit ausführen können, das heißt, daß wir auch noch mit den Teilen der Großhirnhemisphären arbeiten können, die sich durch den Mechanismus der äußeren Hemmung in einem gewissen Hemmungszustand befinden? Befindet sich doch der Punkt in den Großhirnhemisphären, der mit unserer Hauptarbeit verbunden ist, in einem Zustand starker Erregung.«

Addition mit Umschalten

Schreiben Sie zwei Zahlen untereinander, beispielsweise 4 und 2. Addieren Sie beide, und schreiben Sie die Einer der erhaltenen Summe oben neben die erste Zahl. Übertragen Sie dann die erste obere Zahl nach unten. Jetzt addieren Sie diese Zahlen.

Setzen Sie auf diese Art die beiden Zahlenreihen selbständig fort — Sie müssen dann folgendes Ergebnis erhalten:

4 6 0 6 6 2
2 4 6 0 6 6

Das war der erste Aufgabentyp. Beim zweiten sollen Sie die Einer der Summe in die untere Reihe schreiben und dementsprechend die untere Zahl nach oben übertragen.

4 2 6 8 4 2
2 6 8 4 2 6

Sollten Sie immer sich wiederholende Zahlen erhalten, dann addieren Sie zu einer von ihnen 1.

Wenn Sie sich ein wenig eingeübt haben, bitten Sie jemanden, Ihnen alle 30 Sekunden das Kommando »erste«, »zweite«, »erste«, »zweite« usw. zu geben. Auf dieses Kommando ziehen Sie eine vertikale Linie und wechseln sofort zum anderen Aufgabentyp über, wobei Sie immer bemüht sein sollten, die Aufgaben so genau und so schnell wie möglich zu lösen.

Nachdem Sie ihre Lösungen überprüft haben, werden Sie bemerken, daß Sie hauptsächlich dann Fehler gemacht haben, wenn Sie von einem Aufgabentyp auf den anderen umschalten sollten.

Wenn Sie diesen Versuch mit verschiedenen Versuchspersonen gemacht haben, werden Sie sehen, daß sich die Ergebnisse der einzelnen Individuen unterscheiden, denn die Fähigkeit zur Umschaltung der Aufmerksamkeit hängt von der individuellen Beweglichkeit der Nervenprozesse ab. Ermüdete Menschen lösen die Aufgabe schlechter.

Umschaltung der Aufmerksamkeit ist als eine Reorganisation bzw. ein Übergang der Aufmerksamkeit von einem Objekt auf ein anderes in Verbindung mit einer veränderten Aufgabenstellung.

Die physiologische Grundlage sowohl für die erschwerte Umschaltfähigkeit als auch für Perseverationen (vgl. S. 26 und 27) ist eine Verlangsamung des Wechsels der Erregungs- und Hemmungsprozesse in der Großhirnrinde. In der physiologischen Terminologie würde man sagen, daß diese Erscheinung auf die Trägheit der Nervenprozesse in der kortikalen Neurodynamik zurückzuführen ist.

Schwankungen der Aufmerksamkeit

Die Stabilität der Aufmerksamkeit kann für längere und kürzere Zeit zurückgehen. Solche Schwankungen oder Fluktuationen der Aufmerksamkeit treten bei allen Menschen auf.

Schauen Sie sich nochmals einige Minuten eines der Kipp-Bilder auf Seite 118 an, indem Sie Ihre willkürliche Aufmerksamkeit anspannen. Versuchen Sie zunächst, einige Male die beiden Bilder abwechselnd nacheinander zu sehen, dann aber nur noch eines von beiden. Das wird Ihnen schwerlich gelingen. Die Ursache dafür ist die Schwankung der Aufmerksamkeit.

Jedesmal, wenn in Ihrem Bewußtsein ein anderes Bild auftaucht, klopfen Sie mit dem Finger auf den Tisch, und eine andere Person schreibt mit Hilfe einer Stoppuhr auf, wie viele Sekunden Sie jeweils das eine oder das andere Bild sehen. So erhalten Sie Aufschluß über die Schwankungen Ihrer Aufmerksamkeit. Wenn Sie diesen Versuch auch noch mit anderen Personen und anderen Kipp-Bildern durchgeführt haben, werden Sie sich überzeugen können, daß die Aufmerksamkeit nicht bei allen in gleicher Weise schwankt.

Wenn Sie, nachdem die Hörschwelle gefunden ist (ich habe schon erzählt, wie es gemacht wird), eine Uhr in der gleichen Position belassen und nicht bewegen, so wird deren Ticken einmal verschwinden, dann wiederkehren usw. Auch das ist eine Folge der Aufmerksamkeitsschwankung.

Wirrwarr

Versuchen Sie einmal, mit den Augen (nicht mit einem Bleistift oder dem Finger) jede der Linien auf der Zeichnung so schnell wie möglich vom Anfang bis zum Ende zu verfolgen.

In die Kästchen an der rechten Seite können Sie eintragen, welche der Linien, die Sie mit den Augen verfolgt haben, dort endet. Überprüfen Sie danach Ihre Lösungen, indem Sie einen kleinen Zeigestock verwenden! Auf diese Weise werden Sie wahrscheinlich einige Fehler herausfinden. Diese sind durch eine ungenügende Beständigkeit der Aufmerksamkeit bedingt, insbesondere an den Stellen, wo sich die Linien kreuzen.

Beständigkeit der Aufmerksamkeit bedeutet also die Fähigkeit, die Aufmerksamkeit lange Zeit auf etwas Bestimmtes zu konzentrieren und Ermüdungserscheinungen bzw. Ablenkungen zu widerstehen.

Flatternd und zäh

Eine junge Lehrerin befragte mich wegen des Verhaltens zweier ihrer Schüler. »Der eine ist ein außerordentlich lebhafter und leicht beeinflußbarer Schüler, der während der ganzen Stunde herum zappelt, nur zu seinen Kameraden schaut und nie auf mich hört. Der andere ist ganz in Gedanken versunken und hört mich, da er an ein ihn stark interessierendes Buch denkt, ebensowenig.« In beiden Fällen tadelt die Lehrerin: »Wie unaufmerksam du bist!«

»Dabei sind jedoch beide Schüler auf verschiedene Art unaufmerksam! Was soll ich bloß tun?« fragte die Lehrerin.

Zunächst hat sie ganz richtig bemerkt, daß es zwei Arten von Zerstreutheit gibt, die sich in gewissem Maße konträr gegenüberstehen. Die erste wird als »flatternde Aufmerksamkeit« bezeichnet. Sie wird durch ein unwillkürliches, zu leichtes Umschalten der wenig intensiven, instabilen und nach außen gerichteten Aufmerksamkeit hervorgerufen. Sie ist besonders charakteristisch für Kinder.

Testen Sie Ihre Beständigkeit und Aufmerksamkeit!

Die zweite Art der Zerstreutheit wird ebenso anschaulich »zähe Aufmerksamkeit« genannt. Diese Form ist durch ein zu schweres Umschalten der maximal intensiven und stabilen, meist nach innen gerichteten Aufmerksamkeit bedingt. Viele Anekdoten über Wissenschaftler, die oft derartig intensiv mit ihren Gedanken beschäftigt sind, illustrieren diese Form der Zerstreutheit.

Beide Arten mangelnder Aufmerksamkeit können jedoch nicht nur bei Kindern und Wissenschaftlern, sondern ebenso bei jedem von uns auftreten.

Welche Art der Unaufmerksamkeit ist schlimmer?

Die Antwort darauf muß davon abhängen, bei wem und unter welchen Bedingungen die eine oder die andere Form der Unaufmerksamkeit auftritt. Für Kraftfahrer, Zugführer, Maschinisten und Flieger kann die »zähe Aufmerksamkeit« nicht nur Ursache für fehlerhaftes Handeln, sondern sogar für Havarien sein. In einer Reihe anderer Fälle ist diese Art der Aufmerksamkeit aber auch positiv.

Newton wollte einmal ein Ei kochen. Er nahm eine Uhr zur Hand, um nachzuschauen, wann das Wasser zu kochen beginnt. Nach kurzer Zeit bemerkte er, daß er das Ei in der Hand hielt, dafür aber die Uhr... kochte. Als der Wissenschaftler aber gefragt wurde, wie es ihm gelungen sei, das Gravitationsgesetz zu entdecken, sagte er:

»Indem ich die ganze Zeit über diese Frage nachgedacht habe.«

Berufliche Aufmerksamkeit

Karl Marx schrieb im »Kapital«:

»Außer der Anstrengung der Organe, die arbeiten, ist der zweckmäßige Wille, der sich als Aufmerksamkeit äußert, für die ganze Dauer der Arbeit erheischt, und um so mehr, je weniger sie durch den eigenen Inhalt und die Art und Weise ihrer Ausführung den Arbeiter mit sich fortreißt, je weniger er sie daher als Spiel seiner eigenen körperlichen und geistigen Kräfte genießt.«

Verschiedene Berufe erfordern verschiedene Arten von Aufmerksamkeit. Die Aufmerksamkeit eines Uhrmachers muß konzentriert sein. Noch stärker muß sich die Aufmerksamkeit eines Lotsen konzentrieren, der auf einem Radarschirm ein im Nebel fahrendes Schiff beobachtet.

Bei einem Lokomotivführer, Kraftfahrer, Flieger, Verkehrspolizisten oder Dirigenten muß die Aufmerksamkeit sehr diffus und schnell von einem Gegenstand auf einen anderen umschaltbar sein. Auf dem Schaltpult des Atomeisbrechers »Lenin« sind mehr als 250 Geräte und Signalanlagen angebracht. Der Wachhabende muß seine Aufmerksamkeit nicht nur pausenlos von einem Gerät auf das andere richten, sondern von ihm wird auch eine bedeutende Distribution der Aufmerksamkeit gefordert. Die Aufmerksamkeit eines Arztes während der Sprechstunde oder eines Lehrers, der eine Klasse unterrichtet, muß nicht so oft, dafür aber um so tiefgreifender umgeschaltet werden.

142

Die Automatisierung der Industrie und Landwirtschaft erhöht die Bedeutung der sogenannten »Überwachungsfunktionen«. Das wesentlichste Merkmal solcher Berufe ist die aufmerksame Beobachtung der entsprechenden Kontrollgeräte und ihrer Angaben.

Moralisch erzogene Aufmerksamkeit

Muß man, wenn jemand niest, »Gesundheit« oder »Zum Wohl« sagen? Ich glaube, daß diese Frage so allgemein nicht zu beantworten ist. Mitunter ist es angebracht, ein in einem neuen Bekanntenkreis etwas verlegenes junges Mädchen durch ein scherzhaftes »Zum Wohl« aufzumuntern. Manchmal ist es taktvoller, ein Niesen gar nicht zu bemerken. Es ist auch gar nicht erforderlich, jedes Niesen zu beachten und damit eine Tradition fortzusetzen, die zu der Zeit entstanden ist, als man Tabak schnupfte und auch anderen etwas davon anbot. Andererseits gibt es aber natürlich keinen Grund, unbedingt mit dieser Tradition brechen zu wollen, denn sie stört wohl niemanden.

Störend dagegen ist die Unfähigkeit, seine Aufmerksamkeit steuern zu können.

Auf der Straße wird eine Person von einem Auto angefahren. Binnen einiger Sekunden ist sie von einem dichten Ring von Gaffern umgeben, die ihr in keiner Weise behilflich sein können und den Verletzten durch ihre Anwesenheit kränken. Außerdem versperren sie dem Arzt den Weg zu ihm. Der eintreffende Arzt ist noch jung und erregt; die Menge stört ihn, er aber ist bemüht, sich von den ihn umringenden Menschen nicht ablenken zu lassen, um seiner Pflicht so gut wie möglich nachzukommen. Häufig hängt das Leben des Verunglückten von der Aufmerksamkeit des Arztes ab.

Es kann aber auch sein, daß ein Mensch von einem anderen beleidigt worden ist, stark beleidigt; und er empfindet das auch so im Recht. Die ganze Aufmerksamkeit ist auf diese Beleidigung gerichtet. Dabei denkt man gar nicht daran, daß man vielleicht selbst unrecht hatte. Man wiederholt im Detail die Beschimpfung an die zwanzig- oder gar hundertmal und findet immer neue Argumente dafür, daß man recht hat. So wird ein Freund plötzlich zum Feind. Es kann also geschehen, daß wegen dieses Unvermögens, die Aufmerksamkeit zu steuern und die Gedanken zeitweilig auf etwas anderes zu konzentrieren, ein mir früher sympathischer Mensch unsympathisch wird. Wenn der Beleidigte aber die Fähigkeit gehabt hätte, seine Aufmerksamkeit willkürlich auf andere Gedanken zu konzentrieren, hätte er nach einiger Zeit das Geschehene vielleicht mit anderen Augen betrachtet, und sein Freund wäre sein Freund geblieben.

Seine Aufmerksamkeit kontrollieren können heißt also nicht nur, sie auf das zu richten, was bemerkt werden muß, sondern auch das zu übersehen, was unbemerkt bleiben soll.

Wer sollte diese Fähigkeit besitzen? Jeder für sich allein? Ja, manchmal für sich selbst. Meist aber für sich selbst und gleichzeitig für andere. Nur im letzteren Falle ist er berechtigt, von einer moralisch erzogenen Aufmerksamkeit zu sprechen.

Wie man aufmerksam wird

»Ich habe nun einiges Neue über die verschiedenen Aspekte und Erscheinungen der Aufmerksamkeit erfahren, das Wichtigste aber für mich und wahrscheinlich für viele andere auch weiß ich noch nicht. Sie haben uns noch nicht erklärt, was man tun muß, um aufmerksam zu werden!«

So wird der Leser reagieren, wenn er bemerkt, daß das Kapitel zu Ende geht.

Kann man überhaupt einem Leser, dessen Beruf man nicht kennt, einen Rat geben, wie er seine Aufmerksamkeit entwickeln soll?

Die Antwort habe ich mir tatsächlich für das Ende dieses Abschnittes vorbehalten.

Freilich muß ein junger Musikant seine Aufmerksamkeit anders als ein junger Kraftfahrer oder Zeichner entwickeln. Es gibt jedoch einige Regeln, die für viele, wenn auch nicht für alle Gültigkeit haben. Außerdem ist aber die Fähigkeit, aufmerksam zu sein, nicht nur im Beruf notwendig, denn ein Musikant muß auch sein Auto lenken können; ein Kraftfahrer fertigt Zeichnungen von seiner Erfindung an oder er spielt in seiner Freizeit Geige. Die moralisch erzogene Aufmerksamkeit ist aber für jedermann wichtig.

Ein sicherer Weg zur Erziehung der Aufmerksamkeit ist, sich selbst dazu zu zwingen, daß unter den verschiedenartigsten Bedingungen aufmerksam gearbeitet wird.

Man muß lernen, die Aufmerksamkeit willkürlich und zielstrebig auf ein bestimmtes Objekt zu richten und sich nicht durch äußere Reize davon ablenken zu lassen. Die Entwicklung der Stabilität der Aufmerksamkeit eines Menschen ist mit der Entwicklung der Willenseigenschaften verbunden; deshalb ist es notwendig, sich zu Selbstdisziplin zu erziehen und auch bei Kleinigkeiten Herr seiner Handlungen zu sein.

Großen Nutzen bringen systematische Übungen, bei denen simultan verschiedene Tätigkeiten realisiert werden. Dabei ist zu beachten, daß die allgemeine Wahrnehmung jedes Objektes hinreichend gesichert ist

144

und daß aus dem Sekundären das Wichtigste herauskristallisiert wird, worauf sich im weiteren auch die Aufmerksamkeit richten soll.

Wie der Aufmerksamkeitsumfang zu entwickeln ist, habe ich mit den »Indianerspielen« erläutert.

Das Training der Umschaltfähigkeit kann auf drei Wegen geschehen:

— Training zur schnellen Umschaltung der Aufmerksamkeit von Objekt zu Objekt;

— Training zur Verbesserung der Fähigkeit, die wichtigsten Objekte auf Kosten sekundärer auszuwählen;

— Training zur Verbesserung der Reihenfolge oder »Logik« bei der Umschaltung der Aufmerksamkeit.

Die beste Methode, um aufmerksam zu werden, ist, sich niemals zu erlauben, eine Arbeit — auch nicht die kleinste — unaufmerksam zu tun!

Das Denken

Was ist eine Million?

»Was für einen herrlichen Sternenhimmel wir heute haben«, rief Lena entzückt aus. »Das müssen doch sicherlich eine Million Sterne sein.«

»Das stimmt nicht«, widersprach der Mathematik und Genauigkeit liebende Gera. »Mit bloßem Auge sind am Himmel lediglich etwa zweieinhalbtausend Sterne sichtbar.«

Dennoch ist es möglich, eine Million Objekte zu sehen. Auf einer auseinandergebreiteten Zeitungsseite stehen etwa 50 000 Buchstaben. Wenn Sie 20 Zeitungen in einem Saal auslegen, können Sie mit einem Blick etwa eine Million Buchstaben auf einer Fläche von ungefähr zehn Quadratmetern wahrnehmen.

Das ist ein anschaulicher, aber nicht sehr adäquater Vergleich, der das Wesen der Million nicht weiter erklärt. Der Begriff »Million« ist ebenso wie tausendmal tausend oder 10^6 wesentlich komplexer. Dieses Beispiel verdeutlicht uns, daß das Denken weitreichender und reicher als die Wahrnehmung bzw. die Vorstellung ist. Lenin schrieb in seinen »Philosophischen Heften«: »Die Vorstellung kann nicht die Bewegung im ganzen erfassen, z. B. erfaßt sie keine Bewegung mit einer Geschwindigkeit von 300 000 km in der Sekunde, das Denken aber erfaßt sie und muß sie erfassen«.

Das Denken wird in der Psychologie als psychische Tätigkeit definiert, die auf die verallgemeinerte und indirekte Erkenntnis der objektiven Realität mittels Aufdeckung von Verbindungen und Beziehungen, die zwischen den Gegenständen und Erscheinungen existieren, gerichtet ist.

Denken ist — kurz gesagt — die Widerspiegelung der Verbindungen zwischen den Erscheinungen und Gegenständen.

Nun haben Sie die Definitionen des Denkens gelesen, und ich bin sicher, daß Sie nur wenig davon verstanden haben. Ich glaube, daß Sie auch früher schon, als Sie diese oder jene Definition lasen, mit den Augen nur flüchtig darüber gehuscht sind.

Eine Definition nützt nur demjenigen etwas, der schon Informationen über das besitzt, was definiert wird. In diesem Falle hilft sie dann, das Wichtigste und Wesentlichste herauszufinden. Mit anderen Worten: Das Verstehen einer Definition ist ein Denkprozeß.

Wenn Sie dieses Kapitel zu Ende gelesen haben, kehren Sie bitte noch einmal zu den hier genannten Definitionen zurück, und Sie werden sich überzeugen können, um wieviel besser Sie diese dann verstehen.

Direkt und indirekt

»Sie benutzen manchmal das gebildet klingende Wort ›indirekt‹. Auch in der Definition des Denkens tritt dieses Wort auf. Was bedeutet es, und ist es nicht durch ein einfacheres zu ersetzen?« las ich in einer Zuschrift, die ich während einer Vorlesung über das Denken erhielt. Ich leite meine Antwort mit einem Beispiel ein.

Die Größe eines Menschen kann direkt mit Hilfe eines Metermaßes gemessen werden. Thales aber, der im 6. Jahrhundert v. u. Z. lebte, hatte die Aufgabe, die Höhe einer Pyramide zu messen, gelöst. Zu dem Zeitpunkt, als die Länge seines eigenen Schattens genau seiner Körpergröße entsprach, maß er die Länge des Schattens, den die Pyramide warf. Damit stellte er die Höhe der Pyramide nicht direkt, sondern indirekt fest, d. h., er bezog mathematische Berechnungen in seine Schlußfolgerung ein: Wenn die Länge meines Schattens gleich meiner Größe ist, dann entspricht auch die Länge des Schattens der Pyramide deren Höhe.

Vermittlung im weiteren Sinne dieses Terminus bedeutet Verallgemeinerung der Informationen über die Umwelt, die uns die Empfindungen »zustellen« und die das Ergebnis der Wirkung der Außenwelt auf unsere Sinnesorgane sind, durch das Denken. Die Wahrnehmung gewährleistet die unmittelbare, direkte Erkenntnis der Welt, das Denken dagegen die indirekte Erkenntnis dessen, was direkt nicht erkannt werden kann.

Das Wort »indirekt« ist also schwerlich durch ein anderes Wort zu ersetzen.

Was ist ein Glas?

Nehmen Sie ein Glas zur Hand, und schauen Sie es sich an. Bei der Wahrnehmung dieses Glases wird in unserem Bewußtsein eine Vielfalt verschiedener Empfindungen verallgemeinert.

Stellen Sie das Glas auf den Tisch zurück, und rufen Sie sich — nachdem Sie die Augen geschlossen haben — sein Abbild mit einer möglichst großen Anzahl von Details ins Bewußtsein: die Form, Größe, Gewicht und Stärke des Glases, die Temperatur, Glätte usw. Sie werden eine mehr oder weniger vollständige und klare Vorstellung von dem Glas erhalten. Was aber sagte Lenin, als er die Vielfalt des Begriffs »Glas« deutete:

»Ein Glas ist unstreitig sowohl ein Glaszylinder als auch ein Trinkgefäß. Das Glas besitzt aber nicht nur diese zwei Merkmale oder Eigenschaften oder Seiten, sondern eine unendliche Anzahl anderer

Merkmale, Eigenschaften, Seiten, Wechselbeziehungen und ›Vermittlungen‹ mit der gesamten übrigen Welt. Ein Glas ist ein schwerer Gegenstand, der ein Wurfinstrument sein kann. Ein Glas kann als Briefbeschwerer, als Behälter für einen gefangenen Schmetterling dienen, ein Glas kann von Wert sein als Gegenstand mit künstlerischer Gravierung oder Zeichnung, ganz unabhängig davon, ob es sich zum Trinken eignet, ob es aus Glas gefertigt, ob seine Form zylindrisch oder nicht ganz zylindrisch ist, und so weiter und dergleichen mehr.

Weiter. Brauche ich jetzt ein Glas als Trinkgefäß, so ist es für mich absolut unwichtig zu wissen, ob seine Form ganz zylindrisch und ob es wirklich aus Glas gefertigt ist, dagegen ist es wichtig, daß der Boden keinen Sprung aufweist, daß man sich nicht die Lippen verletzt, wenn man dieses Glas benutzt, usw. Brauche ich dagegen ein Glas nicht zum Trinken, sondern zu einer Verwendung, für die jeder Glaszylinder taugt, so genügt mir auch ein Glas mit einem Sprung im Boden oder sogar ganz ohne Boden usw.

Die formale Logik, auf die man sich in den Schulen beschränkt (und in den unteren Schulklassen — mit gewissen Korrekturen — beschränken muß), nimmt die formalen Definitionen, wobei sie sich von dem leiten läßt, was am üblichsten ist oder was am häufigsten in die Augen springt, und beschränkt sich darauf. Nimmt man dabei zwei oder mehrere verschiedene Definitionen und vereint diese ganz zufällig (sowohl Glaszylinder wie auch Trinkgefäß), so erhalten wir eine eklektische Definition, die auf verschiedene Seiten des Gegenstandes hinweist, und sonst nichts.

Die dialektische Logik verlangt, daß wir weitergehen. Um einen Gegenstand wirklich zu kennen, muß man alle seine Seiten, alle Zusammenhänge und ›Vermittlungen‹ erfassen und erforschen. Wir werden das niemals vollständig erreichen, die Forderung der Allseitigkeit wird uns aber vor Fehlern und vor Erstarrung bewahren.«

Der Begriff wird in der Psychologie als Produkt der Widerspiegelung der allgemeinen und wesentlichen Eigenschaften der Gegenstände und Erscheinungen durch das Gehirn definiert.

Der nicht dazugehörige Vierte

Finden Sie auf den Abbildungen den nicht dazugehörigen Vierten, und fordern Sie auch andere zu dieser Lösung auf. Wenn es zu abweichenden Meinungen kommen sollte, analysieren Sie, auf welcher Grundlage die einzelnen Mitspieler den vierten, nicht dazugehörigen Gegenstand eliminieren.

Diese Aufgabe erfordert die Fähigkeit zur Verallgemeinerung.

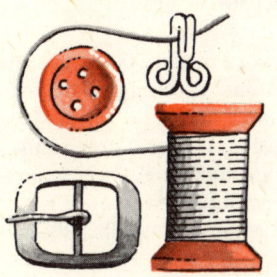

vierten Gegenstand aus jeder Zeichnung heraus

Die Verallgemeinerung ist eine der Grundformen des Denkens. Verallgemeinerung bedeutet gedankliche Herausgliederung von Gemeinsamkeiten der Gegenstände und Erscheinungen und eine darauf basierende gedankliche Vereinigung (Synthese) dieser Objekte.

Unterschiedliche Ansichten über den nicht dazugehörigen vierten Gegenstand können dadurch bedingt sein, daß jemand die Objekte nicht auf der Grundlage ihrer wesentlichen Merkmale, sondern aufgrund zufälliger Assoziationen verallgemeinert. Über die Assoziationen werden wir uns später noch unterhalten; dort werden Sie auch die richtigen Lösungen der Aufgabe finden. Besitzt jemand nicht die Fähigkeit, das gemeinsame, wesentliche Merkmal herauszufinden, so ist das ein großer Mangel im Denken.

Wenn ein Kreuzworträtsel gelöst wird

»Ich bin ein großer Freund von Kreuzworträtseln«, bekannte mir ein Schüler. »Ich habe aber festgestellt, daß einem bestimmte Wörter ganz leicht, andere nacheinander oder mitunter auch alle zusammen einfallen. Es passiert aber auch, daß einem ein falsches Wort einfällt, und man kann machen, was man will, man kommt einfach auf nichts anderes. Das ist ein sehr unangenehmes Gefühl, wenn der Kopf wie ein Vakuum erscheint oder wenn immer nur ein und dasselbe falsche und unpassende Wort durch den Kopf spukt.«

Die Beobachtungen dieses Schülers waren richtig, und sie erklären sich folgendermaßen: Im ersten Fall drückt sich ein gutes Auffassungsvermögen aus, basierend auf einem bestimmten Wissensschatz und verbunden mit einer guten Beweglichkeit der Nervenprozesse. Im zweiten Fall manifestiert sich eine Enge bzw. Beschränktheit des Denkens. Sie tritt gewöhnlich aus zwei Gründen auf. Erstens aufgrund fehlenden adäquaten Wissens, und zweitens (davon sprach auch der Schüler in seinem zweiten Beispiel) kann sie durch die Trägheit der Nervenprozesse bzw. durch die Entstehung von Perseverationen bedingt sein. Der entstehende Gedanke wird nicht gehemmt, sondern im Gegenteil, er hemmt andere, und deshalb besteht auch keine Möglichkeit, sie zu korrigieren.

Unser Kreuzwort-Liebhaber hat eine weitere Erscheinung, die bei der Suche nach dem richtigen Wort auftauchen kann, übersehen. Ich meine das unkritische Denken. Oft wird das erste in den Kopf kommende Wort ohne jegliche Prüfung als Lösung akzeptiert. Außerdem kann man noch verschiedene Grade der Schnelligkeit oder Verzögerung, Aktivität, Beweglichkeit und Tiefe des Denkens beim Rätsellösen beobachten.

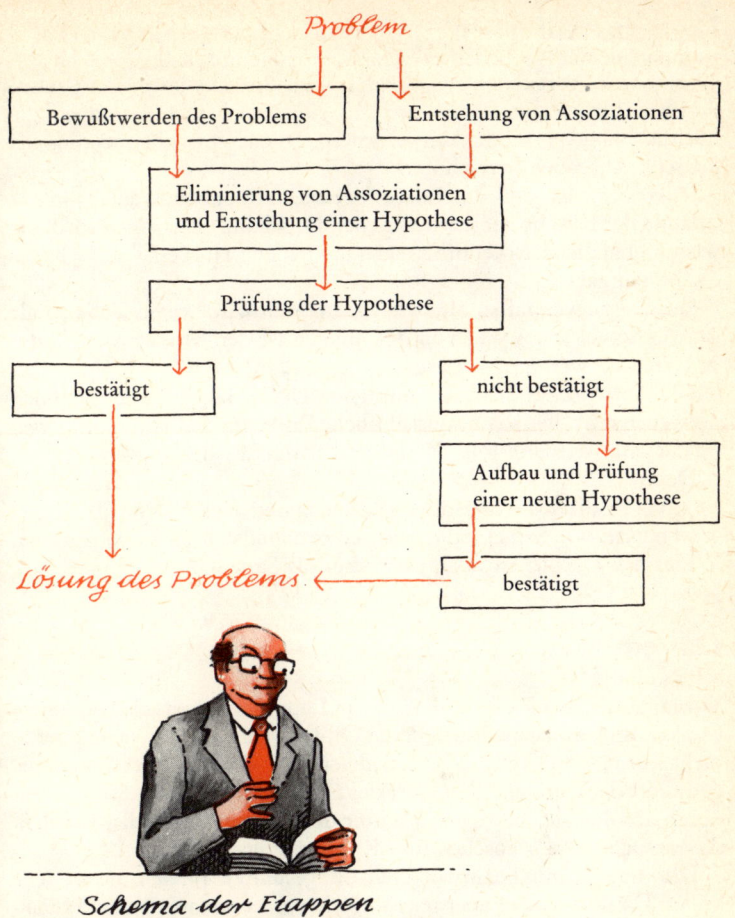

Schema der Etappen
einer intellektuellen Handlung

Ich möchte dem Leser raten, an sich selbst einmal alle diese Arten und Besonderheiten des Denkens bei der Lösung eines Kreuzworträtsels zu beobachten. Sie äußern sich aber auch bei der Lösung beliebiger anderer geistiger Aufgaben.

Die intellektuelle Handlung, durch die ein elementares, nicht weiter zerlegbares, bewußtes Ziel erreicht wird, kann graphisch in Form eines Schemas dargestellt werden.

Logische Aufgaben

Es gibt viele Aufgabenarten, deren Lösung Spezialwissen voraussetzt: Algebra, Geometrie, Physik usw. Es gibt jedoch auch Aufgaben, die nur die Fähigkeit zu denken erfordern. Solche Aufgaben werden als logische Aufgaben bezeichnet.

Interessant ist, daß das Lösen logischer Aufgaben, wenn es in das Schema der Etappe der intellektuellen Handlung übertragen wird, die wissenschaftliche Erkenntnissuche modelliert. Hier eine einfache logische Aufgabe:

Sergej ist zweimal so alt, wie Sascha sein wird, wenn Tolja so alt ist wie Sergej jetzt. Wer von den Jungen ist der Älteste, wer ist der Jüngste und wer der Mittlere?

Die Antwort auf diese Aufgabe gebe ich gleich hier, damit sie Ihnen verstehen hilft, wie solche und ähnliche Probleme zu lösen sind: Sergej ist der Älteste, dann folgt Tolja, und Sascha ist der Jüngste.

Denn:

Sergej ist offensichtlich älter als Sascha und Tolja. Wenn aber Tolja so alt ist, wie Sergej jetzt, wird er zweimal so alt sein wie Sascha. Das heißt, Tolja ist auch jetzt älter als Sascha.

Das entlarvte Orakel

Vor langer, langer Zeit gab es in einem Land des Orients ein bekanntes Orakel. Im Unterschied zu anderen Orakeln verkündeten seine Lippen nicht nur eine Gottheit, sondern gleich drei: den Gott der Wahrheit, den Gott der Lüge und den Gott der Diplomatie. Diese Götter waren durch absolut gleiche Figuren hinter dem Altar dargestellt, vor dem die ratsuchenden Menschen ihre Knie beugten.

Die drei Götter beantworteten die gestellten Fragen immer sehr willig. Da sie einander aber sehr ähnlich waren, konnte niemand genau sagen, ob die Antworten vom Gott der Wahrheit, dem man glauben durfte, vom Gott der Lüge, der stets die Unwahrheit sprach, oder aber vom Gott der Diplomatie, der entweder log oder die Wahrheit sagte, gegeben wurden. Das alles lag in den Händen des Priesters und trug zum Ruhm des Orakels bei: Die Götter hatten immer recht.

Eines Tages kam ein sehr einfach aussehender Mann, der entschlossen war, das zu lösen, was den weisesten Männern nicht zu lösen gelungen war. Er wollte jeden der Götter identifizieren.

Der Mann betrat den Tempel und fragte den Gott, der am weitesten links stand:

»Wer steht neben dir?«

»Der Gott der Wahrheit«, war seine Antwort.

Dann fragte er den in der Mitte stehenden Gott:

»Wer bist du?«

»Ich bin der Gott der Diplomatie«, kam die Antwort.

Die letzte Frage stellte er dem Gott, der rechts stand: •

»Wer steht neben dir?«

»Der Gott der Lüge«, antwortete letzterer.

»Nun ist alles klar«, sagte der wie ein Einfaltspinsel aussehende Mann.

Zu welcher Schlußfolgerung führten ihn die Antworten des Orakels? Denken Sie darüber nach, und dann können Sie sich mit Hilfe der Antwort, die Sie in einer der folgenden Erzählungen finden werden, selbst überprüfen.

Assoziationen

Wenn in der Psychologie das Wort »Assoziation«, das im Lateinischen »Verbindung« bedeutet, verwendet wird, dann versteht man darunter eine Verbindung zwischen Vorstellungen, die, wenn sie im Bewußtsein auftauchen, andere hervorrufen.

Ich schlage vor, folgendes zu probieren. Ein Teilnehmer an diesem Versuch sollte der Versuchsleiter, ein anderer die Versuchsperson sein. Der Versuchsleiter sagt irgendein Wort und drückt dabei die Stoppuhr. Solche »Reizwörter« können vorher vorbereitet und auf einem Blatt Papier untereinander geschrieben werden, z. B.: Tag, Tisch, Fluß, Auge, Eiche, Strahl, Buch, Garten, Messer. Die Versuchsperson soll so schnell wie möglich das erste ihr in den Kopf kommende Wort nennen, das logisch mit dem vom Versuchsleiter genannten zusammenhängt. Sobald die Versuchsperson zu antworten beginnt, wird die Stoppuhr angehalten und das »Reaktionswort« notiert. Wenn genügend derartige Aufzeichnungen gemacht werden, kann man feststellen, daß sich die Zeit für die Assoziation im Durchschnitt auf 1,5 Sekunden beläuft.

Entsprechend dem Inhalt der Assoziationen unterscheidet man, wie schon von Aristoteles vorgeschlagen, drei Arten.

Assoziationen der Nähe, d. h., eine Vorstellung ruft im Bewußtsein eine andere aufgrund von deren zeitlichem oder räumlichem Zusammenfall in der Vergangenheit hervor, sind beispielsweise Schnee—Winter, Regen—Wind, Stuhl—Tisch.

Assoziationen der Ähnlichkeit können nach äußerlichen, oberflächlichen Merkmalen auftreten: See — Meer, Wal — Fisch, Flugzeug — Vogel. Sie entstehen aber auch auf der Basis wesentlicher Merkmale:

Kanne — Glas — Flasche (Geschirr), Küchenmesser — Taschenmesser — Schere (Schneidegeräte), Knopf — Haken — Schnalle (Verschlüsse), Aktentasche — Geldbörse — Koffer (Behältnisse), Säge — Axt — Bohrer (Zimmermannswerkzeuge), Uhr — Waage — Thermometer (Meßinstrumente) usw. (Das sind gleichzeitig die Antworten für die auf Seite 149 gestellten Aufgaben.)

Assoziationen des Kontrastes treten ebenfalls häufig auf: weiß — schwarz, gut — böse, hell — dunkel.

Diesen Versuch kann man auch etwas verändert durchführen. Nachdem vom Versuchsleiter ein Wort genannt ist, soll die Versuchsperson im Verlauf einer Minute so schnell wie möglich damit verbundene Wörter nennen, diese aber nicht zu Wortgruppen bzw. Sätzen zusammenfassen. Das Ergebnis zeigt, daß die Anzahl der Wörter, die verschiedene Leute während einer Minute aufzählen können, außerordentlich unterschiedlich ist — nicht nur wegen der Schnelligkeit des Sprechens, sondern auch aufgrund der Pausen zwischen den Wörtern.

Es ist interessant, die aufgezählten Wörter entsprechend den Assoziationstypen zu unterteilen und dann das Ergebnis zu untersuchen. Denken Sie aber nicht, daß das Aufzählen von Wörtern, die Assoziationen der Nähe bzw. der Angrenzung darstellen, ein Ausdruck der Findigkeit des Menschen sei, der begriffen hat, daß es so »leichter« ist. Eher widerspiegelt das die Armut seiner Assoziationen.

Assoziationen der Ähnlichkeit und des Kontrasts sind komplizierter als die der Nähe. Zu letzteren gehören auch die gewöhnlichen Wortkombinationen und die »abgedroschenen« Reime.

Die Assoziationen der Ähnlichkeit spielen sowohl im Lernprozeß als auch beim sogenannten assoziativen Einprägen und in der Dichtung eine große Rolle.

Gesetzmäßigkeiten

Dem wissenschaftlichen Denken liegt das Suchen nach Gesetzmäßigkeiten, d. h. nach sich beständig wiederholenden Ursache-Folge-Zusammenhängen, zugrunde.

Dieser Vorgang ist nicht schwer zu modellieren.

Auf der Zeichnung sind einige Reihen von Zahlen und Figuren aufgeführt, die sich innerhalb jeder Zeile nach einer bestimmten Gesetzmäßigkeit verändern. Um jede Zeile fortsetzen zu können, ist es notwendig, daß Sie die zugrunde liegende Gesetzmäßigkeit erkennen.

Versuchen Sie, diese Aufgaben zu lösen.

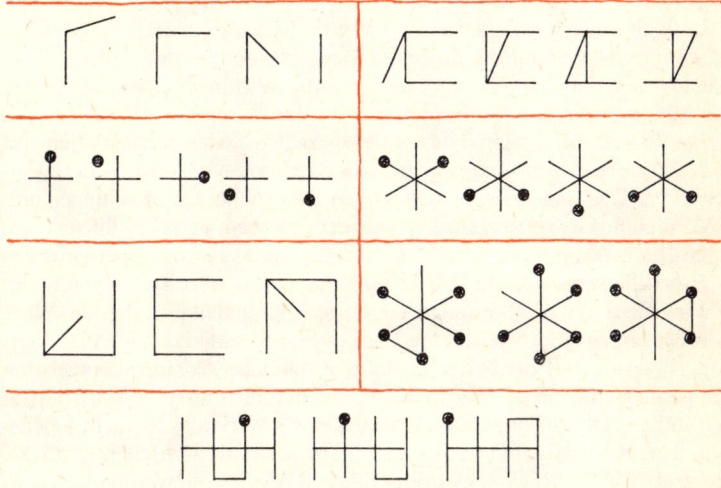

6　10　14　18　22
10　12　11　13　12
24　21　19　18　15
3　6　8　16　18

*Vervollständigen Sie jede Reihe
mit Hilfe der von Ihnen entdeckten Gesetzmäßigkeit*

Sprechende Tiere

Nach einer unserer regelmäßigen langen Touren durch die Natur fanden wir uns zur Übernachtung bei einem gastfreundlichen Förster ein. In seinem Hause lebte ein Star, der seinen Hausherrn deutlich beim Namen nennen konnte. Daraus entwickelte sich ein Gespräch über sprechende Tiere.

Mein Wegbegleiter erinnerte sich an eine Krähe aus der Durow-

Ecke, die auf die Frage: »Wie heißt du?« antwortete: »Kleine Krähe.« Uns fielen dann auch wieder unsere Gespräche über die Dressurmethoden ein, über den »klugen Hans« — das Pferd mit den »nicht gekannten mathematischen Fähigkeiten« — und über das Bedürfnis zu sprechen bei den Tieren, die mit Menschen zusammen leben. Ich erzählte auch schon von dem Schimpansen Ioni, der von der Tierpsychologin N. N. Ladygina-Kots untersucht wurde. Seine Besitzerin fand, daß Ioni zwanzig verschiedene Laute, von denen jeder ein bestimmtes Gefühl oder einen Wunsch des Tieres ausdrückt, hervorbringen kann.

»Selbstverständlich«, sagte ich, »ist die Sprache eine Errungenschaft, über die nur der Mensch verfügt. Tiere sprechen nicht, sie geben nur Laute von sich, die ihre Stimmungen ausdrücken oder Nachahmungen der menschlichen Sprache sind. Ein Papagei ahmt gleich gut den Menschen, einen Hund, eine Katze, verschiedene Vögel, aber auch das Quietschen einer Tür nach.«

»In der sich entwickelnden Tierwelt haben die Mechanismen der Nerventätigkeit auf der Stufe des Menschen an Umfang außerordentlich zugenommen. Für ein Tier wird die Wirklichkeit in den Großhirnhemisphären fast ausnahmslos nur durch Reize und deren Spuren signalisiert, die unmittelbar auf die speziellen Zellen der optischen und akustischen Rezeptoren und anderer Rezeptoren des Organismus einwirken. Das ist das, was auch wir als Eindrücke, Empfindungen und Vorstellungen von unserer Umwelt in uns haben, von der allgemeinen, natürlichen wie von unserer sozialen Umwelt, ausgenommen nur das gesprochene und geschriebene Wort. Es ist das erste Signalsystem der Wirklichkeit, das wir mit den Tieren gemeinsam haben. Aber das Wort bildet ein zweites, speziell uns eigenes Signalsystem der Wirklichkeit; es ist das Signal der ersten Signale. Zahlreiche Wortreize entfernten uns einerseits von der Wirklichkeit, und deshalb müssen wir uns dessen ständig erinnern, um unser Verhältnis zur Wirklichkeit nicht zu entstellen. Andererseits hat uns gerade das Wort zu Menschen gemacht, worüber hier natürlich nicht ausführlich gesprochen werden kann. Es unterliegt keinem Zweifel, daß die Grundgesetze, die für die Arbeit des ersten Signalsystems aufgestellt worden sind, auch für das zweite Signalsystem gelten müssen, denn es handelt sich bei dieser Arbeit immer um das gleiche Nervengewebe.«

So schrieb Pawlow in seinem Artikel »Der bedingte Reflex«, wobei er den Unterschied der menschlichen und tierischen Psyche und die physiologische Natur des menschlichen Denkens und der Sprache klärte.

Ich weiß es, kann es aber nicht sagen

Unter Schülern gibt es eine Redensart: »Ich bin wie ein kluger Hund, ich weiß und verstehe alles, kann es aber nicht sagen.« Manch eines der Kinder ist sogar beleidigt, wenn der Lehrer eine schlechte Note gibt, und im tiefsten Grunde davon überzeugt, daß es den gesamten Stoff kennt, nur nicht auf eine Frage antworten kann.

Diese Schüler haben natürlich unrecht. Wenn der Mensch etwas weiß, dann kann er es auch sagen; wenn er es nicht sagen kann, heißt das, daß er es auch nicht weiß. Er hat dann nur »fragmentarische Gedanken«, vage Erinnerungen an das, was er einmal gehört oder gelesen hat. Diese Erinnerungen sind manchmal durch die Illusion, es zu wissen, noch verstärkt.

Schwierigkeiten beim motorischen Sprechen sind eine andere Sache. Hier als Beispiel ein kurzer und allgemeinverständlicher Satz, den aber schnell und deutlich zu sprechen nicht alle Leute in der Lage sind. Dem einen können diese Zeilen schwerfallen — einem anderen wiederum andere. Sprechen Sie so schnell wie möglich den bekannten »Zungenbrecher«:

Fischer's Fritze fischte frische Fische,
frische Fische fischte Fischer's Fritze.

Ich kann es sagen, weiß es aber nicht

In meiner Jugendzeit kannte ich jemanden, der sehr gern alle möglichen »schlauen« Wörter gebrauchte, obwohl er deren Sinn gar nicht verstand. Besonders gefiel ihm das Wort »Progreß«. »Progreß ist eine konstante Exhibition, eine Tendenz säkulärer Neuerer, eine Melioration der Existenz des sozialen Individuums.«

»So wurde in einem schlauen Buch, das ich gelesen habe, der Begriff ›Progreß‹ erklärt«, fügte er gewöhnlich hinzu. Er lehrte diese Kollektion »schlauer« Wörter sogar seinem Papagei.

Ich muß zugeben, daß auch ich mir diese Definition des »Progresses« eingeprägt habe. Aber — o weh! — weder er noch ich, noch der Papagei wußten am Ende, was »Progreß« ist, noch was jeder dieser Begriffe, die das Wort »Progreß« erläutern sollten, bedeuteten.

Gleiches kann auch von solchen bedeutungslosen Worten gesagt werden, die in den »Abzählversen« der Kinder Verwendung finden. Ich bin sicher, daß vielen Lesern solche Wörter wie »enne, menne, denne, dei . . .« nicht bekannt sind. Diese Wörter waren für uns sinnlos, aber sie faszinierten unsere kindliche Einbildungskraft. Wie oft freuen sich Erwachsene, wenn Kinder »gelehrte« Wörter sagen, ohne darüber nachzudenken, ob das Kind auch versteht, was es sagt!

Der einfache Alte entlarvte das Orakel, indem er so argumentierte:

»Links, das kann der Gott der Wahrheit nicht sein, denn er sagte ja, der Gott der Wahrheit stehe in der Mitte.

Der in der Mitte Stehende konnte es auch nicht sein, denn er nannte sich anders.

Das bedeutet, der Gott der Wahrheit steht rechts und ihm darf man Glauben schenken, daß der Gott der Lüge in der Mitte steht. Demzufolge ist links der Gott der Diplomatie.«

Aktiver Wortschatz

Der aktive Wortschatz ist die Anzahl von Wörtern, die der Mensch beim Sprechen gewöhnlich benutzt; sie ist immer geringer als die Gesamtzahl der Wörter, die ein Mensch kennt. Zum aktiven Wortschatz eines jeden deutschsprachigen Lesers gehören zum Beispiel die Wörter »Wasser«, »Erde«, »Zeitung«, »fahren« oder »hinauf«; zum passiven Wortschatz dagegen meist Wörter wie »Deklamation«, »adäquat« oder »Konsistenz«.

Im vergangenen Jahrhundert registrierte der Lexikograph Wladimir Dal etwa 200 000 russische Wörter. Heute umfaßt das russische Vokabular etwa 500 000 Wörter, während in der Kartei der Wörterbuchabteilung des Instituts für Linguistik etwa sieben Millionen verschiedene Bedeutungen der russischen Wörter gespeichert sind.

Je größer das aktive Vokabular eines Menschen, desto reicher ist auch sein Denken. Kinder, mit denen Erwachsene wenig sprechen, entwickeln sich auf geistigem Gebiet langsamer.

Konzentrieren Sie sich bei einem Gespräch mit einem Bekannten oder beim Hören einer Vorlesung einmal auf das aktive Vokabular des Sprechenden. Sie können es natürlich nicht in genauen Zahlen angeben, so wie das zum aktiven Wortschatz von Puschkin, Shakespeare und Goethe getan werden kann. Dennoch reicht es aus, um einen allgemeinen Eindruck vom Reichtum bzw. der Armut der Sprache des Betreffenden zu erhalten.

Lebte Mowgli tatsächlich?

Das Bild eines Menschen, der von einem Tier aufgezogen wurde, dabei aber seine menschlichen Eigenschaften nicht verlor, hat schon immer die Phantasie erregt. Romulus und Remus, die Begründer Roms, wurden — der Überlieferung entsprechend — von einer Wölfin großgezogen. Das wundervolle, poetische Bild von Mowgli, einem Wolfs-menschen, geschaffen von dem englischen Schriftsteller Rudyard Kipling, eroberte die Sympathien von Millionen Lesern.

Der französische Philosoph Etienne de Condillac beschrieb schon 1754 einen litauischen Jungen, der unter Bären lebte. Dieser Junge zeigte, als ihn die Menschen fanden, keinerlei Anzeichen einer menschlichen Intelligenz; er konnte nicht sprechen und bewegte sich auf allen vieren. Es dauerte lange Zeit, bis er die menschliche Sprache verstand und sich unterhalten konnte, dann aber zeigte sich, daß er sich an nichts aus seinem vorherigen Leben unter den Tieren erinnern konnte.

Schon in längst vergangenen Zeiten wird also von Kindern berichtet, die von Tieren aufgezogen worden sein sollen. Wenn sich in letzter Zeit auch die Kritiken an der Glaubwürdigkeit entsprechender Berichte mehren, da in ihnen oft Wirklichkeit und Legende ineinander ver-strickt sind, so bleibt doch ein reges wissenschaftliches Interesse an solchen Fällen, wie sie im Detail auch geartet sein mögen, wach.

Mehr als 30 derartige Fälle sind registriert worden, z. B. Kinder, die von Wölfen, wie Kamala (bekannt sind weitere 14 derartige Fälle), Bären (bekannt sind 5 solche Fälle), Pavianen (bekannt in einem Fall) oder aber auch von Leoparden bzw. Schafen (davon ist je ein Fall bekannt) aufgezogen wurden. Alle diese Kinder, die beobachtet und untersucht wurden, brachten unartikulierte Laute hervor, konnten nicht auf zwei Beinen gehen, verfügen über ungewöhnliche Mus-kelkraft und große Geschmeidigkeit, konnten schnell laufen, aus-gezeichnet klettern und springen. Das Sehen, Hören und der Geruch waren bei ihnen gut entwickelt. Bei weitem nicht alle dieser Kinder lernten — auch nicht nach langer Zeit — sprechen.

1920 entdeckte Dr. Singh in Indien zwei Mädchen mit Wolfsjungen in einer Wolfsgrube. Eines war schätzungsweise sieben bis acht Jahre alt, das andere zwei Jahre. Das jüngere starb bald, das ältere aber — es wurde Kamala genannt — lebte noch etwa zehn Jahre. Während dieser Zeit führte Dr. Singh ein ausführliches Beobachtungsbuch. Kamala ging auf allen vieren, indem sie sich auf Hände und Knie stützte. Sie lief auf Händen und Füßen. Sie leckte Flüssigkeiten auf und aß Fleisch nur von der Erde, niemals aber aus der Hand irgend-eines anderen. Näherte man sich während des Essens dem Mädchen, so knurrte es. Nachts stimmte sie ein Geheul an.

In der Dunkelheit konnte das Mädchen gut sehen, es fürchtete aber grelles Licht, Feuer und Wasser. Sie ließ sich nie waschen. Tagsüber schlief sie kauernd in einer Ecke, das Gesicht zur Wand. Kleidung riß sie sich vom Leib, sogar bei Kälte warf sie die Decke weg.

Nach zwei Jahren hatte Kamala, wenn auch nicht besonders gut, stehen gelernt. Weitere vier Jahre später konnte sie gehen — sie lief aber weiterhin auf allen vieren. Im Verlauf von vier Jahren hatte sie nur sechs Wörter gelernt, nach sieben Jahren waren es 45. Seit dieser Zeit etwa mochte sie die Gesellschaft des Menschen, fürchtete sich vor der Dunkelheit und lernte, mit den Händen zu essen und aus einem Glas zu trinken. Siebzehnjährig hatte sie die geistige Entwicklungsstufe eines vierjährigen Kindes erreicht. Kamala liebte das andere, zusammen mit ihr gefundene Mädchen sehr und aß und trank zwei Tage nichts, als dieses Mädchen gestorben war.

In Deutschland wurde 1825 der Fall Kaspar Hausers bekannt. Als er noch ein Kind war, wurde er lebendig in einen Keller eingemauert, in dem er lange Jahre seines Lebens verbrachte. Er ernährte sich durch die in die Zelle geworfene Nahrung. Physisch war er bedeutend schwächer als normal entwickelte Menschen bzw. als Kinder, die von Tieren aufgezogen wurden. In seiner psychischen Entwicklung jedoch unterschied er sich kaum von letzteren.

Alle diese Fälle zeigen, daß die physische und die psychische Entwicklung des Menschen ungleich verlaufen.

Wo immer ein Kind aufwächst, bilden sich »zu seiner Zeit« die Milchzähne heraus, und bei Jungen ändert sich die Stimme.

Die psychischen Eigenschaften des Menschen dagegen können sich so nicht entwickeln. Ohne Kontakt zum Kollektiv und zum gesellschaftlichen Leben kann er sich nicht zu einer Persönlichkeit entwickeln und bleibt ein Tier.

Das bedeutet, daß die psychische Entwicklung des Menschen durch soziale Einflüsse bedingt ist. Infolgedessen muß man in der Lage sein, diese Einflüsse in der notwendigen Richtung auszunutzen.

All das zeigt, daß es viel schwieriger ist einen Menschen umzuerziehen als ihn rechtzeitig richtig zu erziehen.

Die Schriftzeichen

Man liest ein Schreiben, das es gestattet, Gedanken über eine bestimmte Entfernung zu übertragen und sie zeitlich »unsterblich« zu machen. Die Schrift nennt man »fixierte Sprache«. Die Zeichen der Schrift drücken bestimmte Elemente der Sprache aus. Der Mensch kann jedoch nicht nur Schriftzeichen lesen.

Am besten untersucht ist das Lesen der Lautschrift, bei der jedes schriftliche Symbol einen sprachlichen Laut repräsentiert. Mit Hilfe des Morsealphabets kann man bestimmte Gedanken nicht nur zu Papier bringen, sondern diese mit Hilfe von akustischen oder Lichtsignalen auch über eine gewisse Entfernung übertragen.

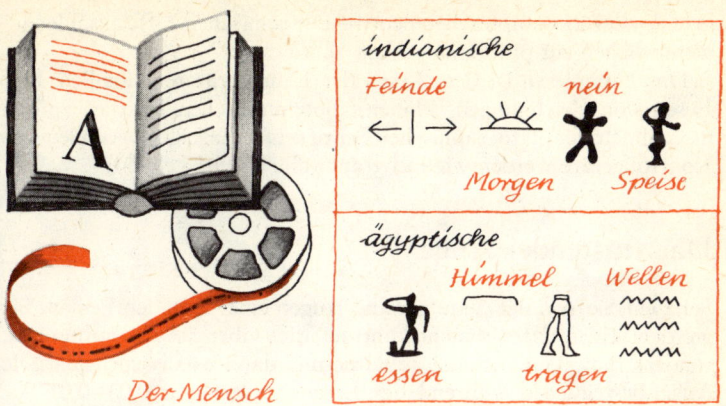

indianische

Feinde ← | →   Morgen   nein   Speise

ägyptische

essen   Himmel   tragen   Wellen

Der Mensch kann nicht nur Lautschrift und Hieroglyphen lesen

Bei der piktographischen Schrift (lat.: »pictus« — gezeichnet, griech. »grapho« — schreiben), der ältesten Schriftform, waren Gegenstände, Ereignisse oder Handlungen durch Symbolbilder dargestellt.

Die Hieroglyphenschrift war zunächst piktographisch, wurde dann aber allmählich ideographisch (griech. »idea« — Sinn), wobei mit Hilfe von Ideogrammen, d. h. mit Bedeutung belegten Zeichen und nicht mit Buchstaben, ein ganzes Wort oder ein Begriff bezeichnet wurde. Denken Sie dabei an die chinesischen oder ägyptischen Hieroglyphen.

Die sogenannten arabischen Ziffern (eigentlich sind es indische) gehören zur ideographischen Schrift. Die römischen Ziffern zählen im wesentlichen zur piktographischen Schrift.

Das Notenlesen ist dem Lesen der Lautschrift sehr ähnlich. Das Lesen von Zeichnungen, Plänen, topographischen Karten, Spuren usw. ähnelt der piktographischen Schrift. Die Anzeigen verschiedener Kontrollgeräte werden wie ideographische Schrift gelesen.

Das »tastende« Auge

Schauen Sie von der Seite auf die Augen einer lesenden Person, Sie werden sehen, daß sie nicht kontinuierlich über die Zeilen huschen, sondern daß sie manchmal anhalten und dann wieder springen. Die Augenbewegungen während des Lesens dauern nur 0,03—0,01 Sekunden. Diese »tastende« Bewegung der Augen kann nicht nur beim Lesen eines Buches, sondern auch bei der Betrachtung eines Gegenstandes genauestens registriert werden. Als Beispiel sind derartige Aufzeichnungen wiedergegeben. Zusammen mit meinen Mitarbeitern ist es mir gelungen, sogar bei Fliegern, die während des Fluges die Anzeigen der Armaturen ablesen, die Augenbewegungen aufzuzeichnen.

Die Fixierung der Augenbewegungen beim Lesen eines Buches eröffnet vielerlei Interessantes. Schaut der Mensch auf ein Wort, so erfaßt er mit dem peripheren Sehen gleichzeitig noch einige der fol-

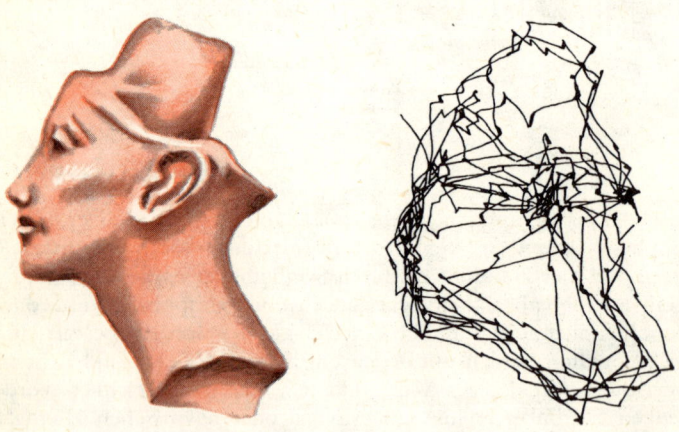

Augenbewegungen beim Betrachten dieser Figur

genden Wörter. Das hilft, schnell den Sinn des Gelesenen zu verstehen und den gesamten grammatischen Bau des Satzes zu erfassen. Ebenso kann der Flieger die Angaben mehrerer Geräte hinreichend genau ablesen, wenn er sie mit dem peripheren Sehen erfaßt.

Lesen wir etwas in Prosa, so treten im Durchschnitt etwa sieben Blickfixierungen pro Zeile auf, und etwa eineinhalbmal gibt es eine Rückwärtsbewegung der Augen auf schon Gelesenes. Obwohl Verszeilen meist kürzer sind, verdoppelt sich dabei die Anzahl der Augenbewegungen und das Zurückkehren auf schon Gelesenes. Das ist darin begründet, daß der Inhalt der Gedichte gewöhnlich schwerer zu erfassen ist.

Versuchen Sie das, was im folgenden hier geschrieben steht, zu lesen. Versuchen Sie es — lesen Sie erst dann weiter!

Wenn ein erfahrener Leser die Zeilen des gedruckten Textes überfliegt, ist es dann richtig, daraus zu schlußfolgern, daß alle Teile der Buchstaben und Wörter von gleicher Bedeutung sind, oder ist es möglich, daß einige davon eine stärkere Spur im Bewußtsein des Lesenden hinterlassen als andere? Wahrscheinlich wird die Mehrheit der Leser geneigt sein zu bestätigen, daß alle Elemente der von ihnen wahrgenommenen Umrisse etwa die gleiche Bedeutung haben.

Es gibt aber ein Experiment, mit dem bewiesen werden kann, daß dem nicht so ist. Gewöhnlich ist mehr Zeit erforderlich, um ein Wort, von dem nur die unteren Buchstabenhälften zu sehen sind, zu lesen. Sind die oberen Hälften sichtbar, so geht das Lesen schneller. Die oberen Buchstabenhälften rufen einen stärkeren Eindruck hervor, d. h. sie tragen eine größere Bedeutung als die unteren Hälften dieser Buchstaben.

Fakt   is e s , da de Begi   un da En   eine Wort dess
wesentlic   Tei si . De Wortbeg   seinerse   ha grö
Bedeut   al da End . E is jed   vie schw   , ei Wo auf-
gru   sein   ers   od auc sein letzte Teil z lese al au de
Basi entwe   de obe   od   de unte   Buchstabenhä
Wahrschein   wer   Si fü da Lese jed de bei   letz
Absä   me Ze al fü d beid   ers   benö
        ahrene eser   nnen ine ule on fzig tikal rdneten
    hstaben n wa   fzehneinhalb   kunden sen. ie nnen
    erdem   zig   rter, us ier   staben stehend, n bzehn
    kunden   d fzig   rter,   ehend us cht   hstaben, n
    nzehneinhalb   unden en. s st ensichtlich o, aß an
    cht den   staben zw. des   rt nz sen uß.

Wenn ein erfahrener Leser die Zeilen des gedruckten Textes überfliegt, ist es dann richtig, daraus zu schlußfolgern, daß alle Teile der Buchstaben und Wörter von gleicher Bedeutung sind, oder ist es möglich, daß einige davon eine stärkere Spur im Bewußtsein des Lesenden hinterlassen als andere? Wahrscheinlich wird die Mehrheit der Leser geneigt sein zu bestätigen, daß alle Elemente der von ihnen wahrgenommenen Umrisse etwa die gleiche Bedeutung haben.

Es gibt aber ein Experiment, mit dem bewiesen werden kann, daß dem nicht so ist. Gewöhnlich ist mehr Zeit erforderlich, um ein Wort, von dem nur die unteren Buchstabenhälften zu sehen sind, zu lesen. Sind die oberen Hälften sichtbar, so geht das Lesen schneller. Die oberen Buchstabenhälften rufen einen stärkeren Eindruck hervor, d. h., sie tragen eine größere Bedeutung als die unteren Hälften dieser Buchstaben.

Faktisch ist es so, daß der Beginn und das Ende eines Wortes, dessen wesentlichste Teile sind. Der Wortbeginn seinerseits hat größere Bedeutung als das Ende. Es ist jedoch viel schwerer, ein Wort aufgrund seines ersten oder auch seines letzten Teiles zu lesen als auf der Basis entweder der oberen oder der unteren Buchstabenhälften. Wahrscheinlich werden Sie für das Lesen jedes der beiden letzten Absätze mehr Zeit als für die beiden ersten benötigen.

Erfahrene Leser können eine Säule von fünfzig vertikal angeordneten Buchstaben in etwa fünfzehneinhalb Sekunden lesen. Sie können außerdem fünfzig Wörter, aus vier Buchstaben bestehend, in siebzehn Sekunden und fünfzig Wörter, bestehend aus acht Buchstaben, in neunzehneinhalb Sekunden lesen. Es ist offensichtlich, daß man nicht jeden Buchstaben bzw. jedes Wort ganz lesen muß.

Das ist der Wortlaut der vier Absätze, die oben stehen.

Der Gedanke schreibt

Wenn die Untersuchung der Assoziationen (vgl. S. 153) mit der unmittelbaren Registrierung der Antworten der Versuchspersonen gekoppelt wird, ist es möglich, weitere sehr interessante Erscheinungen aufzudecken. Mit Hilfe einer pneumatischen Kapsel, die am oberen Teil des Halses befestigt wird, kann man die Bewegungen des Kehlkopfes aufzeichnen oder mit Hilfe von Elektroden die Ströme erfassen, die in der Zunge und in den Stimmbändern (bei deren geringsten Bewegung) entstehen. In solchen Fällen ist die Assoziationszeit mitunter sehr stark verlängert, da schon eine nicht ganz deutliche Kurve aufgezeichnet wird, wenn die Versuchsperson nur an das Wort denkt, d. h., noch bevor sie vernehmbar antwortet.

Es ist auch möglich, die Potentiale der Zungen- und Kehlkopf-muskulatur in dem Moment aufzuzeichnen, wenn eine Versuchsperson still für sich eine Aufgabe löst oder sich an etwas erinnert. Das ist aber nicht immer von Erfolg begleitet, da wir sogar im richtigen Gespräch häufig Wörter auslassen und Sätze nicht nach den grammatischen Regeln, d. h. häufig vereinfacht und gekürzt, bauen. Die innere Sprache ist gewöhnlich noch komplizierter.

Wahrsagung

Schauen Sie sich den auf der Abbildung wiedergegebenen Klecks an, oder, besser noch, machen Sie selbst welche. Sie müssen dafür ein Blatt weißes Papier falten, etwas Tinte auf die gefalzte Stelle tropfen, das Blatt zusammenfalten und mit den Fingern fest auf das Papier drücken, damit sich die Tinte soweit wie möglich verteilt. Nach einigen Versuchen wird Ihnen das Klecksen sehr gut gelingen. Vergessen Sie aber nicht, eine alte Zeitung unterzulegen!

Sagen Sie, woran erinnern Sie diese Kleckse?

Fragen Sie das gleiche auch Freunde und Bekannte. Je stärker die Phantasie des Betrachters, desto mehr sieht er in den Klecksen.

Auf die gleiche Weise befragten unsere Großmütter das Glück. Sie tropften geschmolzenen Wachs ins Wasser und »sahen« dann als sein Schattenbild an der Wand Kutschen mit Freiern, Brautkronen, den

Wer in diesem Klecks am meisten sieht,

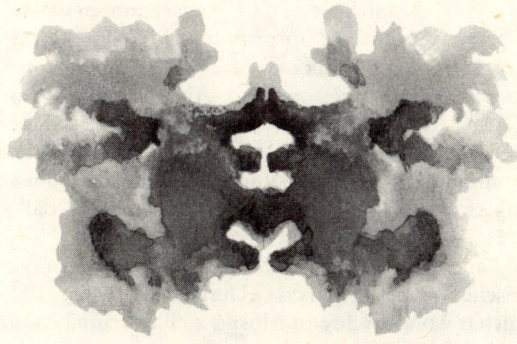

dessen Phantasie ist am größten

Tod mit der Sense, Särge und verschiedene Ungeheuer. Sie sahen entweder das, was sie sehen wollten, oder im Gegenteil das, was sie zu sehen fürchteten.

Inspiration

Vergessen ist die Welt. Und meine Phantasie
Entzündet sich und läßt mich schwärmen süß im Stillen.
Erwachend tönt in mir die holde Poesie.
Bis ganz der Lyrik Gluten meinen Sinn erfüllen.
So hebt, so klingt und sucht, gleichwie im Traume, sie
Des Dichters freien Geist nun endlich zu enthüllen.
Von alten Freunden werd aufs neue ich besucht —
Aufs neu' genieße ich der goldenen Träume Frucht.

Gedanken wirbeln mir im Kopf — nichts kann sie zäumen!
Entgegen ihnen läuft der Reime leichte Reih.
Rasch Feder und Papier, um nur nicht zu versäumen
Den Augenblick ... und sieh: — die Verse fliegen frei.

So beschreibt Puschkin das psychologische Wesen der schöpferischen Arbeit und Inspiration.

Inspiration ist eine Anspannung der Kräfte und Fähigkeiten des Menschen im Verlaufe seiner schöpferischen Arbeit, die durch eine besondere Klarheit des Bewußtseins charakterisiert und mit dem Auftauchen einer Menge von Gedanken und Bildern sowie schnellen und hochproduktiven Denkprozessen verbunden ist.

Gorki schrieb völlig richtig, daß die Inspiration gewöhnlich im Verlaufe einer beharrlichen und angespannten Arbeit auftritt. Fälschlicherweise wird die Inspiration als Stimulus für die Arbeit bezeichnet. Wahrscheinlicher ist, daß sie im Verlauf einer erfolgreichen Arbeit, als deren Ergebnis, entsteht. Aber auch Puschkin sagt nicht, daß die Inspiration vorbei ist, wenn die ersten Gedanken zu Papier gebracht sind. Keinesfalls! Die gesamte nachfolgende Arbeit an der Vervollkommnung der ersten Variante kann mit zunehmender Begeisterung einhergehen. Tschaikowski sagte einmal, daß »Inspiration ein Gast ist, der die Faulen nicht gern besucht«.

Jedoch kann man die Inspiration auch nicht von dem Bedürfnis nach schöpferischer Arbeit trennen. »Derjenige, in dem die Seele eines Komponisten wohnt, schreibt Musik, weil er schreiben muß«, meinte Mozart.

Die Inspiration ist auch mit der Phantasie verbunden. »Es ist falsch zu glauben«, schrieb Lenin, »daß nur der Dichter Phantasie braucht.

Das ist ein dummes Vorurteil! Sogar in der Mathematik braucht man sie, sogar die Entdeckung der Differential- und der Integralrechnung wäre ohne Phantasie unmöglich gewesen. Phantasie ist eine höchst wertvolle Eigenschaft ...«

Phantasie ist eine besondere Form der Einbildungskraft. Einbildungskraft ist wiederum ein psychischer Prozeß, der in der Schaffung neuer Bilder auf der Grundlage der Verarbeitung vorangegangener Wahrnehmungen besteht. Wie seltsam auch die Bilder der Phantasie sein mögen, in ihnen wird immer schon vorher Bekanntes auf neue Art kombiniert: ein Häuschen — auf Hühnerbeinen, die Sphinx — ein geflügelter Löwe mit dem Gesicht einer Frau oder der Zentaur — ein Pferd mit dem Torso eines Mannes.

Kein Künstler könnte etwas schaffen, ohne sich auf die Phantasie zu stützen. Sie hilft ihm, sich das vorzustellen, was unmittelbar nicht wahrgenommen werden kann.

Heilende und schädliche Worte

Um herauszubekommen, was der Terminus »Wort« bedeutet, lassen wir am besten Pawlow sprechen:

»Das Wort ist für den Menschen ein ebenso realer bedingter Reiz wie alle anderen bedingten Reize, die auch bei Tieren auftreten. Daneben aber ist das Wort ein so viel umfassender Reiz wie kein anderer, und für die Tierwelt gibt es überhaupt keine Reize, die in quantitativer oder qualitativer Hinsicht dem Wort des Menschen auch nur annähernd vergleichbar wären. Für einen erwachsenen Menschen ist ja das Wort durch das ganze frühere Leben mit allen äußeren und inneren Reizen verbunden, die in die Großhirnhemisphären gelangt sind. Worte können ihnen alles signalisieren, sie können ihnen Reize ersetzen, und sie können deshalb auch alle Tätigkeiten und Reaktionen des Organismus hervorrufen, die durch diese Reize bedingt werden.«

Das Sprichwort »Mit Worten kann man töten« ist wahr und warnt uns. Deshalb sollten wir auch mit dem Wort vorsichtig umgehen. Je mehr die Zuhörer dem Sprechenden vertrauen, desto stärker ist die emotionale Färbung der von ihnen wahrgenommenen Worte und desto stärker ihre Wirkung. Der Arzt nutzt das Vertrauen des Kranken, der Pädagoge das des Schülers usw., und deshalb müssen sie ihre Worte mit besonderer Sorgfalt wählen.

Leider sind mitunter auch Fälle der sogenannten Iatrogenie (griech.: »iatros« — Arzt, »genesthai« — hervorbringen) anzutreffen, d. h. einer Krankheit, die durch unvorsichtige Worte des Arztes hervorgerufen wird. Der folgende Fall ist authentisch. Ein junger Arzt, der eine kranke Greisin beruhigen wollte, sagte zu ihr: »Wir werden beide an dem gleichen Tag sterben, Großmutter.«

Nach einiger Zeit kam die Großmutter wieder in die Poliklinik und erfuhr, daß der junge Arzt plötzlich verstorben war. Sie wunderte sich ehrlich.

»Wie ist es möglich, daß ich noch lebe?« fragte sie und fiel tot um.

Häufig geschieht es, daß — nachdem der Arzt den Kranken gefragt hat: »Tut diese Stelle weh?« und sie ziemlich empfindlich drückt — sich der Schmerz verstärkt und den Kranken dann tatsächlich plagt, obwohl diese Stelle vorher überhaupt nicht weh getan hat.

Aus der pädagogischen Praxis ist die sogenannte Didaktogenie (griech.: »didaktikos« — Pädagoge) bekannt. Ich selbst habe einen solchen Fall beobachtet, als einen Flugschüler, der sich während des Fliegens immer sehr gut gefühlt hatte, bei den Loopings plötzlich eine unüberwindliche Angst erfaßte, die er früher nicht gekannt hatte. Es zeigte sich, daß eine Notiz seines Lehrers, die er ihm beim Abflug zurückgelassen hatte, die Ursache dafür war. Die Notiz lautete: »Ich hoffe, daß wir uns bald wiedersehen, aber sei vorsichtig bei den Loopings.«

Über die Hypnose wurde schon einiges gesagt, und Sie wissen, daß man durch das Wort nicht nur eine Krankheit hervorrufen, sondern sie auch heilen kann. Die Heilung durch das Wort, die Logotherapie, ist ein Teil der Psychotherapie. Darunter ist die Heilung mittels psychischer Einwirkungen auf den Kranken zu verstehen. Die Psychotherapie wird natürlich in Verbindung mit anderen Heilmethoden — Therapie, Physiotherapie und, wenn nötig, mit dem chirurgischen Eingriff, angewandt.

So kann es sein, daß ein Kranker vor einer psychotherapeutischen Behandlung mehrere Jahre erfolglos behandelt wurde, nach psychotherapeutischen Einwirkungen aber schnell gesundet.

Fälle plötzlicher Heilung waren in allen Jahrhunderten und bei allen Völkern bekannt. Jedoch versuchte man früher, solche Erscheinungen durch »geheiligte Orte« und »wunderwirkende Heiligenbilder« zu erklären. In Wirklichkeit wurden die Kranken durch das Wort der Priester, die damit umgehen konnten, und den Glauben der Kranken an die Möglichkeit eines »Wunders« geheilt.

Das Wort kann aber nicht nur Krankheiten heilen. Ein nicht sehr erfolgreicher Flugschüler, der in einer Gruppe zusammen mit mir lernte, war plötzlich wie umgewandelt und begann gut zu fliegen, als er zufällig ein Gespräch des Instrukteurs gehört hatte, in dem dieser voller Überzeugung von den fliegerischen Fähigkeiten dieses Schülers sprach.

Wie kam er darauf?

Im Unterschied zu logischen Aufgaben, die lediglich gutes Denkvermögen erfordern, veranschaulichen die weiter unten angeführten Aufgaben bestimmte Eigenschaften des Denkens.

Es treffen sich zwei Menschen, befreundet seit der Jugendzeit, und zwischen ihnen entspinnt sich folgender Dialog:

»Wie lange ich dich nicht gesehen und nichts von dir gehört habe!«

»Ja, ja, ich habe mittlerweile schon eine Tochter«, entgegnete der andere.

»Wie heißt sie denn?«

»So wie ihre Mutter!«

»Wie alt ist denn die kleine Lena jetzt?«

Überlegen Sie zunächst selbst! Lesen Sie auch Ihren Freunden diese kleine Geschichte vor, und lassen Sie sich sagen, wie der eine Gesprächspartner, obwohl sich beide seit ihrer Kindheit nicht mehr gesehen hatten und nicht voneinander wußten, darauf gekommen war, daß die Tochter Lena heißt.

Damit Sie mit Hilfe des peripheren Sehens die Antwort auf diese Frage nicht lesen, bevor Sie darüber nachgedacht haben, habe ich die Lösung am Ende einer der nächsten Geschichten angefügt. Dort werde ich auch den psychologischen Sinn dieser und der nächsten Aufgabe erklären.

Die Flußüberquerung

Zwei Männer wollten einen Fluß überqueren. Das Boot aber, das sie am leeren Strand fanden, bot nur für einen Platz. Beide überquerten den Fluß in diesem Boot und setzten ihren Weg fort.

Wie konnten sie das tun?

Trägheit des Denkens

Fragen Sie jemanden, welche zwei Monate nacheinander 31 Tage haben, dann werden Sie meist als Antwort erhalten: »Juli und August«. Sehr selten wird jemand die anderen beiden Monate — Dezember und Januar — nennen.

Denken Sie selbst über die folgende Aufgabe nach, und fragen Sie dann auch andere: Wie kann man, ohne den Bleistift abzusetzen, vier Punkte eines Quadrates durch drei gerade Linien so verbinden, daß man wieder zum Ausgangspunkt zurückkehrt, oder: Wie können neun

169

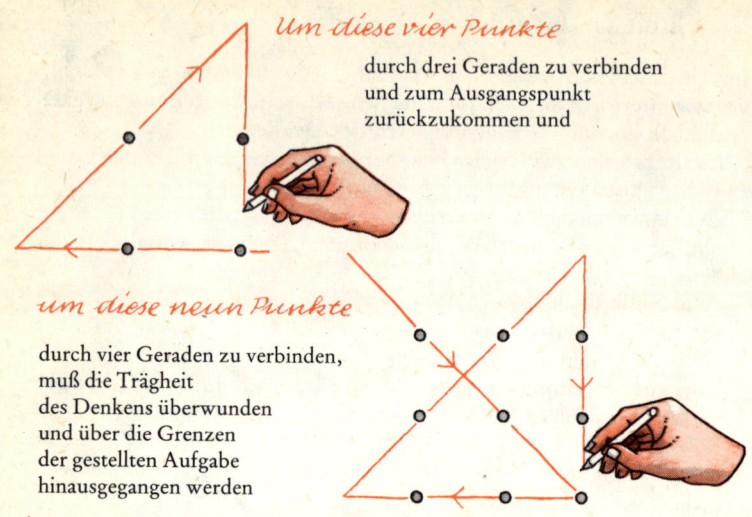

durch drei Geraden zu verbinden
und zum Ausgangspunkt
zurückzukommen und

um diese neun Punkte

durch vier Geraden zu verbinden,
muß die Trägheit
des Denkens überwunden
und über die Grenzen
der gestellten Aufgabe
hinausgegangen werden

Punkte, die in gleicher Entfernung zueinander in drei Reihen angeordnet sind, durch vier gerade Linien, ebenfalls ohne den Stift abzusetzen, verbunden werden, oder: Wie sind aus sechs Streichhölzern vier gleichseitige Dreiecke mit einer Seitenlänge, die der Länge eines Streichholzes entspricht, zu konstruieren?

Um diese sowie viele andere analoge Aufgaben zu lösen, mit denen man im praktischen Leben konfrontiert werden kann, muß man die Fähigkeit besitzen, die Trägheit des Denkens überwinden zu können und das gestellte Problem nicht routinemäßig, sondern von neuen Gesichtspunkten aus betrachten.

So sind alle gewohnt, beim Durchzählen der Monate mit dem Januar zu beginnen und mit dem Dezember zu enden. Die zweite richtige Antwort auf die erste Frage wird am häufigsten von Schülern und Lehrern gegeben, für die das Jahr im September beginnt, und Dezember sowie Januar in der Mitte des Schuljahres liegen.

Um die Aufgabe mit den Reitern, die auf der Abbildung dargestellt sind, zu lösen, muß man sich vom Gedanken der Untrennbarkeit der beiden Pferde sowie von der Notwendigkeit lossagen, die Reiter gerade auf die in der Abbildung gegebenen Pferde zu setzen. Die Pferde, auf deren Rücken die Reiter placiert werden können, haben die Vorderbeine von dem einen und die Hinterbeine von dem anderen der hier abgebildeten Pferde. Das gleiche Prinzip ist bei der Aufgabe mit den Punkten und Linien zu beachten. Hier ist es zweckmäßig, über die

auf den Pferderücken?

Grenzen, die durch die in der Aufgabe gegebenen Punkte gesetzt sind, hinauszugehen. Das ist auch auf der Abbildung deutlich gezeigt. Die Dreiecke aus Streichhölzern sind nicht in einer Ebene, sondern in Form einer Pyramide zu bauen.

Wiederum infolge der Trägheit des Denkens erraten viele nicht sofort, daß in der vorangegangenen Erzählung die Mutter der kleinen Lena eine der sich treffenden Freunde seit der Jugendzeit ist. Die Wendung »Es treffen sich zwei Menschen, befreundet aus der Jugendzeit« wird schablonenhaft aufgefaßt: Es entsteht das Bild zweier Männer, da »Mensch« und »Freund« Worte männlichen Geschlechts sind.

Die schablonenhafte Auffassung des ersten Satzes hindert auch daran, das Problem der Flußüberquerung schnell zu lösen. Es ist leichter vorstellbar, daß die beiden zusammen zum Boot kamen, als — wie es in Wirklichkeit war — daran zu denken, daß sie sich von verschiedenen Seiten den Ufern des Flusses näherten und zunächst der eine und dann der andere den Fluß in entgegengesetzten Richtungen überquerte. Danach setzte jeder allein seinen Weg fort.

Wie man nicht streiten sollte

Der Streit drehte sich um die Rolle der Induktion in ... (das ist für uns jetzt belanglos). Wichtig ist, daß — wie ich festellen konnte — sich die Leute stritten, ohne einander zu verstehen. Ich riet ihnen, vor allem erst einmal den Begriff der »Induktion« zu definieren.

»In der Psychologie versteht man unter Induktion ein Denkverfahren, das vom Einzelnen und Besonderen auf das Allgemeine schlußfolgert«, sagte einer von ihnen, der Pädagoge war.

»Ich spreche aber von dem physiologischen Aspekt der Induktion in der höheren Nerventätigkeit, d. h. von der Wechselwirkung der Erregungs- und Hemmungsprozesse in der Großhirnrinde. Wenn um einen Bereich konzentrierter Erregung herum eine Hemmungszone entsteht, ist das eine negative Induktion. Wenn dagegen um ein Gebiet konzentrierter Hemmung eine Erregungszone geschaffen wird, dann haben wir es mit einer positiven Induktion zu tun. Genauso verstand Iwan Petrowitsch Pawlow die Induktion«, erwiderte ein Medizinstudent erregt.

»In der Elektrotechnik ist Induktion oder, genauer, elektromagnetische Induktion die von Faraday entdeckte Entstehung einer elektrischen Spannung in einer Leiterschleife, die in einem Magnetfeld bewegt wird. Eben das habe ich euch immer klarzumachen versucht«, betonte ein Elektroingenieur.

Als alle drei mitbekommen hatten, daß jeder von ihnen vom Standpunkt seiner beruflichen Tätigkeit aus über die Induktion diskutiert hatte, lachten sie lauthals. Die Definitionen, die in den Wissenschaftsbereichen der Psychologie, Physiologie und Elektrotechnik üblich sind, waren von allen richtig wiedergegeben worden. Der Fehler der Streithähne bestand darin, daß jeder von ihnen irrigerweise glaubte, daß der andere unter »Induktion« das gleiche wie er selbst versteht.

Solcherlei Streitigkeiten sind praktisch gegenstandslos und nicht in der Lage, der Wahrheitsfindung zu dienen. Leider werden aber häufig Streitgespräche so geführt. A sagte einige Worte, drückte seine Gedanken dabei vielleicht nicht sehr deutlich aus, und B versteht ihn auf seine Art. Hier haben wir bereits drei Gedanken, die inhaltlich eigentlich gleichbedeutend sein sollten, sich in der Praxis aber als unterschiedlich erwiesen. Angenommen, B antwortet, formuliert seine Gedanken aber ebenfalls unglücklich, und folglich versteht ihn A nicht so wie geplant. Damit gibt es schon sechs Sinngehalte in den Gedanken, von denen nur zwei übereinstimmen: der Gedanke, wie ihn B verstanden hat, und der Gedanke, den B formulieren wollte. Nimmt an diesem Gespräch noch eine dritte Person C teil, dann kommt man schon auf zwölf Gedanken, von denen nur zwei Paare Übereinstimmung aufweisen. Stellen Sie sich das Chaos vor!

René Descartes sagte dazu: »Beschreiben Sie die Bedeutung der Worte so genau wie möglich, und Sie werden die Menschheit damit von der Hälfte ihrer Irrtümer befreien.«

Indische Philosophen haben das schon lange erkannt und folgende Regel des Streits eingeführt. Jeder der Gesprächsteilnehmer muß zunächst die Gedanken seines Gegenübers darlegen und erst, wenn er damit Bestätigung gefunden hat, d. h., wenn sicher ist, daß er richtig verstanden hat, kann er mit der Gegenargumentation beginnen. Sein Gesprächspartner muß daraufhin das Wesentliche der Entgegnungen wiederholen und kann erst dann, nach entsprechender Bestätigung, zu den Gegenargumenten Stellung nehmen.

Es ist sehr nützlich, diese Regel zu befolgen. Wenn auch nicht immer, so doch mitunter und unbedingt dann, wenn die Vermutung besteht, daß die sich Streitenden gleichen Worten unterschiedlichen Inhalt zuschreiben.

Wir müssen also nicht über die Worte, sondern über den Inhalt der Begriffe, der durch sie gebildet wird, streiten.

Skeptiker und Pessimisten

Kritisches Denken ist eine wichtige Eigenschaft, und es ist sehr gut, wenn sie zu einer Persönlichkeitseigenschaft bzw. zu einem Charakterzug wird. Auch einige altgriechische Philosophen, die Marx gerade wegen ihrer kritischen Urteile hoch schätzte, wurden als Skeptiker bezeichnet.

In seinen humorvollen »Bekenntnissen« (mehr darüber auf Seite 252) antwortet Karl Marx auf die Frage »Ihr Lieblingsmotto?« in Lateinisch: »Unterwirf alles dem Zweifel.«

Die Bezeichnung dieser altgriechischen philosophischen Schule rührt von dem griechischen Wort »skeptikos« her, das direkt soviel wie »ich sehe mich um«, im übertragenen Sinne aber »ich überlege«, »ich zweifle« bedeutet. Ist es denn verkehrt, überlegend und zweifelnd zu sein?

»Wenn du dich«, riet ich einmal einem meiner Zimmergefährten, der sich auch mit dieser Frage herumschlug, »beim Lesen der Enzyklopädie nicht allein auf den ersten Absatz beschränkst, wirst du erfahren, daß der Skeptizismus im 18. Jahrhundert zum reaktionären Agnostizismus wurde. Er behauptete, daß die Wissenschaft angeblich nicht in der Lage sei, das wahre Wesen der Dinge zu erkennen. Skeptizismus als Denkweise bedeutet Vorherrschen der Zweifel über sorgfältiges

Nachdenken und kritische Prüfung. Derartiges trat mitunter auch bei dir auf, wenn du ein Buch über dich interessierende Probleme zu lesen begannst und es doch nicht zu Ende gelesen hast. Skeptizismus als Persönlichkeitsmangel ist gewöhnlich mit Pessimismus verbunden, dem Nichtvertrauen auf Zukünftiges, einem dominierenden Gefühl der Melancholie, Hoffnungslosigkeit und der Geneigtheit, in allem das Schlechte und Unangenehme zu sehen.«

Skeptizismus und Pessimismus resultieren aus der Perspektivlosigkeit und sind deshalb für die Weltanschauung überlebter, reaktionärer Klassen charakteristisch.

Die kommunistische Weltanschauung ist optimistisch, da sie sich auf die Erkenntnis der objektiven Entwicklung der Gesellschaft und auf das Wissen um eine sichere Zukunft gründet.

Der Optimismus kann jedoch die abstoßende Form der Schönfärberei der Wirklichkeit annehmen. Skeptizismus im besten Sinne des Wortes ist der »gesunde« Skeptizismus, der eine »aktive« Seite aufzuweisen hat. So gesehen, ist Skeptizismus eine sehr wichtige Eigenschaft des Denkens und der Persönlichkeit, d. h., daraus resultiert die Kritikfähigkeit eines Menschen. Marx pries die alten Skeptiker auch deshalb, weil sie nichts als bewiesen hinnahmen, sondern eine Überprüfung verlangten.

Dennoch kann auch diese Qualität des Denkens, die z. B. für die wissenschaftliche Forschung so außerordentlich wichtig ist, zu einer negativen Persönlichkeitseigenschaft werden. Das geschieht dann, wenn sie die Beziehungen zu anderen Menschen zu bestimmen beginnt. Mißtrauen gegenüber anderen Menschen führt leicht zu Argwohn; Argwohn aber ist dem Pessimismus eigen.

Man kann sich in den Menschen irren. Das heißt aber nicht, daß man ihnen nicht trauen darf!

Kollektives Denken

So charakterisierte Pawlow die Gespräche mit seinen Mitarbeitern, die heute in der Wissenschaft unter der Bezeichnung »Pawlowsche Mittwoch-Kolloquien« bekannt sind.

Ein populäres Sprichwort sagt, daß zwei Köpfe besser als einer sind. Heißt das, daß kollektives Denken einfach in der Addition der Meinungen mehrerer Menschen besteht? Oder gibt es eine »kollektive Seele«? Nein, psychologisch verhält sich die Sache komplizierter.

Kollektives Nachdenken über irgendeinen Sachverhalt, z. B. in einer Brigade, beeinflußt das Denken jedes Teilnehmers aus folgenden Gründen positiv:

— die Zielstrebigkeit bei der Lösung der gemeinsamen Aufgabe, über die das Kollektiv nachdenkt, wird erhöht;
— es ist die Möglichkeit gegeben, diese Aufgabe allseitiger und gleichzeitig selbstkritisch zu betrachten;
— als Ergebnis des Meinungsaustausches werden das Wissen und die Erfahrungen jedes Teilnehmers bereichert;
— es werden größere Initiativen erzeugt;
— es entwickeln sich ein geistiger Wettbewerb und gegenseitige Unterstützung;
— die kollektive Lösung einer Frage regt an, neue Probleme aufzuwerfen.

Aber auch das ist noch nicht alles. Oft durchdenkt jemand eine Sache »zum zwanzigsten Mal«, und seine Gedankengänge sind dabei immer wieder die gleichen. Es funktionieren also die gleichen Hirnbereiche und die gleichen Verbindungen wie vorher. Wenn der Mensch aber seine Gedanken ausspricht und sie selbst hört, dann werden neue Bereiche des Gehirns in die Arbeit einbezogen und neue Assoziationen aufgebaut. Nicht ohne Grund wird gesagt: »Ich habe es einmal erklärt, ich habe es ein zweites Mal erklärt — und schließlich habe ich es selbst verstanden!«

Neugierig oder wißbegierig?

Neugier und Wißbegier sind Äußerungsformen des Bedürfnisses des Menschen nach Erkenntnis. Das ist ihre Gemeinsamkeit. Bei der Neugier hat das Erkenntnisstreben aber kein Ziel — das Streben ist Selbstziel: schauen, um zu sehen, erfahren, um zu wissen. Deshalb bringt die Neugier dem Menschen keinen Nutzen und bereichert ihn nicht. Befriedigte Neugier löscht das Streben nach weiterer Erkenntnis aus.

Wißbegier dagegen ist zielgerichtet. Bei seinem Streben nach Befriedigung der Wißbegier weiß der Mensch immer, warum er etwas erkennen möchte. Deshalb bereichert die Wißbegier die Erfahrungen des Menschen, und diese wiederum eröffnen ihm neue Perspektiven für die weitere Erkenntnis.

Bei der Wißbegier sind verschiedene Ziele denkbar. Was leitet Ihrer Meinung nach eine ewig flüsternde Klatschbase in ihrem Bestreben, die Gespräche der Nachbarn zu belauschen — Neugier oder Wißbegier? Wißbegier natürlich! Sie horcht, um durch ihre Schwätzereien das Leben der Nachbarn zu vergiften und um ihren Ruf als »gut informierte« Person zu festigen. Also bestimmen nicht die Wißbegier selbst, sondern die Ziele, denen sie untergeordnet ist, deren Wertigkeit.

Die Wißbegier entwickelt sich nicht aus der Neugier, sondern umgekehrt. Neugier ist eine Wißbegier, die ihr Ziel verloren hat. Kurz könnte man deshalb sagen: Neugier ist eine Wißbegier ohne Ziel. Wenn dem so ist, dann sollte es nicht schwer sein, aus einem neugierigen Menschen einen wißbegierigen zu machen. Man muß ihm nur helfen, lohnende Ziele für sein Erkenntnisstreben zu finden. Das wiederum bedeutet aber nicht, daß wir eine allzu scharfe Linie zwischen der Neugier und der Wißbegier ziehen sollten. Ein Neugieriger ist immer noch besser als einer, der sich für gar nichts interessiert, besonders wenn er jung ist.

Wenn Sie bei der Suche nach dem »nichtdazugehörigen Vierten« in den Seiten dieses Kapitels geblättert haben, bevor Sie selbst diese Aufgabe und die von den Seiten 169 und 170 gelöst hatten, dann ist Neugier möglicherweise ein Merkmal Ihres Charakters.

Wer ist klüger?

Wie viele Märchen und Legenden wurden vom Volk über die Klugheit des »dummen Hans« geschaffen, der sich immer klüger als seine zwar praktischen, aber beschränkten Brüder erwies! Intelligenz ist die Fähigkeit des Menschen, zu denken und seine Beziehungen zur Realität zu regulieren.

»Intelligenz besteht nicht nur im Wissen, sondern auch in der Fähigkeit, es in der Praxis anzuwenden«, sagte schon Aristoteles.

Das Denken hat positive und negative Eigenschaften, d. h., der Denkprozeß weist unterschiedliche Qualitäten auf. Als positive wären zu nennen: Beweglichkeit, Weite, Tiefe und Schnelligkeit des Denkens. Aktives und kritisches Denken führen zur Initiative. Initiative, kombiniert mit Schnelligkeit und Weite des Denkens, macht das Auffassungsvermögen aus. Auffassungsvermögen in Verbindung mit einer besonderen Eigenschaft des Gedächtnisses — seiner Bereitschaft — bezeichnen wir als Schlagfertigkeit. In den Volksmärchen sind die positiven Helden immer mit einer besonderen Auffassungsgabe und Schlagfertigkeit ausgestattet.

Negative Eigenschaften des Denkens sind: Ärmlichkeit, Schablonenhaftigkeit, Enge, Oberflächlichkeit und Langsamkeit. Intelligenz ist eine Eigenschaft der Persönlichkeit, in der sich die ihr eigenen Besonderheiten des Denkens äußern.

Manche Persönlichkeiten werden mehr rational, andere mehr emotional gesteuert. Was ist besser?

Dabei muß man »wofür« und »wann« fragen. Mit Gefühlen allein ist z. B. in der Wissenschaft nicht viel zu erreichen. Hier sind Rationalität und mitunter sogar gesunder Skeptizismus erforderlich. In der Kunst werden die Gefühle gebraucht. In Wirklichkeit ist es so, »daß es ohne ›menschliche Emotionen‹ niemals ein Suchen der Menschen nach der Wahrheit gegeben hat, gibt und geben kann«, wie Lenin sagte. Auch Pawlow schrieb in seinem Brief an die Jugend, die sich der Wissenschaft verschrieben hatte: »Seid leidenschaftlich in eurer Arbeit und eurem Suchen!«

Begeisterung bei der Arbeit – das ist nicht nur eines der wichtigsten Merkmale für den Künstler und Denker, sondern überhaupt für jeden Menschen. Die Rationalität, die in der Wissenschaft und Technik erforderlich ist, geht aber beim Kontakt mit anderen Menschen leicht in Berechnung über, die für einen Kaufmann vielleicht noch nützlich sein kann, als moralisches Prinzip aber abzulehnen ist.

Große Bedeutung haben auch die Erfahrungen eines Menschen, sowohl in dem Bereich, in dem er beständig arbeitet und in dem er seinen Verstand, seine Umsicht usw. anwenden muß, als auch in angrenzenden Bereichen, die er für seine Arbeit nutzen kann. In einem Bereich kann man sehr klug, in einem anderen dagegen sehr naiv sein. Der russische Pädagoge und Psychologe K. D. Uschinski sagte einmal, daß Intelligenz »ein gut organisiertes Wissenssystem« ist.

Denken wir auch an die Worte Lenins:

»Klug ist nicht, wer keine Fehler macht. Solche Menschen gibt es nicht und kann es nicht geben. Klug ist, wer keine allzu wesentlichen Fehler macht und es versteht, sie leicht und rasch zu korrigieren.«

Vergessen Sie nun aber nicht, nochmals die Definition des Denkens auf Seite 146 und die Definition des Begriffs auf Seite 148 zu lesen. Ich bin sicher, daß Sie diese jetzt besser verstehen werden.

Bedeutet das, daß Sie nun klüger geworden sind? Natürlich, denn schon Empedokles (490–430 v. u. Z.), ein altgriechischer materialistischer Philosoph, der die Vielfalt der Dinge auf die vier »Grund«elemente – Erde, Wasser, Luft und Feuer – reduzierte, lehrte richtig:

»Die Intelligenz nimmt in dem Maße zu, wie der Mensch die Welt erkennt.«

Ein anderer Philosoph, Heraklit (um 544–um 483 v. d. Z.), versuchte es, präziser zu bestimmen: »Ein Mensch ohne Vernunft ist für jede Lehre zu begeistern.«

Erst Aristoteles (384–322 v. d. Z.) brachte Klarheit in dieses Problem, indem er eindeutig sagte: »Verstand besteht nicht nur im Wissen, sondern auch in der Fähigkeit, das Wissen in der Tat anzuwenden.«

Allein ein gutes Gedächtnis zu besitzen, ohne denken zu können, bedeutet noch nicht, Verstand zu haben. Gäbe es aber kein Gedächtnis, so gäbe es auch keine Entwicklung der Psyche.

Das Gedächtnis

»Ich«

»Was ist das »Ich«? Wieso weiß ich, daß ich der gleiche bin, der — als er drei Jahre alt war — auf dem Lande lebte, zum Fluß hinunterlief, um die Enten zu füttern, an Keuchhusten erkrankt war und sich eines Tages beim Skilaufen in den Bergen verirrte, der dann in die Schule kam, Pionier und später Komsomolze wurde? Jetzt erinnere ich mich an das alles. Was ist das für ein »Ich« — so unterschiedlich und dennoch ein und dasselbe?

Diese Frage interessiert die Menschen schon seit vielen tausend Jahren. Da die Menschen zunächst darauf nicht antworten konnten, erdachten sie sich eine unsterbliche Seele, die das »Ich« repräsentiert und zeitweilig in dem vergänglichen Körper wohnt. Der Körper wuchs, veränderte sich, alterte und starb — das »Ich« aber blieb unverändert. Es konnte den Körper verlassen und in Träumen davonfliegen; es konnte auch in den Körper anderer Menschen oder Tiere übersiedeln.

Die obige Fragestellung enthält gleichzeitig auch die Antwort auf das aufgeworfene Problem. Der Fragesteller hat einfach das aufgezählt, woran er sich erinnerte. Sicherlich könnte er wesentlich mehr über sich erzählen, aber er ist nicht in der Lage, das endlos, sondern eben nur eine bstimmte Zeit lang zu tun. Memoiren, die in mehreren Bänden veröffentlicht werden, enthalten auch nicht nur das, woran sich der Schreiber erinnert, sondern daneben auch Fakten, die er aus verschiedenen Quellen seinen unmittelbaren Erinnerungen hinzufügt.

Versuchen Sie einmal, sich Vorstellungen und Bilder ins Gedächtnis zu rufen, die sich aus Ihrer frühen Kindheit eingeprägt haben. Es werden nicht allzu viele sein. Sie werden aber wesentlich mehr über sich erzählen können, da Sie vieles aus den Erzählungen anderer wissen. Oft ist es sogar schwer feststellbar, ob es sich in Wirklichkeit so verhalten hat oder ob Sie sich nur das eingeprägt haben, was Sie von anderen hörten.

Infolge einer Gehirnerschütterung kann der Mensch seine Muttersprache oder auch seine Vergangenheit vergessen. Ein an retrograder Amnesie Erkrankter formulierte: »Ich weiß, daß ich lebe, aber ich weiß nicht, wer ich bin.« Sein »Ich« ist nicht mehr das gleiche wie bei einem gesunden Menschen. Das »Ich« eines Menschen ist die Kontinuität seines Bewußtseins, dem seinerseits das Gedächtnis zugrunde liegt. Das Gedächtnis ist die bewußtseinsmäßige Widerspiegelung dessen, was in der Vergangenheit war, mit Hilfe des Einprägens, Reproduzierens und Wiedererkennens. Die physiologische Grundlage des Gedächtnisses besteht in der Herausbildung von genügend stabilen zeitweiligen Verbindungen im Bereich der Großhirnrinde.

Die alten Griechen glaubten, daß Mnemosyne, die Göttin des Gedächtnisses, die Mutter der neun Musen der Wissenschaft und Kunst sei. Aischylos (525—456 v. u. Z.), der große griechische Dramatiker, ließ seinen Helden Prometheus folgendes sagen:

»Dann jedoch enthüllte ich ihnen des Geistes höchsten Kunstgriff, die Zahl; und wie sie aneinanderfügten Zeichen der Schrift; und gab an alle Dinge ihnen das Gedächtnis, das die Werke schaffende Mutter ist der Künste.«

Das Gedächtnis bewahrt nicht nur das Wahrgenommene, sondern auch das, was sich der Mensch durch Phantasie und Vorstellungskraft erdacht hat. Das »Ich« des Menschen widerspiegelt deshalb die Zeit, in der er lebt, in der Regel mit einer geringen zeitlichen Verzögerung. Häufig aber eilt es ihr auch voraus.

Persönlichkeitsspaltung

Félida, eine junge Französin, war ein krankes, verschlossenes, trauriges und ängstliches Mädchen. Verlor sie für einen kurzen Augenblick das Bewußtsein, so erwachte sie als vollkommen anderer Mensch: Sie war dann lustig, rege, kokett und sogar leichtsinnig. Nach einiger Zeit wurde sie — abermals nach einem kurzzeitigen Bewußtseinsverlust — wieder zu der, die sie immer schon gewesen war. Das Mädchen lebte sozusagen zweierlei Leben; sie vergaß jedes Mal, was in dem anderen Zustand mit ihr geschehen war, prägte sich aber alles das ein, was mit dem derzeitigen Zustand in Verbindung stand.

Mit den Jahren lernte Félida immer besser, sich ihrer Krankheit anzupassen, und sie war auch in der Lage, diese geschickt zu verbergen. Eines Tages kehrte sie von einem Begräbnis zurück. Sie fuhr mit mehreren Frauen, die nichts von ihrer Störung wußten, in einer Kutsche. Da verfiel sie von einem Zustand in den anderen. Sie verstand plötzlich nicht mehr, warum sie Trauerkleidung trug und von welcher Verstorbenen gesprochen wurde. Schnell legte sich Félida einige Schlüsselfragen zurecht, die ihr halfen, die Situation zu verstehen, und so konnte sie sich aus ihrer komplizierten Lage befreien.

Ende des vergangenen und zu Beginn dieses Jahrhunderts wurden von Psychiatern mehr als zwanzig derartige Fälle der Persönlichkeitsspaltung beschrieben: Ein Junge lebte sogar in Gestalt von sechs verschiedenen Persönlichkeiten. Diese Erkrankungen des Gedächtnisses verweisen auf die enge Verbindung unseres »Ich« mit dem Gedächtnis. In vergangenen Zeiten wurden solche Kranken Opfer des Aberglaubens und gingen schnell zugrunde.

War es schon oder war es noch nicht?

»Als ich mich auf die Prüfungen vorbereitete und sehr müde war, trat bei mir ein seltsamer Bewußtseinszustand auf«, erklärte mir ein Student. »Ich sitze und lese oder höre eine Vorlesung, und plötzlich scheint es mir ganz deutlich, als ob alles das, was ich da lese oder höre, schon einmal in der gleichen Form dagewesen ist, genauso wie jetzt. Ich weiß aber sehr gut, daß ich diese Vorlesung früher noch nicht gehört habe und daß ich überhaupt zum ersten Mal in diesem Hörsaal bin. Man sagt sich das, aber trotzdem verschwindet der Eindruck nicht, daß alles schon einmal da war. Sagen Sie, ist das nicht gefährlich?«

Ich konnte ihn beruhigen. Dem Psychiater ist dieses Gefühl des schon Bekanntseins (eine Störung des Wiedererkennens), das sogenannte »déjà vu« (franz.: schon gesehen), das vor allem bei Übermüdung auftritt, gut vertraut. Dieses Phänomen wurde häufig zur Quelle von Aberglauben: Der fromme Mensch dachte, daß er physisch an diesem oder jenem Ereignis in der Vergangenheit nicht teilgenommen habe, daß wohl aber seine Seele dabeigewesen sei. Sie habe alles miterlebt und gesehen.

Ein solches Gefühl entsteht, wenn etwas an tatsächlich früher Erlebtes erinnert, nur denkt der ermüdete Mensch in diesem Augenblick nicht daran. Darum scheint es auch so, als ob alles schon einmal dagewesen sei.

Wiedererkannt

»Erkennen Sie mich nicht?«

»Verzeihen Sie, aber ich erkenne Sie wirklich nicht. Wo haben wir uns denn schon getroffen?«

»Erinnern Sie sich nicht, das war in ... im Jahre ...!«

»Ach so, Sie sind das!«

Einen solchen Dialog hört man recht häufig. Das Wiedererkennen ist eine Identifizierung von gegenwärtig Wahrgenommenem mit in der Vergangenheit Wahrgenommenem. Es kann qualitativ verschiedene Stufen haben — von einem vagen Gefühl des Bekanntseins mit dem

diese Figuren ein!

Wahrgenommenen bis hin zu vollkommener Sicherheit der Identität.

Zeigen Sie jemandem aus Ihrem Freundeskreis die Zeichnung auf dieser Seite zehn Sekunden lang. Danach zeigen Sie die Zeichnung, die auf der nächsten Seite abgedruckt ist, und bitten, die Figuren, die auf der vorherigen Zeichnung dargestellt sind, zu identifizieren.

Wenn Sie dieses Experiment mit der gleichen Versuchsperson wiederholen, so wird die Anzahl der wiedererkannten Figuren größer. Das ist nicht nur auf die wiederholte Wahrnehmung der Zeichnung zurückzuführen, die bewirkt, daß der Inhalt besser eingeprägt wird, sondern auch auf das bessere Verstehen der Aufgabe und aktiveres Bemühen, sie zu lösen. Wie Sie wissen, ist es immer leichter, sich den Gegenstand einzuprägen, den wir identifizieren sollen, d. h., der im Zentrum unserer Aufmerksamkeit steht.

Mitunter kann uns das Wiedererkennen auch irreführen, indem eine Illusion des Wissens entsteht. So erkennt jemand etwas wieder, stellt sich sogar das im Lehrbuch darüber Geschriebene optisch (»auf der linken Seite oben«) vor, und ihm scheint es dann, als ob er alles wüßte.

Umfang, Verfügbarkeit, Genauigkeit und Dauerhaftigkeit sind die Grundeigenschaften des Gedächtnisses, die seine Produktivität bestimmen.

Das Gedächtnis als Speicher

Man erzählt sich, daß es einen Mann gegeben habe, der seinen Bildungsstand erhöhen wollte und deshalb begann, Seite für Seite die Enzyklopädie durchzulesen. Er kam jedoch nur bis zu dem Wort

Identifizieren Sie hier die Figuren aus der vorherigen Zeichnung!

»absurd«, weiter konnte er sich nicht zwingen. Selbst wenn er auf diese Weise weiterstudiert hätte, wäre ihm nicht viel geholfen gewesen, denn die Enzyklopädie ist ein Nachschlagewerk, Bildung aber basiert auf einem System von erworbenem Wissen.

Die wichtigste aller Eigenschaften des Gedächtnisses, die auch im wesentlichen seine Produktivität bestimmt, ist die Fähigkeit, aus einem großen Vorrat eingeprägter Informationen schnell diejenige herauszugliedern, die im entsprechenden Augenblick benötigt wird. Es gibt Leute, die sehr viel wissen, aber all ihr »Gepäck« liegt an einer toten Ecke ihres Gedächtnisses. Wenn sich diese Menschen in irgend etwas erinnern müssen, dann ist immer gerade das, was sie benötigen, vergessen, und das, was nicht benötigt wird, »fällt ihnen von selbst ein«. Bei anderen ist das »Gepäck« oft viel geringer, aber alles davon ist verfügbar, und im Gedächtnis wird jeweils gerade das, was benötigt wird, reproduziert.

Wenn Sie wollen, gebe ich Ihnen einen guten Rat!

Man darf nicht zuerst irgend etwas ganz allgemein lernen und danach die »Bereitschaft« des Gedächtnisses entwickeln wollen. Sie formt sich nämlich im Verlaufe des Einprägens. Dieses Einprägen sollte unbedingt sinnvoll vollzogen werden. Im Verlaufe dieses Prozesses bilden sich Verbindungen zwischen dem Eingeprägten und solchen Fällen, in denen dieses Wissen benötigt werden könnte, heraus.

Wenn wir einen historischen Roman lesen und das dort Geschriebene mit dem, was in unserem Geschichtslehrbuch steht, vergleichen, dann trainieren wir das Gedächtnis, damit es das Gelesene auch in solchen Fällen reproduzieren kann, in denen von entsprechenden historischen Fakten die Rede ist.

Das einzuprägende »Material« muß im Verlaufe der gedächtnismäßigen Festigung ständig systematisiert werden. Dabei spielt die Fähigkeit, Ähnlichkeit und Unterschiede bei den Gegenständen und Erscheinungen auffinden zu können, eine besondere Rolle. »Das Gedächtnis ist der Speicher des Bewußtseins; dieser Speicher hat aber viele Trennwände, deshalb ist es notwendig, alles gleich an den richtigen Platz zu legen«, riet der russische General Suworow. Napoleon pflegte zu sagen, daß alle Ergebnisse und alles Wissen in seinen Kopf gepackt seien wie in die Schubfächer einer Kommode und daß er lediglich ein Fach öffnen müsse, um die benötigten Informationen aufzufinden. Systematisches Vorgehen bei der Wissensaneignung unterstützt die Entwicklung der Bereitschaft des Gedächtnisses am besten.

Wenn wir uns etwas einprägen, dann sollten wir wissen, warum wir das tun und in welchen Situationen diese oder jene Informationen benötigt werden könnten.

Was ist unterschiedlich?

Schauen Sie sich die Zeichnung auf Seite 184 eine Minute lang aufmerksam an, und versuchen Sie sich einzuprägen, was dort dargestellt ist. Nehmen Sie sich danach die Zeichnung auf Seite 185 vor, und schreiben Sie in zwei Spalten auf, was bei der zweiten Zeichnung im Vergleich zur ersten fehlt (in die erste Spalte) und was in der zweiten Zeichnung neu ist (in die zweite Spalte). Natürlich müssen Sie dabei jeweils eine Abbildung verdecken. Zum Schluß vergleichen Sie beide Abbildungen, und überprüfen Sie, was Sie sich beim Betrachten der ersten Zeichnung nicht eingeprägt haben.

Sollten Sie dieses Experiment auch mit Ihren Freunden durchführen, dann wird ersichtlich, daß sie sich bezüglich des optischen Gedächtnisses voneinander unterscheiden. Die Ergebnisse des Versuchs werden außer durch das optische Gedächtnis auch durch die Beobachtungsfähigkeit und die Aufmerksamkeit beeinflußt, mit der beide – insbesondere aber die erste – Zeichnungen betrachtet werden. Sogar die von uns schon besprochene Apperzeption wirkt sich auf das Ergebnis aus.

Das optische Gedächtnis kann man auch mit Hilfe einer Variante

Prägen Sie sich so gut wie möglich ein, was hier abgebildet ist!

der »Indianerspiele« (vgl. S. 137) testen. Es wäre dann lediglich notwendig, die Gegenstände nicht nur eine Sekunde lang, sondern länger — sagen wir eine Minute — zu zeigen, damit die Versuchsperson alle Gegenstände erfassen und sie sich möglichst gut einprägen kann. Die Frage, was sie sich eingeprägt hat, kann man einige Minuten später oder auch erst nach einer längeren Pause stellen. Damit wird dann nicht nur das Einprägen, sondern auch das Vergessen untersucht. Wiederholt man das Spiel mehrmals in dieser Art, so entwickelt sich dadurch das optische Gedächtnis.

Haben Sie ein gutes Gedächtnis?

Lesen Sie die folgenden Zahlen sorgfältig durch, aber nur einmal, und versuchen Sie, sich diese Zahlen einzuprägen:
   64 93 57 68 46 37 52 74 49
Schreiben Sie die Zahlen, die Sie sich eingeprägt haben, möglichst in der gleichen Reihenfolge auf.

   Die Anzahl der eingeprägten Ziffern markiert den Umfang und die Zahl der Ziffern, die Sie sich in der richtigen Reihenfolge gemerkt haben, sagt etwas über die Genauigkeit Ihres mechanischen optischen Gedächtnisses aus.

Zählen Sie aus dem Gedächtnis auf, was hier fehlt oder zusätzlich vorhanden ist!

Wenn jemand eine ähnliche Reihe zweistelliger Ziffern laut vorlesen würde, könnten Sie danach Ihr mechanisches akustisches Gedächtnis einschätzen. Vergleichen Sie die Ergebnisse, die Sie beim optischen und beim akustischen Einprägen erreicht haben, so läßt sich feststellen, ob bei Ihnen das optische oder das akustische Gedächtnis dominiert (vorausgesetzt, daß die Ergebnisse nicht zufällig zustande gekommen sind).

Wenn Sie einen bestimmten Text lesen oder hören und danach aufschreiben, was Sie behalten haben, dann ist nicht nur die Genauigkeit des mechanischen Gedächtnisses, sondern auch das Gedächtnis für sinnvolle Inhalte zu beurteilen.

Begehen Sie aber nicht den Fehler, Ihr Gedächtnis auf der Grundlage einer einzigen Untersuchung einschätzen zu wollen. Erstens wird die Qualität des Gedächtnisses durch seine verschiedenen Eigenschaften festgelegt, und zweitens können Sie ein gutes mechanisches Gedächtnis, dafür aber ein schlechtes Gedächtnis für sinnvolle Inhalte haben und umgekehrt. Außerdem kann Ihr Gedächtnis zeitweilig durch Ermüdung, Unwohlsein oder einfach schlechte Laune negativ beeinträchtigt sein. Letztlich kann ein heute noch schlechtes Gedächtnis entwickelt werden und — wenn auch noch nicht morgen — eine bessere Qualität erreichen.

Auf dem Weg zur Arbeit

Der sowjetische Psychologe Anatoli Alexandrowitsch Smirnow (1894–1980) untersuchte viele Jahre lang die Gesetzmäßigkeiten des Gedächtnisses und widmete dabei den Entwicklungsgesetzen des willkürlichen sinnhaften Gedächtnisses besondere Aufmerksamkeit. Er ging an die Lösung dieses Problems so heran, daß er untersuchte, was sich der Mensch willkürlich einprägt, d. h., was er behält, wenn er nicht speziell die Aufgabe gestellt bekommt, sich etwas einzuprägen. Man darf das unwillkürliche Gedächtnis auf keinen Fall unterschätzen. Im praktischen Leben prägen wir uns sehr, sehr viel ein, ohne daß wir uns darum bemühen bzw. ohne daß wir uns — wie in der Psychologie gesagt wird — eine »mnemische Aufgabe« stellen. Welchen Gesetzen unterliegt diese Art des Einprägens? Um eine Antwort auf diese Frage zu erhalten, führte Smirnow eine Versuchsserie und unter anderem auch folgendes Experiment durch.

Er befragte seine Mitarbeiter, was sie sich von bzw. über ihren Arbeitsweg eingeprägt haben. Jeder Mitarbeiter wurde einzeln eineinhalb bis zwei Stunden nach Arbeitsbeginn und natürlich unerwartet befragt. Die Ergebnisse waren verblüffend. Alle Befragten konnten mehr oder weniger gut und hinreichend ausführlich wiedergeben, was sie auf dem Weg zur Arbeit getan hatten. Besonders genau erinnerten sie sich an die Schwierigkeiten, die es auf diesem Weg gegeben hatte. Jedoch konnte keiner von ihnen das geringste darüber sagen, woran er auf seinem Weg zur Arbeit gedacht hatte.

Das bedeutet nicht, daß Gedanken mit größeren Schwierigkeiten ins Gedächtnis gerufen werden und schneller daraus verschwinden, bemerkt Smirnow. Es bedeutet aber, daß wir uns unwillkürlich am besten Handlungen und alles das, was mit dem Motiv unserer Tätigkeit verbunden ist, einprägen.

Diese Versuche können Sie sehr leicht überprüfen. Es wird sich lohnen, da Ihnen ein solch einfacher Versuch beweist, daß man nicht eine Sache machen und sich eine andere einprägen kann.

Das Einprägen ist dann produktiv, wenn das, was man sich einprägen muß, in unsere aktive Tätigkeit einbezogen und auf diese oder jene Art mit ihr verbunden ist.

Der Weg zu besserem Einprägen

Auf einem unserer Spaziergänge blieben wir bewundernd vor einer herrlichen Aussicht stehen.

»Was für eine Aussicht!« rief einer unserer Kameraden. »Wie kann ich sie mir nur besser einprägen! Man schaut und schaut, und schließt man für einen Moment die Augen, dann entsteht im Gedächtnis nur ein farbloses, verwaschenes und unvollständiges Abbild.«

Tatsächlich ist die Gedächtnisvorstellung immer blasser und unvollständiger als die Wahrnehmung. Wenn Sie sich etwas besser einprägen möchten, dann gehen Sie doch so vor: Schauen Sie sich die Landschaft aufmerksam an, öffnen und schließen Sie die Augen mehrere Male hintereinander, und vergleichen Sie dabei das, was Sie sehen, mit dem, was Sie sich bei geschlossenen Augen vorstellen können. Von Mal zu Mal wird Ihre Vorstellung dann klarer, reicher und deutlicher.

Nehmen wir an, Sie hätten über das, was Sie schon einmal gesehen haben, etwas Neues erfahren. Wenn Sie diese neue Information mit den Spuren Ihrer Vorstellung koppeln, können Sie Ihr Abbild, das Sie von dem Objekt haben, bereichern und vervollständigen.

Bilder, Denkmäler, architektonische Sehenswürdigkeiten usw. prägen sich in der Regel bedeutend besser ein, wenn wir sie nicht selbständig, sondern unter der Führung eines gut erklärenden Exkursionsleiters besichtigen.

Ohne die Sprache zu kennen

Bekannt ist auch der Fall einer erkrankten, wenig gebildeten Frau, die im Fieberwahn sehr deutlich und genau längere Auszüge aus Büchern in Griechisch und Hebräisch — Sprachen, die sie überhaupt nicht kannte — zitierte. Als die Kranke wieder zu sich kam, konnte auch sie sich diese Erscheinung nicht erklären.

Zur Erklärung fand sich folgendes: In früheren Zeiten war sie Dienerin bei einem Pfarrer gewesen, der die Angewohnheit hatte, laut aus seinen griechischen und hebräischen Lieblingsbüchern vorzulesen. Einzelne Auszüge daraus hatten sich unwillkürlich in das Gedächtnis der Frau eingeprägt, und ebenso unwillkürlich wurden sie im Fieber reproduziert.

Dieser seltene Fall verweist auf die Existenzmöglichkeit analoger, wenn auch weniger effektiver Fälle und hilft, die Natur des Gedächtnisses besser zu verstehen.

Zitate und die »Zitatkrankheit«

Das folgende Gespräch fand in einem Hörsaal statt. Dort fragte ich einen Studenten:

»Haben Sie sich, wie verabredet, den einen bestimmten Satz aus meiner letzten Vorlesung eingeprägt?«

»Ja, natürlich«, erwiderte der gefragte Student sicher. »Sie haben gesagt: Vorgestern senkte sich hier ein Flugzeug nieder.«

Ich konnte ein Lächeln nicht unterdrücken und antwortete: »Na, ich habe damit gerechnet, daß Sie es sich nicht ganz so einprägen werden, wie ich es gesagt habe, aber keineswegs habe ich erwartet, völlig andere Worte zu hören. Ich hatte Sie gebeten, sich folgenden Satz zu merken: Vor drei Tagen landete hier ein Aeroplan. Sie haben sich ein bestimmtes sinnvolles Modell geschaffen, und das hat sich in Ihr Gedächtnis eingeprägt. Von den Worten, die ich gesagt habe, konnten Sie sich keines merken, deshalb haben Sie alle durch Synonyme ersetzt. Urteilen Sie jetzt selbst«, sagte ich zu den übrigen Studenten, »ob er sich den Satz gut oder schlecht eingeprägt hat.«

»Ich meine gut«, sagte einer der Studenten, »denn Sie haben nicht verlangt, daß er sich Wort für Wort einprägen solle; den Sinn aber hat er ganz präzise wiedergegeben.«

»Na, wenn ich meine Gedichte oder meine Rolle ebenso ›präzise‹ lerne, wird man mich ganz schnell aus dem Theaterzirkel werfen«, entgegnete ein Mädchen.

Beide hatten sie recht. Freilich müssen Gedichte ebenso wie bestimmte Rollen im Theater Wort für Wort, d. h. auswendig, gelernt werden. In der Wissenschaft und im Studium dagegen ist das Einprägen des Sinnes wichtiger, zugleich auch dauerhafter und effektiver. Wörtliches Einprägen ohne Sinnerfassung ist Paukerei, während das Ersetzen eigener Gedanken durch die wörtliche Wiedergabe dessen, was andere gesagt haben, als »Zitatkrankheit« bezeichnet werden könnte.

Sinnhaftes oder logisches Einprägen ist das Ergebnis eines komplizierten psychischen Prozesses. Seine Etappen sind schematisch auf der Zeichnung dargestellt, obwohl es so ist, daß sich im praktischen Leben einige davon, zeitlich gesehen, überschneiden.

Natürlich ist nicht jede Verwendung eines Zitats als »Krankheit« anzusehen. Häufig geben wir nicht nur Gedichte Wort für Wort und nicht mit unseren eigenen Worten wieder, sondern auch die Formulierungen der Begründer des Marxismus-Leninismus, bestimmter Staatsmänner und Funktionäre, der Klassiker aus der Wissenschaft, Kunst und Literatur. So mache auch ich es in diesem Buch. Damit wird die Lektüre für Sie interessanter und nützlicher. Mitunter werden

Sinnerfassung des einzuprägenden Materials

Analyse des Materials

Herausfinden der wichtigsten Gedanken

Verallgemeinerung

Einprägen des verallgemeinerten Materials

Schema der Etappen des logischen Einprägens

Sie die prägnanten, genau formulierten Gedanken nochmals lesen; bei einer Nacherzählung dieser wichtigen Gedanken könnten Feinheiten und Nuancen leicht verlorengehen. Diese häufig längeren Zitate werden Sie sich vor allem sinngemäß einprägen, indem Sie sie sich aber sinngemäß einprägen, sind Sie der Originalform näher, als wenn Sie die Formulierungen in einer durch mich modifizierten Form lesen würden.

Wenn es gut ist zu vergessen

Auf der Abbildung auf Seite 190 ist dargestellt, wie lange der Mensch wieviel Prozent des Gelernten im Gedächtnis behalten kann. Nach einem Tag ist noch etwas mehr als ein Drittel des mechanisch eingeprägten Stoffes vorhanden. Diese charakteristische Kurve wurde schon 1885 von dem deutschen Psychologen Hermann Ebbinghaus beim mechanischen Einprägen und Reproduzieren von sinnlosem Material aufgestellt. Die Produktivität des logischen Gedächtnisses ist etwa 25mal höher als die des mechanischen Gedächtnisses. Sinnvoll eingeprägtes Material wird wesentlich länger behalten, obwohl auch dieses Material, wenn es nicht von Zeit zu Zeit erneuert (wiederholt) wird, früher oder später in Vergessenheit gerät.

Falsch wäre es aber zu glauben, daß das Einprägen immer nur

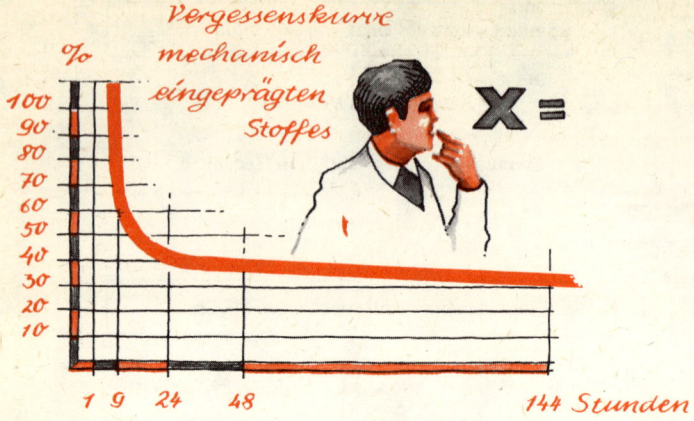

Vergessenskurve mechanisch eingeprägten Stoffes

%

100 90 80 70 60 50 40 30 20 10

1 9 24 48   *144 Stunden*

X =

vorteilhaft sei. Häufig behalten wir auch völlig nutzlose Nichtigkeiten, die letzten Endes unser Gedächtnis überlasten würden, wenn wir sie nicht schnell wieder vergessen könnten. Das Vergessen schützt uns auch vor unangenehmen Erinnerungen und — was noch wichtiger ist — hilft uns, von einzelnen Details zu abstrahieren und nur die wesentlichsten, allgemeinsten Begriffe und Schlußfolgerungen zu behalten. Wir fassen einen bestimmten Stoff ganz spezifisch, d. h. »mit persönlicher Note«, auf und geben ihn auch so wieder, da wir nicht in der Lage sind, uns alles auswendig einzuprägen.

Ich kannte jemanden, der gar nichts vergaß. Er befand sich im psychiatrischen Krankenhaus. Dieser Patient wurde von seinen Erinnerungen erdrückt und konnte nicht einen einzigen eigenen Gedanken fassen. Er konnte lange Zeitungsartikel, die ihm vor einigen Tagen vorgelesen wurden, und deren Inhalt er nicht verstand, wörtlich wiedergeben, obwohl es ihm andererseits nicht möglich war, den Inhalt eines einfachen Kinderbuches mit eigenen Worten nachzuerzählen.

A. R. Luria, den ich bereits einmal erwähnt habe, untersuchte im Verlaufe von 30 Jahren das phantastische Gedächtnis eines Menschen, das weder bezüglich des Umfangs noch hinsichtlich der Dauerhaftigkeit eine Grenze erkennen ließ.

Dieser Mensch merkte sich leicht Serien von 100 Ziffern, Wörtern oder sogar sinnlosen Silben. Er konnte sie auch nach 10, 15 oder 20 Jahren reproduzieren. Das Material ohne Zusammenhang prägte er sich besser ein als einen gut durchdachten Text. Gesichter dagegen konnte er sich nur schlecht merken.

»In Gesichtern gibt es so viel Veränderliches und Kompliziertes«, meinte er. »Wenn jemand zum Beispiel lächelt oder in einer anderen Stimmung ist, zerbricht alles, verändert sich alles, und ich werde verwirrt, da ich nicht mehr weiß, worauf ich meine Aufmerksamkeit lenken soll.«

Dieser Mensch konnte aber sein phänomenales Gedächtnis nirgends nutzbringend einsetzen. Er versuchte zum Beispiel, als Dispatcher bei der Eisenbahn zu arbeiten, aber es kam nichts dabei heraus. Solange er lebte, blieb ihm nichts weiter übrig, als sein nichts vergessendes Gedächtnis wie ein Schausteller darzubieten.

Er lügt wie ein Augenzeuge

Mehrere Menschen waren Augenzeugen eines Zwischenfalls, möglicherweise eines ganz harmlosen. Bitten Sie jeden der Augenzeugen, einzeln darüber zu erzählen.

Danach werden Sie verstehen, wie schwer die Arbeit eines Untersuchungsrichters ist, der Augenzeugen befragt, und so nebenbei können Sie sich auch von der Richtigkeit dessen überzeugen, was ich als Überschrift für diesen Abschnitt gewählt habe.

Je mehr Emotionen ein bestimmtes Ereignis hervorruft und je mehr Zeit seit diesem Ereignis vergangen ist, desto deutlicher werden sich die Aussagen der Augenzeugen voneinander unterscheiden.

Die Gründe dafür sind dem Leser bekannt — sie liegen in der Selektivität der Wahrnehmung, der Apperzeption, und der Selektivität des Einprägens sowie des Vergessens.

Jägerlatein

Bei der Beurteilung der Erinnerungen von Augenzeugen und Teilnehmern an den verschiedensten emotional gesättigten Ereignissen muß man sich noch einen weiteren Faktor vor Augen halten. An dieser Stelle aber rufe ich Lew Tolstoi zu Hilfe: »Er (Boris Drubezkoi — K. P.) bat Rostow zu erzählen, wie und wo er verwundet worden sei. Diese Bitte kam Rostow überaus gelegen, und so begann er zu erzählen und geriet dabei immer mehr in Hitze. Er schilderte den beiden seine Erlebnisse bei Schöngraben genauso, wie die meisten Kriegsteilnehmer von ihren Erlebnissen erzählen, das heißt so, wie sie gern möchten, daß es gewesen wäre, so, wie sie es von anderen Erzählern gehört haben, so wie es sich am wirkungsvollsten wiedergeben läßt, aber keinesfalls so, wie es tatsächlich war. Rostow war ein wahrheitsliebender junger Mensch und hätte um keinen Preis mit Vorbedacht gelogen. Als er seine Erzählung begann, hatte er durchaus die Absicht, alles genauso zu schildern, wie es sich zugetragen hatte; aber ohne es zu wollen, ja sogar ohne es zu bemerken, geriet er unwillkürlich ins Schwindeln ...«

Dieser Auszug aus »Krieg und Frieden« spiegelt vollends das psychologische Wesen des sogenannten »Jägerlateins« wider. Mitunter wird ein derartiges Bestreben, so zu erzählen, daß Erwünschtes für wirklich ausgegeben wird (Konfabulation), zu einem Symptom für eine pathologische Entwicklung der Persönlichkeit und zum Anzeichen einer Erkrankung.

Geleitet von dem Wunsch, im Mittelpunkt der Aufmerksamkeit zu stehen, ersinnt der Konfabulant über sich und seine Umgebung phantastische Geschichten, ohne sich Gedanken über deren Wahrheitsgehalt zu machen. Erinnern wir uns nur an den berühmten Tartarin von Tarascon oder gar an Baron Münchhausen. Solche Menschen kann man jedoch nicht Lügnern gleichsetzen, da der Konfabulant im Unterschied zu diesen an seine eigenen Geschichten glaubt.

Aber schön war es doch!

Eines Tages brachen wir zu einem Ausflug mit dem Motorboot auf. Wir hatten schon eine große Strecke zurückgelegt, der Abstand zum Ufer war beträchtlich, und da – o Schreck! – ging der Motor kaputt. Wir mußten uns an die Ruder setzen. Aber es war wie verhext, bald begann es zu regnen, und alle waren durchnäßt, froren, wurden nervös, und – ich gebe es zu – einige begannen sich zu streiten. Insgesamt war der Ausflug nicht so lustig, wie er sein sollte.

Mehrere Monate vergingen, und als wir uns einmal wiedertrafen, erinnerten wir uns vergnügt an diesen mißglückten Ausflug!

In diesem biologisch zweckmäßigen Gesetz des Vergessens drückt sich wiederum die Selektivität des Gedächtnisses aus. Schlechtes und Unangenehmes wird schneller und vollständiger vergessen als Angenehmes und Schönes.

Der Mensch kann sich Wahrgenommenes mit Hilfe des optischen bzw. akustischen Gedächtnisses einprägen, seine Bewegungen mit Hilfe des motorischen und seine Gedanken aufgrund der Existenz des logischen Gedächtnisses. Er kann jedoch auch seine Gefühle reproduzieren, denn dafür existiert das emotionale Gedächtnis. »Wenn Sie fähig sind, allein bei der Erinnerung an Erlebtes rot oder blaß zu werden, wenn Sie Angst haben, an ein vor langer Zeit erlebtes Unglück zurückzudenken, so haben Sie ein emotionales Gedächtnis«, formulierte der große russische Regisseur Konstantin Sergejewitsch Stanislawski (1863–1938). Aber, wie bereits bemerkt, prägt sich Angenehmes und Unangenehmes nicht in gleicher Weise ein. Wenn sich die Frauen an all die Erschwernisse der Schwangerschaft intensiver als an die Freuden des Mutterglücks erinnern würden, hätte schwerlich eine von ihnen den Wunsch nach einem zweiten Kind.

Würden die Menschen vorwiegend das Unangenehme in ihrem Gedächtnis bewahren, so würden sie auch vom Leben nur Unangenehmes erwarten, d. h., sie wären die geborenen Pessimisten, der Mensch ist aber von Natur aus Optimist.

Dieses Gesetz hat aber auch seine negative Seite. Die ältere Generation tadelt die jüngere häufig: »Wir waren nicht so, wir waren besser.« Manchmal stimmt das, meist aber drückt sich darin Selektivität des Gedächtnisses aus.

Im Alter über die Kindheit

Diesmal interessierte meine Freunde die Frage, warum alte Leute das, was gestern war, vergessen, sich aber gleichzeitig an das, was in ihrer Kindheit geschah, gut erinnern können.

Tatsächlich werden Dinge, die man in der Kindheit erlebt, am dauerhaftesten im Gedächtnis behalten, und deshalb haben Menschen in höherem Alter klarere und lebendigere Eindrücke von längst vergangenen Zeiten als von gegenwärtigen Ereignissen. Deshalb träumt der erwachsene Mensch auch häufig von Geschehnissen aus seiner Kindheit.

Im Alter ist es schwer, sich irgend etwas Neues mechanisch einzuprägen. Deshalb ist es dann auch komplizierter als in der Kindheit oder Jugend, Fremdsprachen zu erlernen.

Zur Veranschaulichung des hier Gesagten ein authentischer Fall. In einem New Yorker Krankenhaus starb ein schwerkranker Patient. Die Kindheit hatte er in seiner Heimat Italien verbracht, seine Jugendzeit in Frankreich, und danach lebte er lange Zeit in Amerika. Was aber besonders interessant ist: zu Beginn seiner Krankheit sprach er englisch, als sich sein Zustand verschlechterte, verlernte er das Englische und begann französisch zu sprechen. An seinem Todestag sprach er nur italienisch.

Die Erklärung für die Erscheinung liegt in den Worten Pawlows, die auf Seite 13 zu finden sind.

Die Schwächung des Gedächtnisses im Alter stellt jedoch keine Unausweichlichkeit dar. Bei geistig tätigen Menschen ist das Gedächtnis gut trainiert und bleibt deshalb oft bis ins hohe Alter klar.

Hypnoreproduktion

Bei einem Mann war das Gehirn verletzt worden, und er war dadurch ernsthaft erkrankt. Schwere Anfälle mit Bewußtseinsverlust, Spasmen des rechten Armes und des rechten Beines sowie Zuckungen in der rechten Gesichtshälfte peinigten ihn vier Jahre lang. Natürlich wurden in der Krankengeschichte auch noch andere Symptome beschrieben. Es gelang, diesen Mann zu heilen, und neun Jahre lang war er völlig gesund. Von der Krankheit blieb keine Spur zurück.

Blieb wirklich keine Spur davon zurück?

Nach neun Jahren traf er zufällig mit dem Arzt, der ihn geheilt hatte, zusammen. Dieser versetzte ihn in einen hypnotischen Zustand und suggerierte ihm: »Heute ist der Tag Ihres ersten Besuchs bei mir. Wachen Sie auf.«

Der vorher völlig Gesunde wachte als der auf, der er vor seiner Heilung war. Sein Zustand entsprach völlig dem, der vor vielen Jahren in seiner Krankheitsgeschichte beschrieben war. Ein wiederholtes Einschläfern und die Suggestion: »Heute ist der und der Tag des ... Jahres. Wachen Sie auf!« machten ihn wieder gesund.

Das ist nicht der einzige Fall einer Hypnoreproduktion, den mein Vater K. I. Platonow in seinem Buch »Das Wort als physiologischer und therapeutischer Faktor« beschreibt.

Auch mein Schüler Leonid Pawlowitsch Grimak, Arzt und Fallschirmspringer, suggerierte Fallschirmspringern in Hypnose, daß »heute« der Tag und die Stunde ist, wo sie sich »zum Sprung fertigmachen«, »springen« und »landen« müssen. So lehrte er, ohne ins Freie zu gehen, mit Hilfe verschiedener Geräte und der Hypnoreproduktion die Psychologie des Fallschirmspringens. Später wandte er die Hypnoreproduktion an, um künftige Kosmonauten unter simulierten Bedingungen der Schwerelosigkeit zu trainieren. Die Hypnoreproduktion hilft, besser in die Natur des Gedächtnisses sowie in das Wesen verschiedener Neurosen einzudringen.

Zeichnungen eines erwachsenen Menschen, der hypnotisch in das Stadium eines Fünfjährigen und eines Zehnjährigen »zurückversetzt« wurde

Die Katze ist schuld

»Eine schwarze Katze lief mir von links nach rechts über den Weg. Ich weiß, daß es dumm ist, an so etwas zu glauben, aber es stört mich, und ich fühle mich sofort ungemütlich. Schon in der Schule habe ich immer, wenn mir eine Katze über den Weg lief, eine Vier bekommen. Einmal bin ich sogar durch die Prüfung gefallen ... Ihnen wird das wahrscheinlich lächerlich vorkommen, Professor?« sagte eine junge Frau erregt und zugleich verwirrt.

Nein, mir schien das gar nicht lächerlich, denn ich bin Arzt, und über Kranke lacht der Arzt nicht, sondern er heilt sie. Aberglauben ist auch so eine Art Krankheit, eine soziale. Manchmal ist es nur eine kleine Krankheit wie bei der jungen Frau, ähnlich einem gewöhnlichen Schnupfen, mitunter aber kann sie fürchterlich sein und vielen Menschen das Leben kosten.

Die Ursache für den Glauben an Omen liegt in der Selektivität des Gedächtnisses. In der Schule haben wir alle nicht nur einmal eine Vier bekommen, ohne eine Katze zu treffen, und noch öfter hat eine Katze unseren Weg gekreuzt, obwohl wir eine Eins nach Hause trugen. Letzteres wurde von uns gar nicht beachtet. Wenn aber eine Katze auftauchte, und wir hatten eine Vier in der Tasche, dann prägte sich das unbedingt ein.

Es handelt sich dabei aber nicht nur um die Selektivität des Gedächtnisses, denn wenn ein abergläubischer Mensch eine schwarze Katze trifft, dann verliert er alle Zuversicht und das Vertrauen an seine Kräfte. Deshalb antwortet der Schüler auch schlechter, als er sonst dazu in der Lage ist, und vergißt, was er vorher gewußt hat. Dann schiebt er alles auf die Katze, die ihm über den Weg gelaufen ist, und damit ist er die eigene Verantwortung los.

Die Herkunft dieses Aberglaubens hatte der englische materialistische Philosoph Francis Bacon sehr gut erkannt. Er schrieb 1620, daß wir, wenn wir gern an irgend etwas glauben, auch versuchen, andere davon zu überzeugen, obwohl häufig sowohl die Anzahl der Beispiele, die das Gegenteil beweist, als auch deren Bedeutungsgrad wesentlich größer sind. Wir aber beachten sie entweder nicht oder ignorieren sie bewußt, verschließen die Augen davor, beharren fest auf unserem dummen Vorurteil und verteidigen, koste es, was es wolle, unsere willkürlich gefaßte Meinung. Hieraus resultiert, wie Bacon richtig schlußfolgerte, daß sich in vielen Formen des Aberglaubens, der Astrologie, der Traumdeutung, des Omens usw. die Menschen, die Gefallen an derartigem Unsinn haben, das einprägen, was ihren Glauben bestätigt. Dabei übersehen oder vernachlässigen sie Fälle, die ihn umstoßen würden, obwohl diese wesentlich zahlreicher sind.

Lange vor Bacon schrieb Cicero (106–43 v. u. Z.) von einem Mann, dem in einem Tempel das Bild von Menschen gezeigt wurde, die vom Schiffbruch gerettet worden waren, weil sie angeblich den Göttern ein Gelöbnis abgelegt hatten. Auf die Frage, ob er nun an die Macht der Götter glaube, antwortete er:»Wo aber ist das Bild derer, die, nachdem sie ihre Gelübde getan hatten, umgekommen sind?«

Gedächtniskünstler

Der geniale Physiker und Mathematiker Leonhard Euler besaß ein ungewöhnliches Zahlengedächtnis. Er kannte zum Beispiel die ersten sechs Potenzen aller Zahlen bis 100.

1812 lenkte der achtjährige Sira Kolbern die Aufmerksamkeit der Wissenschaftler auf sich. Er konnte im Kopf von Zahlen die 10. und sogar die 16. Potenz errechnen und Wurzeln ziehen. Als man ihn fragte, wieviel Minuten 48 Jahren entsprechen, antwortete er ohne zu überlegen: 25 228 800. Noch mehr, er konnte danach sogar völlig exakt die Anzahl der Sekunden nennen.

»Ich brachte im Kopf, im Gedächtnis den gesamten Hintergrund des Bildes ›Peter I. und der Zarewitsch Alexej‹ — mit dem Kamin, dem Gesims, den vier Bildern der holländischen Schule, den Sesseln, dem Fußboden und der Beleuchtung — nach Hause. Ich war insgesamt nur einmal in diesem Zimmer, und zwar absichtlich, um nicht die Eindrücke, die ich gesammelt hatte, wieder zu zerstören«, schrieb der russische Maler N. N. Gay (1831–1894) über sein Gemälde, auf dem er aus dem Gedächtnis außerordentlich getreu ein Zimmer des Palastes von Petershof dargestellt hat.

Außerdem sind viele Beispiele eines phänomenalen musikalischen Gedächtnisses bekannt. Der Komponist M. A. Balakirew war in der Lage, nachdem er in einem Konzert eines der sinfonischen Werke Tschaikowskis gehört hatte, dieses Stück zwei Jahre später fehlerlos seinem Urheber vorzuspielen.

Auch die folgende Episode aus der Biographie des russischen Komponisten Rachmaninow, die etwas über sein musikalisches Gedächtnis aussagt, ist sehr unterhaltsam. Eines Tages sollte der Komponist Glasunow zu Rachmaninows Lehrmeister Tanejew kommen, um seine neue, eben erst beendete und noch niemandem bekannte Sinfonie vorzuspielen. Tanejew machte gern einen Scherz und verbarg deshalb Rachmaninow, der zu dieser Zeit noch Schüler am Konservatorium war, in seinem Schlafzimmer, bevor Glasunow ankam. Nachdem dieser seine Sinfonie gespielt hatte, holte Tanejew Rachmaninow aus dem Zimmer. Der Junge setzte sich an das Klavier und spielte die gleiche Sinfonie. Glasunow war bestürzt: Woher kannte ein Student des Konservatoriums das Werk, dessen Noten er noch niemandem gezeigt hatte?

Mnemotechnik

Während eines bunten Abends hatte einer der Teilnehmer den weitaus größten Erfolg. Sein Kunststück bestand in folgendem: Er bat alle Anwesenden der Reihe nach, langsam ein beliebiges Wort zu nennen und sich die fortlaufende Nummer, die jedes Wort erhielt, zu merken oder auch aufzuschreiben. 48 Leute nannten ihm 48 Wörter. Danach forderte er sie auf, in willkürlicher Reihenfolge ihre Wörter zu nennen, und er sagte daraufhin jedem die entsprechende Ordnungszahl, die angab, als wievieltes Wort es ursprünglich genannt wurde. Als das geschehen war, sollte jeder der Anwesenden seine Nummer nennen, und der »Künstler« nannte nun umgekehrt dazu das entsprechende Wort. (Nur einmal hat er sich geirrt.)

Das »Geheimnis« seiner Gedächtnisleistung war recht einfach. Schon als Kind hatte sich dieser Mann etwa 50 Wörter und damit verbundene Ziffern eingeprägt: Stuhl – 1, Tisch – 2, Straße – 3 usw. bis 50. Wenn jemand ein Wort nannte, verband sich bei ihm damit sofort die Assoziation mit jenem Wort, dessen Nummer er behalten sollte. Der erste Zuschauer hatte ihm das Wort »Klavier« genannt. Er koppelte dieses Wort sofort in dem Satz: »Auf einem Stuhl sitzend, wird Klavier gespielt.« Der dritte Zuschauer sagte »Hose«. Er schuf daraus folgende Verbindung: »Ohne Hose geht man nicht auf die Straße.«

Als man ihm danach das Wort »Klavier« nannte, fiel es dem Künstler nicht schwer, sich daran zu erinnern, daß er in seinem »Merksatz« das »Klavier« mit dem »Stuhl« kombiniert hatte, »Stuhl« aber trug in seinem Gedächtnis die Zahl 1, das wußte er schon seit seiner Kindheit. Auf die gleiche Art erinnerte er sich an ein Wort, wenn nur die Zahl genannt wurde. Sagte beispielsweise jemand »3«, stellte sich bei ihm sofort die Assoziation zu »Straße« her, und dann fiel ihm auch leicht das Wort »Hose« ein.

Das ist ein Beispiel für die Anwendung der sogenannten Mnemotechnik – spezieller erkünstelter Methoden des Einprägens unter Nutzung des assoziativen Gedächtnisses. Ich erinnere daran, daß Mnemosyne im alten Griechenland die Göttin des Gedächtnisses war. Es könnten noch viele weitere Beispiele für Mnemotechnik aufgezählt werden.

Die meisten von Ihnen wissen sicherlich, wie man sich einprägen kann, ob die am Himmel sichtbare Mondsichel in den nächsten Tagen zu- oder abnehmen wird: Läßt sich aus der sichtbaren Sichel der lateinische Buchstabe »a« konstruieren, so handelt es sich um abnehmenden Mond.

Medizin- und Biologiestudenten müssen sich merken, in welcher Reihenfolge die im Innenohr vorhandenen Gehörknöchelchen angeordnet sind. In der richtigen Reihenfolge genannt, ergeben die Anfangsbuchstaben dieser drei Knöchelchen die zwar sinnlose, aber an ein sinnvolles Wort erinnernde Silbe »HAS«: Hammer, Amboß, Steigbügel.

Auch der Unterschied zwischen konvex und konkav läßt sich gut merken, wenn konvex mit »Berg« und konkav mit »Tal« in Verbindung gebracht werden.

Die Mnemotechnik entwickelt das Gedächtnis nicht, unterstützt aber mitunter das logische Einprägen. Das assoziative Gedächtnis kann einen Menschen aber auch zum Narren halten, so wie das z. B. Tschechow in seiner Erzählung »Ein Pferdename« beschreibt.

Wie ist das Gedächtnis zu verbessern?

Alle möchten das, aber nicht jeder weiß, was dafür zu tun notwendig ist.

Die erste und wesentlichste Regel hierzu lautet: Um das Gedächtnis zu entwickeln, muß man das Gedächtnis entwickeln. Das ist keine Tautologie, wie z. B. ein »weißer Schimmel«. Viele Menschen wollen zunächst ihr Gedächtnis verbessern und es erst dann praktisch anwenden. Dabei kommt nichts heraus. Nur durch kontinuierliches Training, Belastung und Anwendung des Gedächtnisses, durch kontinuierliches Einprägen, Reproduzieren von früher Eingeprägtem und erneutem Einprägen ist es möglich, die Qualität des Gedächtnisses zu verbessern.

Außerdem gibt es einige, ich würde sagen, »Spezialregeln«, die aber nur dann Nutzen bringen, wenn die Grundregel beachtet wird.

Die Wiederholung ist eine der wesentlichsten Bedingungen für festes Einprägen. Dieser Gedanke widerspiegelt sich auch in einem alten Sprichwort: »Repetitio mater studiorum est« (Wiederholung ist die Mutter des Lernens). Spezielle Versuche haben aber gezeigt, daß bei weitem nicht jede Wiederholung zu positiven Ergebnissen führt: Eine Wiederholung soll logisch und zielgerichtet sein. Bei der Wiederholung eines bestimmten Materials sollte jedes Mal ein anderer Aspekt betrachtet und schon bekannte Fakten mit neuen verbunden werden. Anderenfalls bekommt man es schnell über, und jedes Interesse an einer Wiederholung geht verloren. Mechanische Wiederholungen sind, wie schon gesagt, wenig produktive Paukerei.

Auch das Folgende muß beim Lernen immer beachtet werden. Für den einen ist, um etwas zu lernen, die Abendzeit, für den anderen dagegen der Morgen am produktivsten. Am wenigsten effektiv ist das Lernen tagsüber, da tausend andere Dinge einen beschäftigen. Am besten ist es, sich abends etwas einzuprägen und es am anderen Morgen zu wiederholen.

Zunächst muß das Material so langsam studiert werden, daß der Sinn erfaßt werden kann und sich damit die notwendigen Verbindungen herausbilden können — danach kann schneller gelernt werden. Muß etwas eingeprägt werden, was keinen organischen Zusammenhang aufweist oder sehr umfangreich ist, dann sollte es in kleinere Gruppen, die sich durch irgendwelche Charakteristika ergeben, untergliedert werden. Um zum Beispiel 40 Bezeichnungen oder Termini zu erlernen, ist es zweckmäßig, diese in vier möglichst gleichartige Gruppen einzuteilen — letztlich können sie sogar aufgrund eines gemeinsamen Anfangsbuchstabens systematisiert werden.

Dinge, die durch ihren Sinn in ein thematisches Ganzes eingegliedert werden können, prägen sich am schnellsten ein. Deshalb sollte man sich, wenn ein Gedicht oder Lied zu lernen ist, nicht jede Zeile einzeln einhämmern.

Außerdem sei noch auf zwei andere Möglichkeiten der Festigung des Gedächtnisses verwiesen: ein regelmäßiger Tagesablauf und die Gewohnheit, systematisch ein Notizbuch zu führen. Ein Notizbuch ist das zweite Gedächtnis eines kulturvollen Menschen. Merken Sie sich: Alles, was zu besserer Gesundheit und zu besserem Befinden beiträgt, steigert auch die Produktivität des Gehirns.

Die Emotionen

Jedem nach seinen Bedürfnissen

Jedes Bedürfnis des Menschen an bestimmten lebensnotwendigen Bedingungen drückt sich in seiner Forderung nach Schaffung dieser Bedingungen aus und wird als Gefühl des Bedarfs an etwas erlebt. Das Streben nach Befriedigung dieses Bedürfnisses kann mitunter wenig bewußt sein; wir bezeichnen es dann als Trieb. Ist das Bedürfnis aber bewußt und das Streben zielgerichtet, so ist es ein Wunsch.

Die elementaren biologischen Bedürfnisse des Menschen sind durch die Funktion des Organismus bedingt. Kompliziertere Bedürfnisse, d. h. materielle Bedürfnisse, werden durch zwei grundlegende Instinkte – den Instinkt zum Überleben und den Instinkt der Arterhaltung – hervorgebracht. Der Mensch muß seinen Hunger stillen, Kleidung tragen, eine Behausung besitzen und Kinder haben, die aufzuziehen er verpflichtet ist. Jedoch bleiben auch diese Bedürfnisse bei verschiedenen Menschen und zu verschiedenen Zeiten nicht die gleichen. Marx schrieb: »Hunger ist Hunger, aber Hunger, der sich durch gekochtes, mit Gabel und Messer gegeßnes Fleisch befriedigt, ist ein anderer Hunger, als der rohes Fleisch mit Hilfe von Hand, Nagel und Zahn verschlingt.«

Der Besitz an Produktionsmitteln brachte das Bedürfnis nach Eigentum allgemein hervor; das Bedürfnis nach Besitzanhäufung erzeugte seinerseits Geiz, Habgier, Gegenüberstellung von Persönlichem und Gesellschaftlichem sowie Unersättlichkeit, Neid.

Jedoch entstanden schon zu Beginn der menschlichen Kultur auch noch andere, höhere Bedürfnisse: das Bedürfnis nach Erkenntnis, Schöpfertum und Schönheit. Schon bei den Urmenschen äußerte sich das Bedürfnis nach Sprache und Kommunikation mit anderen Individuen, es wuchs allmählich hinüber zur gegenseitigen Unterstützung. Weiterhin entstanden das Bedürfnis nach Erklärung und später auch das Bedürfnis nach Darstellung der Umwelt; allmählich kamen noch solche Bedürfnisse wie das nach ästhetischer Gestaltung der Gegenstände des täglichen Bedarfs, nach eigener »Verschönerung« wie auch das Bedürfnis nach Kunst hinzu.

In der Klassengesellschaft wurden die materiellen und geistigen Bedürfnisse bei den Ausgebeuteten unterdrückt; bei den Ausbeutern dagegen nahmen sie oft abartige Formen an.

Der Kommunismus führt, nach vollständiger Befriedigung der grundlegenden materiellen Bedürfnisse, zum endgültigen Aussterben perverser Bedürfnisse, die ein »Überbleibsel« im Bewußtsein der Menschen darstellen, und wird zur schnellen Entwicklung geistiger Bedürfnisse – wie kognitiver, ethischer und ästhetischer – beitragen. Das Bedürfnis nach Arbeit wird zum Hauptbedürfnis des Menschen der kommunistischen Gesellschaft.

Verschiedene Stimmungen

»Heute geht's mir gut, und ich bin froh . . .«

Es war deutlich zu sehen, daß der Inhalt dieses Liedchens voll und ganz der Stimmung des Mädchens entsprach, das es vor sich hin trällerte.

»Was machst du denn seit heute morgen für ein Gesicht, Mascha? Bist du mit dem linken Bein zuerst aufgestanden?« So ließ sie ihrer Freundin, die offensichtlich nicht in der besten Stimmung war, keine Ruhe.

»Laß mich, ich habe deine Singerei satt«, sagte das andere Mädchen. »Jeder kann mal ohne Grund in schlechter Stimmung sein.«

Das ist nicht richtig. Ohne Grund geschieht auf der Welt überhaupt nichts. Das wußte schon der alte griechische Philosoph Leukipp (etwa 500–440 v. u. Z.). Auch schlechte Stimmung ist nicht grundlos vorhanden.

Ein gesunder, gut ausgeschlafener Mensch, der keinerlei Kummer und Sorgen hat, sollte von morgens bis abends guter Stimmung sein, denn der Mensch ist von Natur aus Optimist!

Früher, wenn jemand mit schlechter Laune erwachte und mit dem linken Bein zuerst aufgestanden war, wurden die Folgen als die Ursache angesehen. Daraus entstand der Aberglaube: Wenn man mit dem linken Bein zuerst aufsteht, glückt den ganzen Tag über nichts.

Stimmung ist die am wenigsten intensive, dafür aber am längsten andauernde Äußerungsform der Emotionen. Eine bestimmte Stimmung kann – ohne sich zu ändern – sehr lange Zeit, mitunter wochenlang, anhalten. Bei kranken Menschen kann die Zeitdauer noch länger sein. Gewöhnlich aber verändert sich die Stimmung in Abhängigkeit von der Veränderung der Umweltbedingungen, die auf den Menschen einwirken.

Während wir sprachen, änderte sich das Wetter, die Sonne schaute durch die Wolken, und auch Mascha begann zu lächeln und fiel in das Lied ein, das die Freundin sang. Ihre Stimmung hatte sich verändert.

Was ist denn nun eigentlich eine Emotion?

Emotionen oder Gefühle sind eine besondere Form der Beziehung zu den Gegenständen und Erscheinungen der Realität, die durch deren

Übereinstimmung oder Nichtübereinstimmung mit den individuellen Bedürfnissen des Menschen bedingt ist. Die Emotion ist — neben der Wahrnehmung und dem Denken — eine Form der Widerspiegelung der Welt durch das Bewußtsein. Indem der Mensch die realen Beziehungen der Umwelt widerspiegelt, erlebt er diese als seine subjektiven Beziehungen zur Welt.

Affekt

So drückten, wenn man Homer in seiner »Ilias« glauben darf, Priamos und Hekuba ihren Kummer über den Tod ihres Sohnes Hektor aus:

> Aber die Mutter
> rauft' ihr Haar und warf den glänzenden Schleier des Hauptes
> weit hinweg und blickte mit Jammergeschrei nach dem Sohne.
> Kläglich weint' auch der Vater und jammerte; doch von den Völkern
> tönte Geheul ringsher und Angstgeschrei durch die Feste.

Eine andere emotionale Reaktion schildert Homer in der »Odyssee«, als sich Telemachos mit seinem zurückkehrenden Vater Odysseus trifft:

> ... so zum Erbarmen weinten sie beide Tränen der Wehmut.
> Über die Klage wäre die Sonne niedergesunken,
> hätte Telemachos nicht zu seinem Vater geredet ...

In beiden Fällen erreichen die beschriebenen Gefühle das Stadium des Affekts. Wenn die Stimmung mit einem warmen oder kühlen Lüftchen zu vergleichen ist, dann ist der Affekt ein Hurrikan, der in der Psyche vorüberjagt und immer Zerstörungen hinter sich zurückläßt. Im Zustand des Affekts begeht der Mensch Handlungen, die er in ruhigem Zustand niemals begangen hätte. Im extremsten Falle, dem sogenannten pathologischen Affekt, sind die Handlungen des Menschen von seinem Bewußtsein und seinem Willen nicht kontrolliert, und er wird unberechenbar.

Das heißt aber nicht, daß der Mensch für Handlungen, die er im Affekt begeht, nicht verantwortlich ist. Der Affekt tritt nicht unerwartet ein, und der Mensch ist in der Lage, sich rechtzeitig »am Zügel« zu halten, damit ihn der Affekt nicht erfaßt. Deshalb ist er voll und ganz für das verantwortlich, was er im Zustand des Affekts getan hat: Er hat es zu diesem Zustand kommen lassen.

Erwartungsangst

Die Post war gekommen, meine Freundin aber hatte keinen Brief erhalten. Sie wartete schon lange auf die Benachrichtigung, daß sie eine neue Wohnung beziehen könne. Abermals war kein Brief dabei, und ihre Erwartungsangst stieg von Tag zu Tag, so daß dadurch ihr ganzer Urlaub verdorben wurde. Angst kann sich wie in diesem Beispiel bei der Erwartung von für uns sehr wichtigen Ereignissen bemerkbar machen. Ihr Ausgang ist unbekannt, und sie erregen uns deshalb. Meine Freundin nahm ab, ihre Wangen fielen ein, und sie wurde immer reizbarer. Ihre Stimmung übertrug sich auch auf die anderen Mitglieder unserer Gruppe. Emotionen sind, obwohl keine Mikroben, ansteckend.

Aber jetzt kommt erst das Interessante an der Geschichte. Als meine Freundin schließlich einen Brief erhielt, in dem ihr mitgeteilt wurde, daß sie die Wohnung nicht erhalten könne, da es noch dringendere Anwärter gäbe, und ihr eine Wohnung nicht vor einem halben Jahr zugesichert werden könne, verbesserte sich ihr Zustand.

»Es ist besser zu wissen, daß nichts aus der Wohnung wird, als sich mit der Unklarheit herumzuschlagen«, meinte sie. »Freilich ist es schade, aber wir haben bis jetzt in der alten Wohnung gewohnt, da wird es auch noch etwas länger gehen.«

Die Erwartungsangst wird oft schwerer und unerträglicher empfunden als eine vorhandene Unannehmlichkeit.

Vorahnung und Voraussicht

Als wir, die Bekannte, von der ich gerade erzählte, und ich allein waren, teilte sie mir vertrauensvoll mit: »Eigentlich habe ich ja gewußt, daß wir auch dieses Mal keine Wohnung erhalten. Ich hatte eine solche Vorahnung, und die betrügt mich niemals. Aber sagen Sie das nicht weiter, denn sonst wird man sagen, ich sei abergläubisch.«

Jeder dieser drei Sätze war weit von der Wahrheit entfernt.

Sie wußte nicht, konnte es auch nicht voraussehen, sondern lediglich annehmen, daß man ihrer Familie keine Wohnung geben kann. Die Voraussicht basiert auf der Erkenntnis von Ursache-Wirkungs-Verbindungen und wird manchmal auf das Niveau des Wissens gehoben; mitunter bleibt sie aber auch eine mehr oder minder wahrscheinliche Annahme. Wenn wir einen Blitz sehen, wissen wir, daß danach ein Donnerschlag folgt. Aber sowohl medizinische als auch meteorologische Prognosen stützen sich auf die hohe Wahrscheinlichkeit des Eintritts eines Ereignisses im Vergleich zur Eintrittswahrscheinlichkeit anderer Ereignisse. Eine Hypothese ist die Annahme eines Ereignisses, dessen Eintrittswahrscheinlichkeit noch unbekannt ist.

Die Verbindung zwischen einer Hypothese (als Denkakt) und dem Gefühl der Erwartungsangst wird als Vorahnung erlebt. Wenn sich im weiteren Verlaufe der Ereignisse die Vorahnung nicht bestätigt, wird sie vergessen. Wird sie aber bestätigt, so prägt sich das nicht nur ein, sondern es erwächst daraus auch die Grundlage dafür, daß ein abergläubischer Mensch sagt: »Meine Vorahnung trügt mich niemals.«

Meine Gesprächspartnerin hatte keinen Grund zu fürchten, daß sie ungerechtfertigt für abergläubisch gehalten würde: Sie glaubte an die Unfehlbarkeit der Vorahnung und kannte deren psychologisches Wesen nicht, und so war sie tatsächlich abergläubisch.

Verbotene Früchte sind süß

Die auf den Dampfer wartenden Fahrgäste vertrieben sich die Untätigkeit, zu der sie verurteilt waren, mit dem Studium der unter einer Glasplatte ausgehängten »Ordnung für die Benutzer von Fahrgastschiffen«.

»Ich habe niemals geglaubt, daß es jemandem Freude bereiten könnte, in Unterwäsche an der Anlegestelle zu warten. Da ich aber nun gelesen habe, daß das verboten ist, möchte ich es gern ausprobieren«, scherzte einer der Wartenden.

Vielleicht aber war es gar nicht nur Scherz, sondern bei ihm war tatsächlich ein derartiger Wunsch entstanden? Schrieb doch auch Puschkin in seinem »Eugen Onegin«:

»Wie töricht seid ihr Menschen doch!
Euch lockt die Schlange immer noch
Zum Sündenbaum wie Mutter Eva:
Kein Eden hat euch je erfreut,
Wo nicht verbotne Frucht gedeiht.«

In vielen Volksmärchen tritt die Idee, daß verbotenes Tun besonders süß ist, in den Vordergrund. In der altgriechischen Mythologie wird erzählt, daß einmal ein Mädchen namens Pandora lebte, das von Zeus eine Büchse erhielt, in der alles menschliche Unglück enthalten war. Pandora war, wie die Mehrzahl aller Mädchen, sehr neugierig und hielt es nicht aus, die Büchse geschlossen zu halten, wie es ihr kategorisch befohlen worden war. Sie öffnete das Gefäß und ließ alles Unglück ans Tageslicht. Aus dem unüberwindbaren Wunsch, das Verbot zu verletzen, gingen auch die Frauen des Ritters Blaubart im Märchen von Perrault zugrunde.

Aber nicht nur im Märchen, sondern auch im täglichen Leben genügt es meist, schon zu sagen: »Das darfst du nicht!« – und dadurch wird der Wunsch, das Verbotene zu tun, gerade erst hervorgebracht. Verbotene Früchte sind aus den unterschiedlichsten Gründen süß. Positiv für jeden einzelnen Menschen und für die gesamte Menschheit sind das Streben nach Erkenntnis und der Wunsch, Unbekanntes kennenzulernen, das unsere Aufmerksamkeit nicht auf sich ziehen würde, wenn es nicht verboten wäre. Das Verbot lenkt die Aufmerksamkeit nicht nur zwangsläufig darauf hin, sondern fixiert sie auch auf den verbotenen Gegenstand.

Außerdem ruft die Tatsache des Verbots selbst, wenn es nicht weiter erklärt wird, bestimmte Annahmen, Vermutungen und den Wunsch hervor, zu erfahren, warum man etwas nicht tun soll.

Viele Eltern beschränken sich auf ein einfaches: »Du darfst nicht!«, ohne es zu motivieren. Das Mißtrauen gegenüber der Begründetheit des Verbots ruft Zweifel an seiner Rechtmäßigkeit hervor und das Bestreben, es zu durchbrechen. Wer sollte den Wunsch haben, Äpfel von einem Baum zu pflücken, der ein Schild mit der Aufschrift trägt: »Diese Äpfel nicht essen, da sie mit Gift besprüht sind«? Dagegen kann der Gedanke »Papa raucht selbst, mir aber wird es verboten« dazu führen, daß von den verbotenen Früchten genascht wird. Eine wichtige Rolle spielt dabei die Nachahmung oder der Neid.

»Du bist noch viel zu jung, um schon zu rauchen!« ist ein Argument, das Neid gegenüber Erwachsenen hervorruft und zum heimlichen Rauchen verführt.

Lehrreich ist in diesem Zusammenhang die Geschichte von der Kartoffel, die von Amerika nach Frankreich gebracht wurde. Dort wurde sie lange Zeit nicht weiter verbreitet: Die Geistlichkeit bezeichnete sie als »Teufelsapfel«, die Ärzte hielten sie für gesundheitsschädlich, und die Agronomen behaupteten, daß sie den Boden auslaugt.

Der französische Agronom Antoine Parmentier, der während seiner Kriegsgefangenschaft in Deutschland selbst Kartoffeln gegessen hatte, stellte sich – als er nach Frankreich zurückkehrte – das Ziel, die Kartoffel in seiner Heimat populär zu machen. Lange Zeit konnte er aber niemanden überzeugen. Da nahm er zu einer List Zuflucht. 1787 erhielt er vom König die Erlaubnis, Kartoffeln auf Boden, der sich durch geringe Fruchtbarkeit auszeichnete, anzubauen. Auf seine Bitte hin sicherte eine bewaffnete Einheit königlicher Soldaten in voller Paradeuniform das bestellte Feld. Das geschah aber nur tagsüber, nachts wurden die Wachen eingezogen. Da begann das Volk, angezogen von den verbotenen Früchten, nachts die Kartoffeln auszugraben und bei sich im Garten anzubauen.

Genau das war es, was Parmentier erreichen wollte!

Gemeinsamkeiten, aber keine Identität

Der Ausdruck der Gefühle bzw. Emotionen weist bei Mensch und Tier viele Gemeinsamkeiten auf. Schon Darwin sprach davon. Auch die biochemischen Veränderungen, beispielsweise die Zunahme des Blutzuckers, die durch starke Emotionen hervorgerufen wird, ähneln sich sehr. Pawlow sagte: »Wer wollte denn in den sehr komplizierten unbedingten Reflexen (in den Instinkten) das Physiologisch-Somatische vom Psychischen trennen, d. h. von den Eindrücken der mächtigen Emotionen des Hungers, des Sexualtriebs, des Zorns usw.«

Gleicher Ursprung bedeutet aber noch nicht Identität, denn der psychische Inhalt des Angstgefühls beispielsweise kann bei der Katze und beim Menschen nicht gleichgesetzt werden.

Der Gesichtsausdruck

Lew Tolstoi hat 85 Schattierungen des Augenausdrucks und 97 Varianten des Lächelns, die emotionale Zustände des Menschen ausdrücken, beschrieben. »Die Augenbrauen und der Mund verändern sich in Abhängigkeit von den Ursachen des Weinens«, sagte Leonardo da Vinci einmal.

Aus der Abbildung, die auf Erkenntnissen des sowjetischen Psychologen P. M. Jakobson fußt, ist ersichtlich, daß der Gesichtsausdruck des Menschen im wesentlichen von den verschiedenen Kombinationen der Lage der Lippen, Augenbrauen und Augen abhängig ist, aber auch vom Glanz der Augen, der durch die Menge der Tränen, die Blutfüllung der Gefäße in den mukösen Augäpfeln und die Größe der Pupillen bestimmt wird. Augen, die man nur durch die Öffnung einer Maske sehen kann, verlieren ihren Ausdrucksgehalt.

Wie ich Wolf Messing bei der Arbeit störte

Das unwillkürliche Sichtbarwerden der Emotionen in der Mimik und Pantomimik nutzte Wolf Messing in seinen Vorführungen des »Gedankenlesens«, von denen ich schon ausführlich berichtet habe. Ich hatte Gelegenheit, das zu demonstrieren.

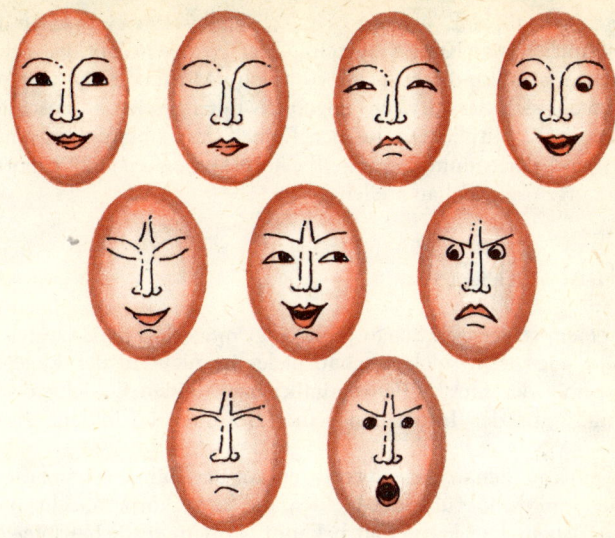

Die verschiedenen Kombinationen der Lage der Augen, Lippen, Augenlider und Augenbrauen bestimmen den unterschiedlichen Ausdruck sogar eines solchen Gesichts

Entsprechend der Verfahrensweise Messings wird die Aufgabe, die jemand auf einen Zettel geschrieben hat, von allen Mitgliedern der Jury, die auf der Bühne sitzen, gelesen. Nachdem ich bemerkt hatte, daß Messing während der Vorführung sehr oft zu den Mitgliedern der Jury hinschaute und sie immer wieder bat, »intensiver über die Aufgabe nachzudenken«, versuchte ich, in die Jury zu kommen. Ich nahm die Aufgabe einer meiner Freunde mit nach vorn und besprach mich mit meinen Jury-Nachbarn. Niemand von uns — auch ich nicht — hatte die Aufgabe gelesen. Wir sagten den restlichen Jurymitgliedern, daß wir sie überprüft hätten und daß sie sehr interessant wäre, Messing nahm meinen Freund bei der Hand, und die Vorstellung begann.

Diesmal irrte sich Messing sehr oft, schaute die ganze Zeit über zur Jury und bat sie, »intensiver daran zu denken, was zu tun sei«. Einige Mitglieder der Jury konnten aber gar nicht daran denken, da sie die Aufgabe nicht kannten und nur zerstreut umherblickten. Da mischte sich seine Assistentin ein, denn sie hatte festgestellt, daß die Aufgabe nicht allen Mitgliedern der Jury bekannt war. Sie forderte deshalb, daß auch diesen Mitgliedern noch die Aufgabe zum Durchlesen gegeben würde. Als das geschehen war, lief die Sache viel besser. Messing sah ebenso wie ich, daß — wenn es falsch ging — das eine Jurymitglied unwillkürlich den Kopf schüttelte. Lief er dagegen in der richtigen Richtung, strahlte diese Person förmlich vor Freude.

Obwohl sich die Jury, um angeblich Betrügereien auszuschließen, aus 10 bis 12 Mitgliedern aus den Reihen des Publikums zusammensetzt, sind darin immer einige, die ihre Gedanken und Emotionen derart offen »zur Schau stellen«.

Gefühl und Geste

Von einem schlechten Schauspieler sagt man, daß seine Gesten ohne Gefühl seien. Ein solcher Schauspieler ist nicht in der Lage, seine Worte mit der Geste (Pantomimik) bzw. seinen Gesichtsausdruck (Mimik), mit der Intonation seiner Stimme in Einklang zu bringen.

Talentierte Schauspieler vermögen auf der Bühne echte Tränen zu weinen und die Gefühle der Helden, die sie verkörpern, echt und tief mitzuerleben. Es ist ein Fall bekannt, in dem ein Schauspieler, der Othello darstellte, Desdemona erwürgt hätte, wenn der Vorhang nicht rechtzeitig gefallen wäre.

Die Verbindung zwischen Mimik und Gestik einerseits und den Gefühlen andererseits ist nicht nur biologisch bedingt, sondern auch Ergebnis der Gewohnheiten und Bräuche eines Landes.

Ein Mädchen nickt mit dem Kopf. In vielen Ländern bedeutet das »Ja«, in Bulgarien aber »Nein«. Einem Kind wird mit dem Finger gedroht und damit angedeutet, daß eine bestimmte Handlung nicht getan werden soll: In meiner Heimat bewegt man dabei den Finger von sich weg und zu sich hin, in Ihrer dagegen von links nach rechts. Auch wenn mit den Fingern gezählt wird, gibt es Unterschiede: Sie spreizen dabei die Finger, die zuerst zu einer lockeren Faust geballt waren, nacheinander ab, bei uns geht man gerade umgekehrt vor.

Die Abhängigkeit der Gefühle von der Mimik und Pantomimik hatte schon Shakespeare bemerkt. Hier ein Monolog aus »Heinrich V.«:

Doch bläst des Krieges Wetter auch ins Ohr,
Dann ahmt den Tiger nach in seinem Tun;
Spannt eure Sehnen, ruft das Blut herbei,
Entstellt die liebliche Natur mit Wut,
Dann leiht dem Auge einen Schreckensblick ...
Nun knirscht die Zähne, schwellt die Nüstern auf,
Den Atem hemmt, spannt alle Lebensgeister
Zur vollen Höh'! — Auf, Englische von Adel!

Die Verbindung zwischen dem Erlebten und dem Ausdruck der Gefühle ist so stark, daß James und Lange (ein amerikanischer und ein dänischer Psychologe) Ende des vergangenen Jahrhunderts eine Theorie aufstellten, deren Wesen paradox ist: Wir lachen nicht deshalb, weil etwas lustig ist, sondern uns erscheint etwas lustig, weil wir lachen.

Sie sagten: Ballen Sie die Fäuste, beißen Sie die Zähne zusammen, runzeln Sie die Stirn, und tun Sie sonst alles, was durch Mimik und Pantomimik den Zorn ausdrücken kann, und bald werden Sie selbst ein Gefühl des Zornes erleben. Fangen Sie danach an zu lachen — und Sie werden lustig. Wenn Sie morgens aufstehen und mit schweren Schritten durch das Zimmer gehen, die Arme schlaff herabhängen lassen, den Rücken gebeugt halten und eine traurige Miene aufsetzen, wird sich nach einiger Zeit ihre Stimmung tatsächlich verschlechtern.

Obgleich die Theorie von James und Lange insgesamt falsch ist, da als Ursprung der Emotionen nicht die äußere Welt, sondern die Mimik und Gestik angesehen werden, gibt es zweifelsohne eine bedingt-reflektorische Verbindung zwischen Gestik bzw. Körperhaltung und Emotion. Ich hatte Gelegenheit, an Versuchen teilzunehmen, die das überzeugend bewiesen.

Das »Gottesgericht«

Die verschiedenen Völker haben unterschiedliche Methoden, um Menschen mit nicht ganz sauberem Gewissen ausfindig zu machen. Die Geschichte darüber, wie ein Dieb plötzlich nach seiner Mütze griff, als der kluge Richter ausrief: »Die Mütze auf dem Kopf des Diebes brennt!«, ist in verschiedenen Variationen bei vielen Völkern zu finden.

Bei einem indischen Stamm gab es folgenden Brauch. An denjenigen, den man eines Diebstahls bezichtigte, wurden einzelne Worte oder kurze Fragen gerichtet, unter denen auch solche waren, die unmittelbar mit der zu untersuchenden Sache zu tun hatten: »Geld gestohlen«, »Geldbeutel«, der Name des Bestohlenen, die Summe des gestohlenen Geldes usw. Der Beschuldigte hatte schnell mit dem ersten ihm einfallenden Wort zu antworten und gleichzeitig leicht auf einen Gong zu schlagen, so daß nur der Richter, nicht aber das beiseite stehende Volk den Ton hörte. War der Beschuldigte tatsächlich schuldig, dann schlug er, wenn er auf ein ihn stark erregendes Wort zu antworten hatte, unwillkürlich stärker, und das Volk hörte, wie der Gong den Dieb beschuldigte.

Auch bei den Chinesen gab es einmal einen ähnlichen Brauch. Der des Diebstahls Beschuldigte hielt während des Verhörs eine Handvoll trockenen Reises im Munde. Wenn der Reis, nachdem die Beschuldigung vorgebracht worden war, trocken aus dem Mund gebracht wurde, konnte er als schuldig betrachtet werden. Auch dieser Brauch basiert auf psychologischen Gesetzmäßigkeiten. Angst wird vom Menschen nicht nur erlebt, sondern es werden dadurch auch eine Reihe physischer Veränderungen hervorgerufen. So kommt es bei Angst beispielsweise zu einer Verringerung der Speichelabsonderung — »der Mund wird trocken«. Deshalb bleibt bei einem Dieb, der eine Entdeckung fürchtet, der Reis während des Verhörs trocken.

Derartige »Gottesgerichte« waren nur in solchen Fällen objektiv, in denen der Angeklagte zutiefst von ihrer Gerechtigkeit überzeugt war. Fürchtete ein Angeklagter, aufgrund eines Fehlers dieses Gerichts ungerechtfertigt verurteilt zu werden, dann wird der Reis ebenfalls trocken bleiben.

Aus den gleichen Gründen führen auch die sogenannten »Lügendetektoren«, die in der Gerichtspraxis einiger Staaten angewandt werden, zu Verwirrungen. Sie registrieren genau Veränderungen des Pulses und der Atmung unter dem Einfluß der Emotionen, wodurch aber diese Emotionen hervorgerufen sind — durch ein Erinnern an das Verbrechen, durch die Furcht, unschuldig verurteilt zu werden, oder durch andere Ursachen —, können auch sie nicht aufklären.

Wer die Musik liebt

Mein Freund war der Meinung, daß Opernmusik der teuerste Lärm sei. Mit dieser Auffassung werden sich freilich wenige einverstanden erklären. Jedoch mögen tatsächlich nicht alle die Opernmusik oder die Musik überhaupt, und wenn sie sie lieben, dann in verschiedenen Formen und außerdem in unterschiedlicher Art und Weise.

Die emotionale Reaktion auf die Musik weist zwei Seiten auf. Die erste wird durch die Gesetze der Akustik und die Physiologie des Gehörs bestimmt. Gewisse Tonverbindungen werden als unharmonisch wahrgenommen, ihre Empfindung ist unangenehm, denn es sind Dissonanzen. Andere Tonverbindungen sind harmonisch.

Die zweite Seite ist durch die verschiedenartige musikalische Erziehung festgelegt. Jeder hat zum Beispiel seine Lieblingsmelodien, mit denen bestimmte angenehme Erinnerungen verknüpft sind. Wenn wir die Umstände kennen, unter denen ein musikalisches Werk entstanden ist, und wie es der Komponist selbst aufgefaßt hat, nehmen wir es vollständiger, intensiver und mit größerem Interesse wahr. Mit anderen Worten, lernen wir die richtige Wahrnehmung durch die musikalische Erziehung. »Nur die Musik erweckt die musikalischen Gefühle des Menschen«, sagte Marx.

Mein Freund, der sich so abfällig über die Oper geäußert hatte, war einfach musikalisch zu wenig erzogen.

Bei einer positiven emotionalen Reaktion eines Menschen auf die Musik kann aber auch die Nachahmung, die ein Ersatz für musikalische Erziehung ist, eine wesentliche Rolle spielen. »Allen meinen Freundinnen, deren Meinung ich schätze, gefällt diese neue Schallplatte. Ach wirklich, sie ist entzückend!« sagt man nicht nur schlechthin, sondern so fühlen auch diejenigen, denen die Mode den eigenen Geschmack ersetzt.

Dialog über die Schönheit

»Ich bin ein Mensch der Wissenschaft«, sagte mir ein Laborant, »mit der Schönheit können sich die Künstler beschäftigen, denn davon verstehe ich überhaupt nichts.«

»Daß Sie von der Kunst wenig verstehen, ist nicht gerade ein Verdienst«, entgegnete ich. »Darüber, daß eine Gegenüberstellung von Wissenschaft und Kunst ungerechtfertigt sei, hat schon der russische Schriftsteller und Philosoph Nikolai Gawrilowitsch Tschernyschewski (1828–1889) geschrieben. Er war der Auffassung, daß die Entwicklung des Denkens in keinerlei Weise die ästhetischen Gefühle des Menschen zerstört. Das Gefühl des Schönen entstand in der Menschheitsgeschichte als Produkt der Entwicklung der Gesellschaft. Bei jedem äußert es sich, untrennbar mit der allgemeinen Entwicklung verbunden, im Verlaufe der individuellen ästhetischen Erziehung.«

»Die Geschmäcker sind aber verschieden«, beharrte mein Gegenüber.

»Ich glaube, Sie verstehen auch dieses Sprichwort falsch. Es war wiederum Tschernyschewski, der überzeugend nachwies, daß die Schönheitsnormen bei den Vertretern einzelner Klassen tatsächlich unterschiedlich sind. Innerhalb einer Klasse aber sind sie recht einheitlich. Tschernyschewski schrieb, daß sich der Geschmack der Bauern, die zu seiner Zeit lebten, wesentlich unterschied von dem Ideal der Weltdame mit den kleinen, zierlichen Händen, der krankhaften Blässe und Schwachheit, die die Folge eines reichen, aber physisch inaktiven Lebenswandels waren. Bei den privilegierten Klassen des alten China galten verkrüppelte weibliche Füße und Hände mit überlangen Nägeln als schön, da sie bezeugen, daß ihre Besitzer nicht gezwungen waren zu gehen, geschweige denn zu arbeiten.

211

Das Schöne wahrzunehmen lernt man also, mit anderen Worten, dadurch, daß man bei sich selbst das Gefühl für das Ästhetische und das Gefühl der Befriedigung durch die Schönheit entwickelt, indem das Schöne wahrgenommen und beurteilt wird und indem es mit den Schönheitsnormen, die aus den progressivsten Erfahrungen der Menschen übernommen worden sind, verglichen wird.«

Ich habe es nicht vermocht, diesen Laboranten das Schöne lieben zu lehren. Das hat aber ein junges Mädchen geschafft, mit der ich ihn von nun an öfter auf Ausstellungen und in Konzerten traf.

Siegesfreude

Zwei Hirsche, die sich mit ihren Geweihen ineinander verfangen haben, kämpfen um das in der Nähe stehende Weibchen. Der Sieger zieht mit ihm davon und gründet eine Familie. Der vor vielen Jahrhunderten lebende Mensch schrieb den Tieren seine eigenen (menschlichen) Gefühle zu und sprach deshalb auch von einer Siegesfreude bei den Tieren.

In Wirklichkeit erlebt der Hirsch, der seinen Gegner besiegt hat, keinerlei Emotionen außer einer Beruhigung seiner Erregung, die ihn während des Kampfes erfaßt hatte. Auch die Biene erlebt keine Freude bei dem Bau einer schönen Zelle.

Der Mensch stellte sich schon zu der Zeit, da er in seiner Entwicklung gerade den ersten Schritt vom Affen weg getan hatte, der Natur gegenüber und war bestrebt, sie zu meistern. Alles oder fast alles, was ihm in dieser Richtung zu tun glückte, war mit der Befriedigung eines bestimmten Bedürfnisses verbunden, und rief ein Gefühl der Zufriedenheit und Freude hervor: Hatte er ein Tier getötet, so war das gut, hatte er eine Hütte gebaut, freute er sich, ebenso war er glücklich, wenn er ein Feuer entfacht hatte.

So entstand und differenzierte sich das Gefühl der Siegesfreude gegenüber Kräften, die dem Menschen gegenüberstanden. Es steigerte den Mut und das Selbstvertrauen, beflügelte im Kampf gegen Schwierigkeiten und erleichterte zeitweilige Unannehmlichkeiten. »Die Wunden der Sieger heilen schneller als die der Besiegten«, sagte Larrey, der Arzt Napoleons, nicht ohne Grund.

Die Ideologie der Klassengesellschaft trug zur Herausbildung eines Gefühls des Triumphierens des Menschen über den Menschen in Kriegen, Turnieren und in verschiedenen anderen Formen des Wettstreits bei. Jedoch erlebte der Mensch erheblich häufiger ein freudiges Gefühl bei seinem Sieg über die Natur als bei einem Sieg über einen anderen Menschen. Wieviel humanere Emotionen drücken sich in dem

Ausruf des Archimedes »Heureka!« aus als in dem Schrei »Schlag ihn tot!«, mit dem die Römer ihre Gefühle beim Anblick eines gefallenen Gladiatoren kundtaten.

Siegesfreude ist nicht möglich ohne ein Gefühl der Begeisterung für die eigene Sache. Diese Gefühle sind sowohl hinsichtlich ihres Ursprungs als auch ihres Inhalts von sehr ähnlicher Qualität.

Dieses Gefühl der Freude über den persönlichen Sieg ist für die Helden Jack Londons und für ihn selbst sehr charakteristisch. In seinem autobiographischen Roman »Die Reise auf der ›Snark‹« ist das sehr gut ausgedrückt: »Das, was ich am meisten möchte, sind persönliche Erfolge – keine Leistungen, damit man mir applaudiert, sondern Erfolge zu meiner eigenen Freude. Das ist das alte: ›Das habe ich gemacht! Ich! Mit meinen eigenen Händen habe ich das gemacht!‹«

Das gleiche Gefühl veranlaßte auch Puschkin, nach einer erfolgreichen schöpferischen Arbeit erfreut auszurufen: »Bravo, Puschkin!«

Die Siegesfreude ist bei weitem kein schlechtes, minderwertiges Gefühl. Es wird wahrscheinlich auch bei den Menschen, die im Kommunismus leben, erhalten bleiben. Aber schon der Mensch der sozialistischen Gesellschaft ersetzt – wenn er die Freude eines Erfolges erlebt – das Ich immer häufiger durch das Wir.

Zum Lachen

Es kann passieren, daß jemand eine Begebenheit erzählt und sich dabei selbst vor Lachen ausschüttet, während den Zuhörern gar nicht danach ist. Verschiedene Weltanschauungen, verschiedene Interessen und unterschiedliches Bildungsniveau bewirken auch ein unterschiedliches Gefühl für den Humor oder das Komische. Ein wohlerzogener Mensch findet eine vor Angst toll gewordene Katze, die an ihrem Schwanz angebunden eine klappernde Blechdose hinter sich herzieht, nicht zum Lachen, anderen dagegen kann das durchaus Vergnügen bereiten. Bei den Engländern gibt es sogar ein Sprichwort, das besagt, daß man kein Mädchen heiraten solle, das nicht über die gleichen Dinge lacht, die einem selbst komisch erscheinen.

Das Lachen – die Ausdrucksform des Gefühls für das Komische – hat vielerlei Nuancen und Entstehungsursachen.

Schon Aristoteles kam zu der Folgerung, daß das lächerlich erscheint, was irgendwie fehlerhaft oder mißgestaltet ist, aber weder Schaden noch Leid verursacht. Es ist etwas Häßliches und Mißgestaltetes ohne Leiden.

Der Humor verbirgt hinter einem Witz eine ernsthafte Beziehung zu einem bestimmten Gegenstand, während die Ironie einen Witz hinter einer ernsten Form verbirgt. Beides trägt beschuldigenden, entlarvenden, jedoch nicht gehässigen Charakter, der dem Hohn eigen ist, und entbehrt des bitteren Gefühls, das der Sarkasmus enthält.

Eine scherzhafte Stimmung hält mitunter längere Zeit an, und das Lachen entsteht oft aus den nichtigsten Anlässen.

Ein Lachen kann, wie z. B. beim »homerischen Gelächter«, benannt nach dem Schöpfer der »Odyssee« und »Ilias«, das Ausmaß eines Affekts annehmen, dessen Größe nur mit der ungewöhnlichen Stärke der Helden Homers zu vergleichen ist.

Die Stärke dieses Gefühls für das Komische und das Lachen selbst (als dessen Ausdrucksform) hängen davon ab, was, unter welchen Bedingungen und von wem wahrgenommen wird.

Zuletzt wollen wir uns noch an eine weitere Form des Lachens erinnern — an den bekannten Humor Gogols (z. B. in »Der Revisor«), den er selbst charakterisierte als »für die Welt sichtbares Lachen durch unsichtbare Tränen«.

Das Herz in der Hosentasche

»Vor Entsetzen lief er, so schnell ihn seine Beine trugen, davon . . .«

Hierin drückt sich ein weiterer Zustand des Bewußtseins aus, der bei Mensch und Tier in gleicher Weise auftritt. Bei panischer Angst fällt einem — wie oft gesagt wird — das Herz in die Hosentasche. Bei Tieren ist dieser passive Verteidigungsreflex, wie ihn Pawlow bezeichnete, biologisch zweckmäßig und deshalb durch die natürliche Auslese verfestigt. Beim Menschen ist er, ähnlich wie der Wurmfortsatz, ein unangenehmes Erbstück.

Machen wir mit einer Gruppe von Kindern, die sich auf einem Bootssteg tummeln, einen kleinen Versuch. Wir pirschen uns unbemerkt heran und schreien laut: »Habe ich euch endlich, ihr Schlingel!«

Passen Sie auf, wie diese Kinder Fersengeld geben! Durch den Ausruf rutscht ihnen das Herz in die Hosentasche, noch bevor sie daran denken, daß sie gar nichts Schlechtes getan haben. Mein Schreien hat sie maßlos erschreckt und ihr Bewußtsein richtiggehend verwirrt. Deshalb flüchtet auch eine große Katze vor einem kleinen Hündchen auf einen nahen Baum.

Jedoch liefen nicht alle Kinder weg. Eines von ihnen setzte sich auf die Erde und weinte bitterlich. Ihm zitterten — wie man anschaulich sagt — »vor Angst die Knie«. Zuvor war es eine ganze Zeit lang »starr

Zwei Formen von Angst:

passiver

und aktiver Verteidigungsreflex

vor Schrecken« gewesen. Das ist Ausdruck der asthenischen Form des passiven Verteidigungsreflexes.

Einer der Jungen reagierte auf meinen Ausruf noch anders: Er schaute finster drein, ballte die kleinen Hände zu Fäusten und kam auf mich zu, um die Sachlage zu klären, obwohl auch er sich fürchtete. Das ist ein Beispiel für den aktiven Verteidigungsreflex, der eine kleine Katze in die Lage versetzt, einen riesigen Hund anzugreifen, nachdem sie wütend einen Buckel gemacht und den Schwanz senkrecht in die Höhe gerichtet hat.

Feuer!

Irgendwie fiel mir eine Erzählung mit folgendem Inhalt in die Hände: Zwei junge Leute liebten sich sehr, und er war der festen Überzeugung, daß er sein Leben für sie hingeben würde.

Einige Tage vor ihrer Hochzeit gingen beide in die Oper. Während der Aufführung roch es plötzlich brenzlig. Jemand schrie auf: »Feuer!«

Eine Panik brach aus. Die Menschen stürzten zum Ausgang, drängelten sich dort fürchterlich, ohne einmal kühl zu überlegen ...

Er dachte erst an sie, als er — über andere hinweg — auf die Straße gestürzt war. Zurück konnte er nicht. Deshalb wartete er (Sie können sich sicherlich vorstellen, welche Gefühle ihn dabei bewegten). Die Menge verlief sich, sie betrat die Straße und ging, ohne ihn anzuschauen, an ihm vorbei. Das war ihr letztes Zusammentreffen.

Ich überlegte, ob sie recht daran getan hatte oder nicht?

Heute weiß ich, daß es richtig war!

Panik ist ein Affekt der Angst. Der Mensch darf sich jedoch nicht in einen Affektzustand bringen lassen. Er ließ es zu, und hatte es damit für immer mit ihr verdorben.

Noch eine andere Seite ist beachtenswert. Häufig verfällt ein Mensch unter dem Einfluß anderer Menschen, d. h. wenn er nicht allein ist, sondern sich in einer Menschenmenge befindet, in Panik. In dieser Menschenmenge sind die gleichen Leute wie er selbst. In einem Kollektiv tritt keine Panik auf, denn es stärkt den Menschen. Sogar ein als einzelner schlechter Mensch kann sich im Kollektiv bessern. Ein Angsthase wird dort furchtlos.

Anders ist es mit einer Masse von Spießern, in der jeder nur an sich selbst denkt. Eine solche Masse ist fürchterlich. Einige bürgerliche Psychologen, die sich mit der Sozialpsychologie befassen, dabei aber nicht den grundlegenden Unterschied zwischen der Masse und dem Kollektiv verstehen, schufen eine fehlerhafte Theorie, die besagt, daß der Mensch in jeder beliebigen Gruppe unausweichlich an »Wert« verliert, zum Tier wird und alles das an Gutem einbüßt, was er vordem als einzelner besessen hat.

Die marxisistische Sozialpsychologie, deren Aufgabe darin besteht, den Menschen nicht als Einzelwesen, sondern als Mitglied einer Gruppe zu untersuchen, kann solcherlei Anschauungen nicht anerkennen. Natürlich ist nicht jede Gruppe ein Kollektiv. Es gibt sogenannte noch nicht etablierte Gruppen. Solche sind beispielsweise in einem Abteil eines Zuges, der von Moskau nach Wladiwostok fährt, anzutreffen. Aber wie viele Leute haben sich schon im Zug angefreundet! Eine noch nicht etablierte Gruppe weist immer das Bestreben auf, ein Kollektiv zu werden. Darin äußert sich das gesellschaftliche Wesen des Menschen.

Kampfesrausch

»Infolge des furchtbaren Lärms und Tumults und der Notwendigkeit
unausgesetzter Aufmerksamkeit und Tätigkeit spürte Tuschin nicht
die geringste unangenehme Anwandlung von Furcht, und der Gedanke, er könnte getötet oder schwer verwundet werden, kam ihm gar
nicht in den Sinn. Im Gegenteil, es wurde ihm immer fröhlicher ums
Herz. Es war ihm, als läge der Augenblick, in dem er den Feind zu
Gesicht bekommen und den ersten Schuß abgegeben hatte, bereits sehr
lange zurück, fast, als wäre es gestern gewesen und als sei ihm dieses
Fleckchen Erde, auf dem er hier mit seiner Batterie stand, ein längst
bekannter und heimatlich vertrauter Ort ...«

So beschrieb Lew Tolstoi in »Krieg und Frieden« die mitunter zu
registrierende eigenartige Reaktion auf Gefahren.

Kant unterteilte die Emotionen in sthenische (vom griechischen
Wort »sthenos« – Kraft) und asthenische. Erstere erhöhen die Leistungsfähigkeit des Organismus, letztere senken sie. Angst kann sich
sowohl in sthenischer als auch in asthenischer Form äußern. Eine
solche Reaktion auf Gefahr, wie sie von Tolstoi beschrieben wird, ist
das Gefühl des Kampfesrausches, das nur beim Menschen anzutreffen
ist.

Ungefährlich und dennoch furchterregend

Legen Sie eine Matratze auf den Fußboden, darauf ein oder zwei
Kopfkissen, und knien Sie sich auf das eine Ende der Matratze. Die
Arme verschränken Sie auf dem Rücken, den Kopf beugen Sie etwas
zurück – und nun versuchen Sie, sich gestreckt auf die Matratze fallen
zu lassen, ohne daß Sie die Arme nach vorn nehmen.

Einige werden aus Furcht diese einfache Übung überhaupt nicht
ausführen. Für andere wird die Furcht unbedeutend sein und fast
unbemerkt bleiben. Um die Emotion der Furcht zu verstärken, kann
die geforderte Aufgabe komplizierter gestaltet werden: Man soll sich
nach vorn fallen lassen, ohne die Knie zu beugen oder die Arme nach
vorn zu nehmen, diesmal aber nicht aus dem Kniestand, sondern aus
der Grundstellung.

Der physiologische Mechanismus des erlebten Gefühls geht auf
einen passiven Verteidigungsreflex zurück. Psychologisch äußert sich
instinktive Furcht.

Wenn Sie auf einem Balken balancieren oder von einem Steilhang
herunterspringen, wissen Sie, daß etwas passieren kann, und deshalb
ist Ihre Furcht durch den absolut logischen Gedanken an die – wenn

auch noch so unbedeutende — Gefahr begründet. Wenn Sie dagegen auf eine weiche Matratze oder ein Kissen, vielleicht sogar auf einen Kissenberg, fallen, wissen Sie, daß Sie sich nicht wehtun können. Dennoch haben Sie — aber diesmal der Logik völlig zuwider — Furcht.

Diese Versuche zeigen, daß es zwei Arten von Furcht gibt. Einmal entsteht sie als Resultat der Denktätigkeit bzw. durch das Bewußtwerden der Gefahr; zum anderen kann sie aber auch unabhängig vom Denken und diesem sogar zuwider entstehen.

Es ist bekannt, daß erfahrene Fallschirmspringer einen völlig ungefährlichen Sprung vom Übungsturm emotional stärker erleben als einen Sprung aus dem Flugzeug. Das ist damit zu erklären, daß die Nähe der Erde, auf die sie schauen müssen, die Wahrnehmung der Höhe viel konkreter macht. Deshalb ruft auch der bevorstehende Sprung Furcht hervor, obwohl die Vernunft auf die völlige Ungefährlichkeit der Situation hinweist.

Wenn man durch die Schädeldecke schauen könnte (wir erinnern damit an die Worte Pawlows von Seite 64) und wenn außerdem die Prozesse, die im Gehirn ablaufen, durch Zeitlupenaufnahmen festgehalten werden könnten, würden wir im ersten Falle einen aufleuchtenden Erregungsherd bemerken, der zunächst in der Hirnrinde bzw. im 2. Signalsystem entsteht und sich dann auf den Subkortex ausbreitet. Im zweiten Falle würde er zuerst im Subkortex entstehen, und wir würden einen nach dem Gesetz der negativen Induktion auseinanderfließenden dunklen Fleck kortikaler Hemmung beobachten können. Diese zwei Arten von Emotionen treten nicht nur bei Erscheinungen, die Furcht auslösen, auf.

Anspannung — eine Geißel des Lernens

Wassja konnte nicht schwimmen. Pawlik brachte es ihm deshalb bei. Und siehe da: Der versierte Volleyballspieler und Radfahrer glich einer hölzernen Marionette. Nicht nur im Wasser selbst, auch am Ufer, und wenn er sich dem Wasser näherte, wurden seine Bewegungen unkoordiniert und verkrampft. Darin äußerte sich bei Wassja die emotionale Anspannung — sie ist eine Geißel beim Erlernen neuer Tätigkeiten oder Bewegungen.

Eine solche Anspannung ist auf den ersten Etappen des Lernprozesses eine häufige Erscheinung. Sie bringt Unsicherheit bei Lehrlingen, Flugschülern, Fahrschülern, jungen Pädagogen, Artisten usw. mit sich.

»Sie können sich gar nicht vorstellen, was für ein Übel der Muskelkrampf ist, was körperliche Verklemmungen für den Schauspieler bedeuten ... Wenn die Verkrampfung sich in den Beinen festsetzt, bewegt sich der Schauspieler, als wäre er gelähmt; trifft sie die Arme, sterben sie ab, werden zu leblosen Stöcken, die wie hölzerne Schranken hochgehen. Solche Verkrampfungen mit ihren Folgen gibt es in der Wirbelsäule, im Hals, in den Schultern, jede verzerrt den Schauspieler auf besondere Weise und hindert ihn beim Spielen. Am schlimmsten ist es, wenn sich die Verkrampfung im Gesicht festsetzt, es verzerrt, paralysiert, die Mimik völlig erstarren läßt«, schrieb Stanislawski über diesen Zustand.

Wassja selbst wollte von der beschriebenen emotionalen Anspannung gern frei werden. Sie ging jedoch nicht zurück, sondern verstärkte sich eher noch. Da entschloß ich mich, ihm durch einen Rat zu helfen. Dieser Rat ist vielleicht auch für meine Leser nützlich.

»Die ganze emotionale Anspannung«, erklärte ich überzeugt, »entsteht bei dir aufgrund dieses mangelnden Selbstvertrauens, d. h., du fürchtest dich, unterzugehen. Geh bis zur Brust ins Wasser, halte den Atem an und versuche durch Tauchen, einige kleine Steinchen vom Grund mit nach oben zu bringen.«

Der Junge bemühte sich, ordentlich zu tauchen, jedoch brachte ihn der Auftrieb des Wassers immer wieder an die Oberfläche. Worte hatten nicht geholfen, ihn zu überzeugen; die Praxis jedoch zeigte ihm, daß sich der Mensch schwebend im Wasser halten kann und daß er nur aus Angst untergeht, nachdem er Wasser geschluckt hat. Wassja fürchtete sich von nun an nicht mehr vor dem Wasser; er vertraute seinen Fähigkeiten, und auch seine emotionale Anspannung und Aufregung vergingen. Bald beherrschte er auch das Schwimmen gut.

Langeweile

Wir hatten unseren Zug verpaßt, und bis zur Ankunft des nächsten Zuges mußten wir drei Stunden warten. Wem ist so etwas noch nicht passiert? Wer hat diese Langeweile noch nicht erlebt?

Zunächst langweilten wir uns, bald aber war sie vergessen, denn jemand hatte die Frage gestellt: »Was ist denn Langeweile?«

»Wir wollen einmal die anderen Mitreisenden im Bahnhof beobachten«, schlug einer von uns vor.

Alle erklärten sich dazu gern bereit, und wir tauschten unsere Meinungen über die Beobachtungen aus.

Dort bemüht sich eine Frau um ihre vielen Kinder: Eines wickelte sie in frische Windeln, einem anderen putzt sie die Nase, und zwei andere beobachtet sie mit ängstlichen Blicken, da sie ständig von ihr weglaufen. Ich glaube nicht, daß diese Frau Langeweile hat, obwohl auch sie mit Ungeduld auf den Zug wartet. Dem ältesten ihrer Söhne erscheint die Umgebung so interessant, daß auch bei ihm von Langeweile keine Rede sein kann.

In einer Ecke hat sich ein Mädchen mit einem Buch hingekauert. Hält sie ein Lehrbuch oder einen Roman in ihren Händen? Keiner weiß das. Man merkt jedoch, daß sie sehr aufmerksam liest. Also hat auch sie keine Langeweile. Auch den zwei jungen Burschen, die dort Schach spielen, scheint es bei weitem nicht langweilig zu sein.

Flüchtig schauen wir uns ein junges Paar, das sich nicht aus den Augen läßt, an: Sie hätten es gern, daß bis zur Ankunft des Zuges, der sie beide trennen wird, noch eine Ewigkeit vergehen möge. Kann das Langeweile sein?

Aber dem jungen Mann dort, der mit nichtssagendem Gesicht dasitzt und auf einen Fleck starrt, ist es zweifellos langweilig. Jetzt versucht er, sich abzulenken und liest ... den Aushang mit den Preisen für die Fahrkarten. Bald aber starrt er wieder auf diesen einen Fleck und gähnt. Neben ihm sitzt eine junge Frau. Sie blickt zerstreut umher und hat für ihre Tochter, ein Mädchen von sechs bis sieben Jahren, die dauernd ruft: »Mama, kommt der Zug bald?«, keinen Blick.

Ihnen ist es offensichtlich langweilig.

Was bedeutet denn nun »Langeweile«?

Stellen wir uns einmal vor, wir hätten die Möglichkeit zu beobachten, was im Gehirn dieser Menschen vor sich geht. Bei denjenigen, denen es nicht langweilig ist, würden wir einige hell leuchtende Erregungsherde, die ihre kortikale Neurodynamik bestimmen, sehen können. Bei der Mutter und ihren Kindern würde sich der Erregungsherd schneller als bei den anderen über die Rinde bewegen. Die Hirnrinde ist jedoch bei ihnen allen in aktivem Zustand.

Bei denen, die sich langweilen, könnten wir einen über die Rinde fließenden dunklen Fleck der Hemmung sehen. Bei dem quengelnden kleinen Mädchen wäre eventuell ein schwach leuchtender Herd zu sehen, der jedesmal leicht auflodert, wenn sie ihre langweilige Frage wiederholt.

Ein alter Mann hat es sich bequem gemacht und schläft. Eine Frau in Berufskleidung mit müdem Gesicht nickt auch ein: Wahrscheinlich möchte sie sehr gern schlafen, jedoch gelingt es ihr nicht, da sie unbequem sitzt. Ihre kortikale Neurodynamik gleicht der obenbeschriebenen. Diese beiden aber haben keine Langeweile, sie möchten nur schlafen. Auch von uns hat keiner Langeweile, wenn er abends einschlafen will.

Ein Gefühl der Langeweile wird dann erlebt, wenn in der ausgeruhten Hirnrinde keine Reize aus der Umwelt eintreffen, gleichzeitig aber im Kortex ein Herd vorhanden ist, der eine bestimmte Erwartung hervorruft. Durch ebendiesen Herd unterscheidet sich die kortikale Neurodynamik einer Person, die sich langweilt, von einer solchen, die einfach nur schlafen möchte. In gewissem Grade ist die Langeweile der Erwartung ähnlich. Sie ist stets mit dem Wunsch verbunden, die vorhandenen Bedingungen zu verändern, und strebt nach aktiver Tätigkeit. Deshalb tritt bei schwerkranken Menschen gewöhnlich keine Langeweile auf, für Genesende dagegen ist sie sehr charakteristisch.

Je reichhaltiger die innere Welt eines Menschen ist, desto seltener tritt bei ihm das Gefühl der Langeweile auf, da ein solcher Mensch Perioden erzwungener Untätigkeit leichter mit irgendeiner Arbeit ausfüllen kann. In der bisherigen Menschheitsgeschichte wurde dieses Phänomen durch die Beispiele von Gefangenen bestätigt. Heutzutage wird diese Tatsache bei der Auswahl und dem Training der Kosmonauten, die für längere Zeit in Spezialkammern untergebracht werden, in denen sie von der Außenwelt völlig isoliert sind, experimentell untersucht.

Geburt einer Freundschaft

Im Bereich tierischer Lebewesen findet ein harter Kampf ums Dasein statt. Eine der verschiedenartigen Formen dieses Existenzkampfes ist die gegenseitige Hilfe. Ihre Zweckmäßigkeit wird durch die Tatsache bewiesen, daß diese Verhaltensweise in den verschiedensten Instinkten verfestigt ist. Die gegenseitige Hilfe ist am charakteristischsten für Herdentiere. Diese hier genannte Existenzweise ist aber auch in Form der Symbiose — eines wechselseitig vorteilhaften Zusammenlebens von artverschiedenen Organismen — anzutreffen. Auf dem Schneckenhaus, in dem der Einsiedlerkrebs lebt, läßt sich auch die Aktinie (Seerose bzw. Seeanemone) nieder. Sie schützt den Krebs durch ihre an den Tentakeln vorhandenen Nesselzellen und »füttert« ihn mit den Überresten ihrer Nahrung; der Krebs dagegen transportiert die Aktinie von Ort zu Ort.

Als sich aus Horden menschliche Gruppen, später Kollektive entwickelten, wandelte sich der Instinkt der gegenseitigen Hilfe allmählich in ein Gefühl der Freundschaft und des bewußten Sozialverhaltens um. Dieses Gefühl, das zwei oder mehrere — mitunter auch sehr viele — Individuen vereint, entsteht aus gemeinsamen Zielen und Interessen, äußert sich im Streben nach gegenseitiger Unterstützung und wird als beiderseitiges Zueinanderhingezogensein bzw. als der Wunsch erlebt, den Lebensweg gemeinsam zu gehen. Die

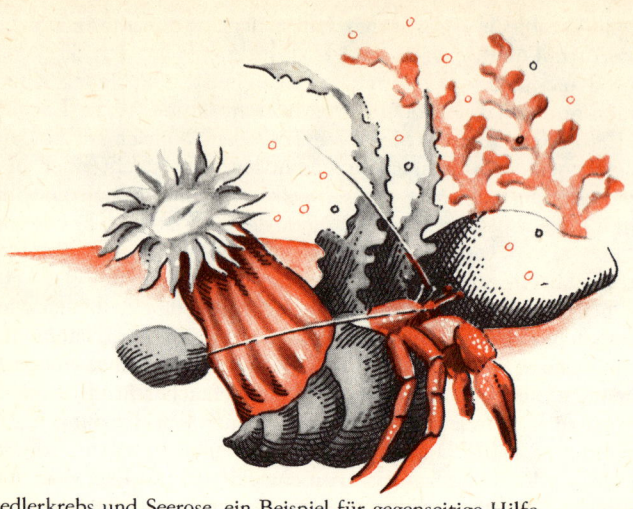

Einsiedlerkrebs und Seerose, ein Beispiel für gegenseitige Hilfe

Gemeinsamkeit der Weltanschauung, d. h. der Lebensanschauung und des Empfindens der Welt, sowie der Gefühle, die durch die Lebensbedingungen hervorgebracht werden, festigen die Freundschaft.

Eine Freundschaft wird durch das emotionale Gedächtnis bereichert, das gemeinsam erlebte Gefühle reproduzieren kann. Wir wiesen aber schon darauf hin, daß angenehme Gefühle länger im Gedächtnis haftenbleiben und intensiver reproduziert werden als unangenehme.

Treffen wir einen Freund nach langer Zeit wieder, so ist unsere Einstellung zu ihm untrennbar mit den Erinnerungen an die Gefühle verbunden, durch die unsere frühere gemeinsame Tätigkeit gekennzeichnet war. Erinnern Sie sich einmal an Ihren besten Freund aus der Kindheit, und verfolgen Sie, welche konkreten Ziele und Handlungen Ihre Freundschaft begründet haben, und worin sie sich ausdrückte. Sie werden sehen, daß sich alles hier Gesagte auch auf Sie anwenden läßt. Wenn Sie in diesem Augenblick an Ihre Freunde denken, dann erinnern Sie sich nicht nur an Ihre eigenen Gefühle bezüglich dieser Freunde, sondern auch an die Gefühle, die Sie gemeinsam erlebt haben.

Wie Avicenna erkannte,
woran der Prinz erkrankt war

Der arabische Arzt, Philosoph, Mathematiker und Dichter Abu Ali ibn Sina (980–1037), bekannter unter dem Namen Avicenna, wurde gerufen, um einen jungen Prinzen zu heilen. Der Prinz verfiel vor den Augen aller immer mehr, konnte nicht schlafen, verlor den Appetit und wurde gleichgültig gegenüber seiner gesamten Umwelt. Avicenna vermutete, daß der Junge verliebt war. Man verheiratete den Prinzen mit dem geliebten Mädchen, und sein Zustand besserte sich von Stund an.

»Liebe ist eine Krankheit gleich der Besessenheit und ähnlich der Melancholie ... Die Bestimmung des Gegenstandes der Liebe ist eine Möglichkeit, sie zu heilen. Wie wird das gemacht? Man nennt viele Namen, die mehrmals wiederholt werden, und fühlt dabei mit der Hand den Puls. Verändert sich der Puls stark und wird unrhythmisch, so ist das — wenn man es mehrmals wiederholt und überprüft hat — ein Zeichen dafür, daß der Name der Geliebten gefallen ist. Anschließend werden in gleicher Art und Weise Straßen, Häuser, Berufe usw. genannt die immer wieder mit dem Namen der Geliebten verbunden werden — dabei ist der Puls zu beobachten. Verändert er sich bei wiederholtem Erinnern an eines dieser Objekte, so können auf diese Weise Informationen über die Geliebte gesammelt werden, d. h., man kann sich schließlich ein Bild von dieser Frau machen. Wenn es keine andere Heilmethode gibt als eine Zusammenführung der beiden — dann vollzieht man es, sanktioniert durch Glauben und Gesetz.«

Das schrieb Avicenna etwa um 1020 in seinem bekannten »Kanon der Heilkunde« (der Text wurde zum leichteren Verständnis der heute üblichen Sprache angepaßt).

Der Puls ist ein sehr empfindlicher Indikator für die Emotionen des Menschen. Nicht ohne Grund unterschied der griechische Arzt und Naturforscher Hippokrates vor mehr als zweitausend Jahren etwa 60 verschiedene Besonderheiten des Pulsschlages. Ein Lehrer Pawlows, I. F. Zyon, sagte im Scherz (aber mit Recht), daß ein im Sterben liegender reicher Mann mit Hilfe der Kardiographie die Aufrichtigkeit des Kummers seiner Erben erkunden kann.

Wird bei einem Flieger während des Fluges der Puls aufgezeichnet, so kann man unschwer feststellen, welches Flugelement diesem Flieger besonders schwerfällt oder welcher Flieger bei einem bestimmten Element die größten Schwierigkeiten hat.

223

Was ist denn dann Liebe?

Über die Liebe ist sicherlich fast soviel geschrieben worden, wie von Dichtern während der gesamten Menschheitsgeschichte überhaupt verfaßt wurde. Deshalb lohnt es sich hier nicht, Ausführungen über den Inhalt des Gefühls der Liebe und über ihren Einfluß auf die Menschheit zu machen. Ich werde mich nur auf das psychologische Wesen der Liebe beschränken.

Liebe ist ein Gefühl. Der Mensch erlebt die Liebe als eine Beziehung zu einer Person oder einem Gegenstand. Bei ein und derselben Person kann sich dieses Gefühl bezüglich verschiedener Objekte oder Personen unterscheiden. So mag jemand Fruchteis und Kotelett, Musik und Sport, eine Puppe und eine Katze, den Bruder und die Großmutter, den Sohn und den Enkel, die Heimatstadt und sein Heimatland auf unterschiedliche Art und Weise. Ich habe absichtlich die verschiedenen Objekte, zu denen man enge Beziehungen haben kann, in Gruppen zusammengefaßt, um zu zeigen, daß innerhalb jeder Gruppe die Liebe des Menschen einen anderen Charakter trägt.

Sie erwarten jetzt sicherlich von mir eine Erzählung über die Liebe zu einem Freund oder die Liebe Romeos und Julias bzw. Anna Kareninas. Lassen Sie uns aber zunächst einmal überprüfen, ob es in all den Fällen, wo gesagt wird: »Ich liebe!« irgendwelche Gemeinsamkeiten in diesen unterschiedlichen Gefühlen gibt.

Gemeinsam ist allen diesen Gefühlen der Wunsch, das Objekt der Liebe ständig um sich zu haben, und die Angst, es zu verlieren. Weiterhin ist ihnen die Vergleichbarkeit dieses Gefühls hinsichtlich seiner Stärke gemeinsam. Gewöhnlich weiß jeder, was er mehr und was er weniger stark liebt, obwohl darauf nicht immer sofort eine Antwort gegeben werden kann.

Die Objekte der Liebe können in zwei Gruppen unterteilt werden. Zur ersten gehören diejenigen, bei denen sich das Gefühl der Liebe durch das bisher Gesagte erschöpft. Der Liebende tritt hier nur als Verbraucher und Nutzer auf, d. h., er kümmert sich vorwiegend um sich. Zur zweiten Gruppe sind die Objekte zu zählen, bei denen der Liebende von dem Wunsch besessen ist, nicht nur etwas zu erhalten, sondern auch zu geben, und zwar auch dann, wenn das Geben mit einem Verlust verbunden ist, d. h., wenn es ein Opfer wird.

In einigen Sprachen bezieht sich das Wort »lieben« nur auf diese zweite Gruppe, während die Formulierung »gern haben« oder »mögen« in Verbindung mit der ersten Gruppe gebraucht wird (dazu gehört auch die deutsche Sprache).

Vielfältig sind die Varianten der Liebe.

Engels hat dazu folgendes geschrieben: »Unsere Geschlechtsliebe unterscheidet sich wesentlich vom einfachen geschlechtlichen Verlangen, dem Eros der Alten. Erstens setzt sie beim geliebten Wesen Gegenliebe voraus; die Frau steht insoweit dem Manne gleich, während sie beim antiken Eros keineswegs immer gefragt wird. Zweitens hat die Geschlechtsliebe einen Grad von Intensität und Dauer, der beiden Teilen Nichtbesitz und Trennung als ein hohes, wo nicht das höchste, Unglück erscheinen läßt; um sich gegenseitig besitzen zu können, spielen sie hohes Spiel, bis um Einsatz des Lebens ... Und endlich entsteht ein neuer sittlicher Maßstab für die Beurteilung des geschlechtlichen Umgangs; man fragt nicht nur: war er ehelich oder außerehelich, sondern auch: entsprang er der Liebe und Gegenliebe oder nicht?«

Gibt es trotzdem »Liebe auf den ersten Blick«?

Natürlich gibt es sie! Liebe kann nicht nur aus einer Freundschaft erwachsen, sondern auch aus Sympathie, die sich sofort zu Beginn einer Bekanntschaft einstellt und danach durch Freundschaft gefestigt wird. Sowohl dieser als auch der andere Weg sind möglich und legitim. Eine Liebe aber, die sich im Ergebnis längerer Sympathie entwickelt und den Prüfungen der Zeit standgehalten hat, ist gewöhnlich fester und erweist sich seltener als nicht haltbar. Wenn andererseits die Sympathie, die sich »auf den ersten Blick« eingestellt hat, anschließend nicht durch Freundschaft gefestigt wird, kann sie wie Rauch verfliegen und nicht in eine echte Liebe hinüberwachsen.

Der Wille

»Ich will nicht« und »Ich muß«

»Der Wille ist kein unpersönliches Agens, das lediglich über die Bewegung verfügt, sondern er ist die aktive Seite des Bewußtseins und des moralischen Gefühls«, schrieb Setschenow.

Volitive Prozesse sind durch eine spezifische Anstrengung charakterisiert, die auf die Überwindung von Hindernissen gerichtet ist, die den Weg zur Realisierung eines bewußt gestellten Zieles versperren.

Die gesamte Tätigkeit des Menschen ist willkürlicher Natur. Darin unterscheidet sie sich auch vom Verhalten der Tiere. Die Entferntheit der Ziele, ihre gesellschaftliche Bedeutsamkeit, das intensive Streben nach ihrer Realisierung, Beharrlichkeit, Entschlossenheit usw. bestimmen die Qualität des Willens. Manchmal hört man: »Willensstarke Menschen durchschwimmen den Strom des Lebens, willensschwache baden nur darin.«

Die Phasen einer volitiven Handlung können in einem Schema, ähnlich dem unseren, dargestellt werden.

Der Kampf der Motive ist häufig auch ein Kampf zwischen dem »Ich will nicht« und dem »Ich muß«.

Aber nicht nur beim Kampf des »Ich will nicht« und des »Ich muß« (zum Beispiel bei der Überwindung des Angstgefühls) sondern auch beim Zusammentreffen verschiedener »Ich will« ist Unentschlossenheit zu beobachten. Ein Passant steht vor einem Trinkautomaten und überlegt: Waldmeister, Zitrone, Himbeere?

Der Monolog Hamlets, dessen erste Worte zu einem Sprichwort geworden sind, veranschaulicht den Kampf der Motive, die am anderen Ende einer komplizierten Motivskala der menschlichen Aktivität stehen:

Sein oder Nichtsein, das ist hier die Frage:
Ob's edler im Gemüt, die Pfeil' und Schleudern
Des wütenden Geschicks erdulden, oder,
Sich waffnend gegen einen See von Plagen,
Durch Widerstand sie enden.

Um sein »Ich will« zu befriedigen, kann der Mensch mitunter »Berge versetzen«, sein »Ich würde gern« führt dagegen zu Faulheit und Fingerdrehen. Das »Ich würde gern« ist immer eine inaktive Äußerung ohne volitive Momente, so wie eine Laune, d. h. ein objektiv un-

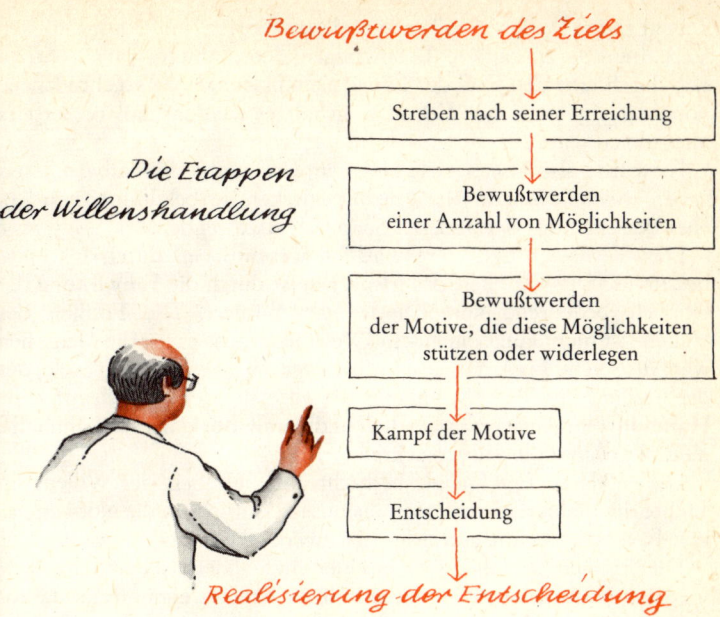

Bewußtwerden des Ziels

Die Etappen der Willenshandlung

Streben nach seiner Erreichung

Bewußtwerden
einer Anzahl von Möglichkeiten

Bewußtwerden
der Motive, die diese Möglichkeiten
stützen oder widerlegen

Kampf der Motive

Entscheidung

Realisierung der Entscheidung

gerechtfertigtes Wollen. Es kann höchstens Starrköpfigkeit, niemals aber Beharrlichkeit hervorbringen.

Buridans Esel

Buridan hatte einen Esel. Als Buridan wegfahren mußte, hinterließ er dem Esel genügend Heu in der Raufe, die rechts und links des Stalles angebracht war. Da aber das Heu zu beiden Seiten das gleiche war, konnte der Esel sich nicht entscheiden, welches er fressen sollte, und deshalb hungerte er zu Tode.

Diese erdachte Geschichte wird dem französischen Philosophen Buridan, der im 14. Jahrhundert lebte, zugeschrieben. Sie war jedoch schon Aristoteles (384–322 v. u. Z.) und Dante (1265–1321) bekannt. Die Geschichte des »Grauen, der zwischen zwei Bündeln Heu verhungerte«, wie Dante schrieb, wurde herangezogen, um die »Willensfreiheit bei Eseln«, die in einer analogen Situation nicht zugrunde gehen, zu beweisen. Der bekannte deutsche Philosoph und Mathematiker Leibniz (1646–1716), der bewiesen hatte, daß Buridans Esel

227

keinen freien Willen besaß (mit anderen Worten heißt das, daß sein Verhalten durch äußere Bedingungen determiniert war), schrieb: »... durch eine den Esel der Länge nach hälftende senkrechte Ebene könnte nicht auch das Weltall so gehälftet werden, daß beiderseits alles gleich wäre ...

Es würde also immer viele Dinge im Esel und außerhalb des Esels geben, welche, obschon wir sie nicht bemerken, ihn bestimmen würden, eher der einen als der anderen Seite sich zuzuwenden.«

Das Verhalten der Tiere wird im wesentlichen durch Instinkte bestimmt. Die Tätigkeit des Menschen ist durch die Einwirkung der Umwelt bedeutend komplizierter determiniert. Die Freiheit des Willens ist nicht länger mehr ein »Welträtsel«, das es für die Menschen war, die solche Fragen, wie »Hat der Mensch eine göttliche Seele, der die Freiheit des Willens inhärent ist« oder »Ist der Mensch für seine Handlungen nicht verantwortlich und damit Buridans Esel ähnlich«, metaphysisch zu lösen versuchten.

Die moderne Psychologie betrachtet die Freiheit des Willens im Lichte des dialektischen Materialismus als Einsicht in die Notwendigkeit bzw. als bewußt gewordene Notwendigkeit.

Die Freiheit besteht nicht in einer eingebildeten Unabhängigkeit von den Naturgesetzen, sondern in ihrer Erkenntnis und der daraus sich ergebenden Möglichkeit, diese Gesetze für bestimmte Zwecke planmäßig zu nutzen. Freiheit des Willens bedeutet nichts anderes als die Fähigkeit, Entscheidungen bei vollständiger Kenntnis der Sachlage zu treffen.

Klischee

Eine junge Artistin betrat die Bühne, bat, daß jemand aus den Reihen der Zuschauer ihr Partner sei, schrieb etwas auf ein Blatt Papier und faltete es sorgfältig zusammen.

»Jetzt zeige ich Ihnen, wie man Gedanken überträgt. Nehmen Sie«, sagte sie zu ihrem Mitspieler, »dieses Blatt in die Hand, und zerknüllen Sie es kräftig. Nennen Sie nun schnell Zahlen, die durch 3 teilbar sind, Sie nennen diese Zahlen, hören dabei aber auf mich und beantworten meine Fragen. Zwei, eins — los! Nennen Sie irgendeinen Hausvogel. Zählen Sie aber weiter! Nennen Sie eine Frucht ... Jetzt — einen Teil des Gesichts und einen russischen Dichter ... Das reicht. Lesen Sie jetzt vor, was ich auf das Papier geschrieben habe, das Sie so kräftig in der Faust zusammengeknüllt haben.«

Der Mitspieler las:

»Huhn, Apfel, Nase, Puschkin!«

Zum Erstaunen aller Versammelten waren das die gleichen Worte, die er eben erst aufgezählt hatte.

Wiederholen Sie diesen Versuch, mit wem Sie wollen; auch wenn Sie Ihre Versuchsperson nicht kennen, werden Sie sehr selten andere Antworten erhalten. Das hat natürlich nichts mit »Gedankenübertragung« zu tun, sondern mit der Determiniertheit bzw. Bedingtheit aller Erscheinungen der Natur sowie der gesamten psychischen Tätigkeit und der gesammelten Erfahrungen oder einfach der Umwelt, die früher auf unser Gehirn eingewirkt hat. Schon in jungen Jahren beginnend, stellen sich bei uns bestimmte Verbindungen bzw. elementare Assoziationen besonders stabiler Art her. Meistens sind diese Verbindungen bei allen Menschen sehr ähnlich. Deshalb fällt Ihnen, wenn Sie hören »ein Hausvogel«, meistens das Huhn ein; bei »eine Frucht« – der Apfel usw.

Dieser Versuch, von dem ich hier berichtet habe, ist sehr aufschlußreich für die Problematik der »Willensfreiheit«. Jedem Teilnehmer an diesem Versuch steht es frei, einen beliebigen Hausvogel, meinetwegen eine Pute, zu nennen. Seine Antwort ist aber dadurch determiniert, daß er in seinem früheren Leben das Wort »Hausvogel« häufiger im Zusammenhang mit dem Wort »Huhn« als in Verbindung mit einer anderen Vogelart gehört hat.

Die Ablenkung der Aufmerksamkeit durch das schnelle Nennen von Zahlen und die kräftig drückende Faust trägt dazu bei, daß sich gerade diese stabilsten Verbindungen, nicht aber irgendwelche zufälligen und speziell erdachten Assoziationen äußern.

Nebenbei sei noch bemerkt, daß »Groschenliteratur« oft an herkömmlichen Assoziationen leidet. Klischeehafte Bilder wie »azurblauer Himmel«, »er singt wie eine Nachtigall« oder Reime in der Art von »Herz – Schmerz« und »Rosen – kosen« werden von untalentierten oder unerfahrenen Literaten benutzt. Um einen originellen, nicht abgedroschenen Vergleich zu finden, muß man die Fähigkeit besitzen, die Welt auf eigene Art zu sehen. Außerdem ist eine gewaltige Arbeit an jedem Wort notwendig, um dieses Bild oder diesen Vergleich auch richtig an den Leser heranzutragen.

Die suggerierte Antwort

Stellen Sie jemandem folgende Fragen:
»Wie heißt eine Leitung, die aus mehreren zusammengedrehten Fasern besteht?«
»Kabel«, wird man Ihnen zur Antwort geben.
»Und wie heißt die natürliche Narbe in der Bauchdecke?«

»Nabel.«

»Wer erschlug Kain?«

Auf diese Frage wird fast jeder antworten: »Abel«, obwohl die meisten wissen, daß — der biblischen Geschichte gemäß — Kain Abel erschlagen hat. Diese Antwort wird durch die Stereotypie der Endungen der vorhergehenden Antworten suggeriert.

Hier noch eine andere Aufgabe. Bedecken Sie die weiter unten abgedruckte Zahlenreihe mit einem Blatt Papier, und addieren Sie die einzelnen Werte laut, indem Sie die Zahlen nacheinander freigeben:

»Tausend, tausendvierzig, zweitausendvierzig ...«

1 000
40
1 000
30
1 000
20
1 000
10

Die meisten Rechner kommen auf eine Summe von »fünftausend«. Die psychologische Ursache dieser Fehler liegt in der Wiederholung des Wortes »tausend«.

Nachahmung

Bitten Sie jemanden, schnell drei Familiennamen, mit »M« beginnend, zu nennen, beispielsweise Müller, Meisner und Mertens. Wenn Sie Ihre Frage in dieser Weise formulieren, dann wird auch der Antwortende in den meisten Fällen mit Müller beginnen. Stellen Sie die Frage nach drei Früchten, wie z. B. Apfel, Birne und Pflaume, so beginnt auch der andere seine Aufzählung meist mit dem Apfel.

Wenn Sie mit jemandem sprechen und sich selbst dabei deutlich den Binder zurechtrücken, dann können Sie darauf rechnen, daß die Mehrzahl Ihrer Gesprächspartner unwillkürlich auch ihren Binder geraderückt. Sie wissen auch, was passiert, wenn jemand in der Stille eines Konzertsaales vernehmlich hustet — eine ganze Welle des Hustens geht durch den Saal.

Schon seit langem ist bekannt, daß Schüler mitunter (ohne es selbst zu bemerken) Angewohnheiten und charakteristische Äußerungen ihrer Lieblingslehrer, z. B. deren Art zu gehen oder zu sprechen, einzelne Gesten, Ausdrücke und sogar die Intonation, übernehmen.

Alle diese Beispiele lassen sich durch die Nachahmung (Imitation) — genauer, durch die unwillkürliche Nachahmung — erklären. Ihre

Wurzeln reichen tief in die Vergangenheit. Bei Tieren ist die Nachahmung eine Äußerungsform des Herdeninstinkts im Kampf ums Dasein. Beim Menschen kann eine Nachahmung auch willkürlich geschehen und sehr nutzbringend sein. Ist doch auch die Annäherung an ein Ideal eine Form der bewußten, willkürlichen Nachahmung.

Die richtige Entscheidung

Ich stand auf dem Flugplatz neben dem Geschwaderkommandeur, als der Jagdflieger N. seine Maschine während des Starts, bevor sie sich von der Erde abgehoben hatte, stoppte, scharf wendete und an der Seite des Rollfeldes anhielt. Als wir uns genähert hatten, war er schon ausgestiegen. Blaß, mit zitternder Hand am Helm, meldete er:

»Genosse Oberst! Start abgebrochen, da ein Hase die Startbahn überquerte. Ich weiß, das ist dumm von mir, aber es ist ein schlechtes Omen. Gestatten Sie einen zweiten Startversuch?«

Ich wußte nicht, wie sich der Kommandeur verhalten würde. Er konnte einen Aberglauben nicht noch bestärken und den Flug streichen. Konnte er aber einen Flieger in den Kampf schicken (dieser Fall ereignete sich während des Großen Vaterländischen Krieges), der stark verwirrt und dessen Wille geschwächt war? Das hätte nicht nur bedeutet, den Flieger einer wahrscheinlichen Niederlage auszusetzen, sondern außerdem zur Folge gehabt, daß sich der Aberglaube festigt und daß noch andere an dieses Omen zu glauben beginnen.

Der Kommandeur fand nach einigen Überlegungen (wie sich danach herausstellte, erwog er die gleichen Fragen wie ich selbst) schnell die richtige Entscheidung. Nachdem er den Flieger mit einem verachtenden Blick gemessen hatte, befahl er:

»Sie fliegen nicht! Sie haben den Flug nicht verdient! Als Strafe für Ihr Verhalten ordne ich an, daß Sie für fünf Tage in der Küche beim Kartoffelschälen helfen. Für eine bessere Arbeit taugen Sie augenblicklich nicht. Dort haben Sie auch Zeit, um über die Omen nachzudenken.«

N. beendete den Krieg als Held der Sowjetunion.

Die Worte »ich weiß, das ist dumm«, zeigen, daß sich im Verhalten dieses Fliegers mehr Aberglaube als Vorurteil ausdrückte. Obwohl beides gewöhnlich sehr eng miteinander verbunden ist, sind es psychologisch unterschiedliche Sachverhalte.

Im Vorurteil dominiert falsches, irriges Denken, beim Aberglauben dagegen die Emotion. »Die Unwissenheit ist der Wahrheit näher als das Vorurteil«, sagte Lenin. Aber gegen den Aberglauben ist mitunter schwerer als gegen das Vorurteil anzukommen.

Beharrlich oder dickköpfig?

Der Fliegerheld der Sowjetunion Alexej Maressjew ist bekannt und beliebt wegen seiner Beharrlichkeit und Zielstrebigkeit und auch deshalb, weil er – ungeachtet aller Schwierigkeiten – sein Ziel erreicht hat.

Der Dickkopf Keraban aber, der Türke aus Jules Vernes Roman, reiste um das Schwarze Meer herum und nahm viele Schwierigkeiten auf sich, nur um kein Entgelt für die Benutzung des Bosporus entrichten zu müssen. Die in Zwist geratenen Iwan Iwanowitsch und Iwan Nikiforowitsch, von denen Gogol erzählt, machten vor keiner Strapaze halt, nur um sich gegenseitig das Leben zu versauern. In der Literatur sind viele derartige Dickköpfe beschrieben worden.

Dickköpfigkeit ist eine unzweckmäßige Beharrlichkeit. Das Ziel, weswegen der Dickköpfige mitunter sehr beträchtliche Schwierigkeiten überwindet, rechtfertigt seine Anstrengungen objektiv nicht. Sogar ihn selbst interessiert das Ziel wenig. Für ihn ist es wichtiger, sein Ziel entgegen allen vernünftigen Einwänden und widrigen Umständen, die sein Verhalten absurd machen, zu erreichen. Das Wichtigste aber ist, daß dem Verhalten eines Dickkopfes oft das verdeckte Motiv »Ich will es so« zugrunde liegt.

Dickköpfigkeit als Charakterzug ist manchmal auch Ergebnis der Trägheit der Nervenprozesse. Bedeutend häufiger aber ist es ein Produkt der Erziehung und der Gewohnheit, es so zu machen, wie man es selbst möchte. Aus einem dickköpfigen Menschen ist ein beharrlicher zu erziehen. Will man das erreichen, so ist es erforderlich, daß dem Betreffenden geholfen wird, ein lohnendes Ziel zu finden.

Mannhaftigkeit

In der Mannhaftigkeit äußern sich verschiedene Seiten der Persönlichkeit, und in verschiedenen Situationen dominiert die eine oder die andere. Mannhaftes Verhalten wird – außer durch Kühnheit, Tapferkeit oder Mut – durch die Weltanschauung des Menschen und seine hohe politische Bewußtheit und Moral, Prinzipientreue, Überzeugung, Geduld, Initiative und Entschlossenheit, Diszipliniertheit, Selbstbeherrschung, Willensstärke (als Widerstandsfähigkeit gegenüber einer einzelnen Einflußgröße) und Willensfestigkeit (als Widerstandsfähigkeit gegenüber einer Reihe aufeinanderfolgender »Schläge«) bestimmt. Die Mannhaftigkeit drückt sich immer aktiv in der Tätigkeit aus.

Es geschah 1961 inmitten der Antarktis, auf der Station Nowolasarewskaja. Unter denen, die hier überwinterten, war auch der Arzt Leonid Rogosow. Er erkrankte an einer Blinddarmentzündung. Leonid konnte leicht anderen helfen, aber niemand von seinen Gefährten konnte ihm Hilfe leisten.

Er wußte wohl, daß er ohne Operation sterben würde, aber auch, daß die Station in diesem Falle den gesamten Winter ohne Arzt sein würde, denn kein Flugzeug kann im antarktischen Winter die Station Nowolasarewskaja erreichen. Nach allen Regeln der Kunst öffnete sich der Arzt die Bauchdecke selbst, entfernte den Wurmfortsatz und machte die notwendigen Stiche, um die Wunde zu schließen.

Die gemeinsame Sache

Amerikanische Arbeiter, die 1932 halfen, das Autowerk in Gorki zu errichten, konnten nicht begreifen, wie der Schmied Tschempalow anderen Schmieden des Werkes, die mit ihm im Wettbewerb standen, nicht nur seine besten Erfahrungen vermittelte, sondern sich auch über ihre Erfolge mitfreute und Mißerfolge ebenso schwer miterlebte.

»Das ist doch einfach unnormal – sich darüber zu freuen, daß man besiegt worden ist und sich als nicht so gut wie die anderen erwiesen hat«, äußerte einer von ihnen, und in seiner Stimme klang nicht nur Erstaunen, sondern auch unverhohlen ein Gefühl der eigenen Überlegenheit mit.

Ein anderer, er war ein gläubiger Katholik, selbst sehr gutmütig und arbeitsam, versuchte Tschempalow zu verstehen:

»Er ist eben ein guter Christ, opfert seine Interessen und lebt damit nur für andere.«

Das waren die Antworten zweier typischer Repräsentanten des Vergangenen und Überholten; sie waren Vertreter der Menschheit, die unter den Bedingungen des unüberbrückbaren Widerspruchs zwischen dem Persönlichen und dem Gesellschaftlichen lebte. Die einen – das war die Mehrheit – lebten für sich. Die anderen – die protestierende Minderheit – lebten für die anderen und opferten sich. Ein Leben für sich selbst erweckte Neid und Selbstzufriedenheit, aber ein Leben für die anderen bedeutete Verdammung.

Die Klassengesellschaft konnte nicht die Voraussetzung für ein Leben zum Wohle der gemeinsamen Sache und für eine Übereinstimmung persönlicher und gesellschaftlicher Anliegen schaffen. Das war erst im Sozialismus, der auch den sozialistischen Wettbewerb ins Leben rief, möglich.

Das Bewußtsein des Menschen bleibt aber bekanntlich hinter dem gesellschaftlichen Sein zurück. Deshalb ist es so wichtig, die Überreste des Kapitalismus aus dem Bewußtsein der heute lebenden Jugend zu beseitigen. Der Neid, der noch nicht in einen gesunden Wettbewerb hinübergewachsen ist, war für die amerikanischen Arbeiter, die wegen des Geldes in das Autowerk in Gorki gekommen waren, kein Überbleibsel, sondern entsprach den gesellschaftlichen Bedingungen, die sie erzogen hatten. Für einen jungen sowjetischen Arbeiter aber ist das Gefühl des Neides, den er gegenüber einem Kollegen empfindet, mit dem er im Wettbewerb steht, ein Überbleibsel aus der Vergangenheit. Wenn bei einem unserer Arbeiter ein solcher Neid entsteht, dann bedeutet das, daß sein Wille nicht die Interessen der gemeinsamen Sache, sondern seine persönlichen Interessen zum Ziel hat, die der gemeinsamen Sache gegenüberstehen. Das heißt, daß sein Wille nicht als moralisch erzogen bezeichnet werden kann. Die Weberin Walentina Gaganowa und die große Anzahl ihrer Nachfolger beweisen anschaulich, daß ihr Wille moralisch erzogen war. Sie gab ihren Arbeitsplatz auf und übernahm eine Arbeit in einem leistungsschwachen Kollektiv, um mit ihren Erfahrungen und Kenntnissen anderen Arbeitern und Kollektiven zu helfen.

Die Kraft der Idee

Als der römische Jüngling Mucius versuchte, den etruskischen König Porsenna zu töten, der Rom 508 v. u. Z. belagerte, geriet er in Gefangenschaft. Der erzürnte König befahl, Feuer auf dem Opferaltar zu entzünden, um den Jüngling zu foltern und die Mittäter zu erfahren. Mucius ging stolz zum Opfertisch und legte die rechte Hand in das Feuer. Während er mit dem König sprach, hielt er die Hand so lange, bis sie verkohlt war, in das Feuer. Verwundert durch das Verhalten des jungen Römers, der die Willensstärke seiner Nation demonstrierte, ließ Porsenna ihn frei und sah von der Belagerung der Stadt ab. Das Beispiel Mucius', genannt Scaevola (Linkshand), ging in die Weltliteratur ein als Beispiel dafür, daß der Wille alle Hindernisse überwinden kann.

Wir wissen nicht, ob Mucius Scaevola seine Schmerzen überwand oder ob er einfach gar keine Schmerzen fühlte. Unter physiologischem Aspekt kann angenommen werden, daß der Herd seines zweiten Signalsystems, der mit den Gedanken an sein Vaterland, die er laut formuliert, in Verbindung stand, so stark war, daß er nach dem Gesetz der negativen Induktion den Herd hemmte, der den Schmerz hervorruft.

Es gab aber auch viele Helden, deren Namen nicht in die Geschichte eingingen. Sie sind durch meisterhafte Darstellung in der Kunst ver-

Fritz Cremers Buchenwalddenkmal vermittelt meisterhaft moralische Stand-
haftigkeit und Heldentum

allgemeinert und verewigt. Die Mannhaftigkeit des sowjetischen
Volkes hat sich nicht nur bei der Verteidigung der Heimat, sondern
auch in der Produktion, der Neulanderschließung und auf den Jugend-
baustellen erwiesen.

Allgemein bekannt ist, daß Walter Scott seine Werke diktierte,
obwohl er an einer sehr schmerzhaften Krankheit litt. Er bedurfte all
seine Willenskraft, um überhaupt sprechen zu können. Fasziniert
durch besonders lebhafte Dialoge, sprang er vom Bett auf, lief durch
das Zimmer und ging so, seine Schmerzen nicht empfindend, vollkommen in der Rolle seiner Helden auf. Auf diese Art und Weise
entstanden die Hälfte des Werkes »Die Braut von Lammermoor«, die
gesamte »Legende von Montrose« und fast der gesamte »Ivanhoe«.

Ich führe dieses Beispiel hier an, da es – bei allem Unterschied des
Gefühlsinhaltes – den vorangegangenen in seinem neurodynamischen
Mechanismus sehr ähnlich ist: Ein starker Erregungsherd in der
Hirnrinde ermöglicht es, nicht nur den Schmerz zu überwinden,
sondern ihn gegebenenfalls gar nicht zu empfinden.

Den Tod verzögern

Ein Jagdbomber setzte ganz entgegen allen sonst bestehenden Regeln zur Landung an. Er setzte schwer auf dem Boden auf, rollte über den gesamten Flugplatz und blieb — nachdem er mit einer Tragfläche hängengeblieben war — mit abgeschalteten Motoren stehen. Wir stürzten zum Flugzeug.

Wir fanden die gesamte Besatzung ohne ein Lebenszeichen vor. Der Pilot war blutverschmiert und hielt den Steuerknüppel in der Hand. Seine Füße standen auf den Bremsen. Es war zu sehen, daß er mit der letzten Bewegung seiner verletzten Hand die Zündung ausgeschaltet hatte, um den Motor zum Stillstand zu bringen und damit einem Feuerausbruch bei mißglückter Landung vorzubeugen. Auf seinem Gesicht war ein Ausdruck höchster Anstrengung, Aufmerksamkeit und Willensanspannung zurückgeblieben.

Nach etwa zwanzig Minuten kam der Pilot im Lazarett zu sich. Ohne den Gesichtsausdruck zu ändern, sagte er durch die fest zusammengepreßten Zähne:

»Aufgabe erfüllt ... Wie geht es der Besatzung? Ist das Flugzeug in Ordnung?«

Dann verlor er abermals die Besinnung.

Es verging etwa eine halbe Stunde, dann kam er wieder zu sich. Mit der Genauigkeit einer Tonbandaufzeichnung hörten wir von ihm: »Aufgabe erfüllt ... Wie geht es der Besatzung? Ist das Flugzeug in Ordnung?«

Als er gehört hatte, daß alle gesund und munter sind (obwohl der Navigator und der Bordschütze tot waren) und daß das Flugzeug unversehrt sei, meinte der Pilot zufrieden:

»Gut.« Sein Gesicht entspannte sich, dann verzerrte es sich wieder vor Schmerz, und er begann zu stöhnen und sich hin und her zu werfen.

Schwerverwundet hatte er das Flugzeug zum Flughafen gebracht. Seine Gedanken an die Menschen und an den Jagdbomber waren so stark gewesen, daß der damit verbundene Erregungsherd in der Hirnrinde den Schmerz gehemmt hatte und einen vollständigen Bewußtseinsverlust in der Luft nicht zugelassen hatte. Infolgedessen konnte die Maschine gerettet werden. Der Herd war sogar so stark, daß er auch später nicht, nach zweimaligem Bewußtseinsverlust, erlosch. Nur beruhigende Worte konnten die Erregung löschen. Nach dieser Auslöschung versetzte dieser Herd aber vorher gehemmte Bereiche in Erregung, demzufolge entstanden Schmerzempfindungen und eine motorische Erregung, die durch die schweren Verletzungen hervorgerufen worden waren.

Das ist nicht der einzige Fall, wo eine Willensanstrengung den Verlust des Bewußtseins oder sogar den Tod »hinausschob«. Es wird auch berichtet, daß ein Pilot den Tod bis zur Landung seines Flugzeuges »hinauszögerte«; sobald er gelandet war, starb er.

Im 5. Jahrhundert v. u. Z. lief ein griechischer Krieger 42 km von Marathon nach Athen und fiel, nachdem er den Sieg der Griechen über die Perser verkündet hatte, tot um. Der Marathonlauf, die längste Laufdisziplin der modernen Olympischen Spiele (42,195 km), ist ein Lauf zum Gedenken an dieses Ereignis.

Willenserziehung

»Wie in einem Stummfilm sehe ich vor mir eine große Uhr. Die Zeiger darauf geben jedoch nicht die Stunden, sondern die Jahre an. Ein voller Kreis ist geschlossen — ich sehe mich in der dritten Klasse, in der Stunde Korabljows, auf einer Bank zusammen mit Romaschka. Eine Wette ist zwischen uns abgeschlossen. Eine Wette darum, daß ich nicht aufschreien und die Hand nicht zurückziehen werde, wenn er mir mit seinem Taschenmesser über die Finger fahren wird. Das nennt sich — Stählung des Willens. Gemäß den ›Regeln zur Willensentwicklung‹ mußte ich die Fähigkeit üben, meine Gefühle nicht sichtbar werden zu lassen. Jeden Abend sagte ich diese Regeln auf, bis sich mir eine günstige Gelegenheit bot, sie auch an mir selbst auszuprobieren ...

›Schneid!‹ forderte ich Romaschka auf.

Und dieser Schuft schnitt mich wirklich ganz kaltblütig mit dem Taschenmesser in den Finger. Ich schrie nicht auf, aber unwillkürlich zog ich die Hand zurück und verlor somit die Wette.«

So erzählt Sanja aus den »Zwei Kapitänen« von Wenjamin Kawerin über seinen Versuch, den Willen zu stählen. Durch ähnliche, mitunter noch dümmere, häufig auch gefährliche »Mutproben«, wie z. B. durch Balancieren auf einem Sims oder einen Sprung aus einem Fenster der zweiten Etage, versuchten manche, ihren Willen zu festigen.

Der Wille kann und muß gefestigt werden, indem man sich das Bestreben anerzieht, ungeachtet aller auftretenden Schwierigkeiten ein einmal gestelltes, aber vernünftiges Ziel zu erreichen. Dann wird das Training des Willens auch Nutzen bringen.

Etwas weiter sagte Sanja selbst richtig:

»Dafür lernte ich, meinen Tag schon am Morgen einzuteilen, und dieser Regel bin ich mein ganzes Leben lang treu geblieben.

Was aber die Hauptregel betraf, an das Ziel meines Lebens zu denken, so brauchte ich sie nicht des öfteren zu wiederholen, denn mein Lebensziel war mir bereits in jenen Jahren ziemlich klar ...

Es ist kurz vor sieben. Also aufstehen! Ich gab mir nämlich das Wort, vor dem Ertönen der Glocke aufzustehen. Auf den Zehenspitzen gehe ich zum Waschbecken und mache Freiübungen am offenen Fenster. Es ist kalt, einzelne Schneeflocken kommen durchs Fenster hereingeflogen, wirbelnd fallen sie auf meine Schultern nieder, zerschmelzen ... Ich wasche mir Hals, Rücken und Brust und stürze mich anschließend auf mein Buch. Ein wundervolles Buch ...«

Alles, was Sanja tat, trainierte seinen Willen. Eben wegen dieses beharrlichen Strebens nach dem selbstgestellten Ziel ist dieses Buch über die zwei Kapitäne so populär.

Die Psychomotorik

Setschenows Entdeckung

»Ob ein Kind beim Anblick eines Spielzeuges lacht, ob Garibaldi lächelt, wenn er wegen seiner ausgeprägten Heimatliebe verfolgt wird, ob ein Mädchen bei ihrem ersten Gedanken an die Liebe erzittert oder ob Newton Weltgesetze entdeckt und sie auf Papier niederschreibt — das Endresultat in all diesen Fällen ist eine Muskelbewegung.« Diese Worte gebrauchte Iwan Michailowitsch Setschenow auf den ersten Seiten seines berühmten Buches, das er zunächst »Versuch der Rückführung der Ursprungsweisen psychischer Erscheinungen auf physiologische Grundlagen« nannte.

Die Zensur fand diesen Titel jedoch ungeeignet und forderte einen neuen. 1863 erschien dann das Buch unter dem Titel »Die Reflexe des Gehirns«. Die Änderung des Titels änderte nichts an dem großen Einfluß, den dieses Buch auf die Zeitgenossen hatte, und unter dieser Bezeichnung ging es auch für immer in die Geschichte der Wissenschaft ein. Das Werk wurde von Setschenow in Form eines großen Artikels im Auftrag der Zeitschrift »Sowremennik« (Zeitgenosse) geschrieben, die von Puschkin ins Leben gerufen worden und zu jener Zeit das Organ der progressiven revolutionären Demokraten war.

Der Autor beschließt sein Werk, indem er das gesamte bisher Geschriebene noch einmal zusammenfaßt: »Die ganze unendliche Verschiedenheit der äußeren Offenbarung der Gehirntätigkeit läuft letzten Endes nur auf eine einzige Erscheinung hinaus, auf die Muskelbewegung.«

Arbeitsbewegungen

»Komplizierte Muskelbewegungen sind der Analyse hinsichtlich der Zusammensetzung und der Tätigkeit der einbezogenen Muskeln tatsächlich schwer zugänglich. In einer muskulären Arbeitsbewegung ist jedoch nicht diese Seite wichtig, sondern vielmehr die Richtung der Bewegung, ihre Stärke (d. h. der durch die Bewegung hervorgerufene Druck und Zug), die Dauer (Länge des Weges) und die Geschwindigkeit. Das aber sind Seiten, die eine Versuchsmessung zulassen.«

Diese Worte stammen aus dem Buch Setschenows »Grundriß der Arbeitsbewegungen des Menschen«, das 1901 erschien.

Der Hauptweg zur Erhöhung der Arbeitsproduktivität besteht

	cm/sec	km/h
Hand beim Werfen	8,000	288
Laufen	1,000	36
Finger beim Klavierspielen	800	29
Hand beim Hämmern	650	23

bekanntlich in der Verringerung und schließlichen Ersetzung der manuellen Arbeit durch mechanische und automatische Arbeit, die Maschinen verrichten können.

Trotzdem jedoch verliert das von Setschenow aufgeworfene Problem der Rationalisierung der Arbeitsbewegungen niemals an Bedeutung. Wichtig ist die Frage auch für den Bereich des Sportes und sogar für das tägliche Leben.

Die Arbeitsbewegungen werden gewöhnlich durch verschiedene Adjektive so charakterisiert: richtig, falsch, unangemessen usw.

		cm/sec	km/h
	Gehen	190	7
	Hand beim Weiterreichen eines Werkstücks	150	5
	Hand beim Feilen	15	0,5
	Hand beim Steuern eines Flugzeugs	5	0,2
	Finger beim Regulieren des Radios	0,01	0,0004

Beobachten Sie einmal die Bewegungen eines arbeitenden Menschen.
Dies kann Ihnen helfen, die Arbeitsbewegungen anderer Menschen
und Ihre eigene richtig einzuschätzen.

Die schnellsten und die langsamsten Bewegungen

Nehmen Sie ein Blatt Papier, und versuchen Sie, mit einem stumpfen Bleistift innerhalb von 30 Sekunden soviel Punkte wie möglich auf dieses Blatt zu bringen. Damit nicht mehrere Punkte aufeinander zu liegen kommen, die dann nicht richtig auswertbar wären, und damit Ihre Bewegungen nicht zusätzlich kompliziert werden, können Sie jemanden bitten, langsam das Papier weiter zu bewegen.

Denken Sie auch daran, daß gute Pianisten in einer Sekunde elfmal eine Taste anschlagen können, wenn sie einen Triller erzeugen wollen. Das ist die schnellste Arbeitsbewegung.

Versuchen Sie auch einmal, soviel Rumpfbeugen wie möglich zu machen (so, als ob Sie Holz hacken). Ich glaube nicht, daß es Ihnen gelingen wird, in 15 Sekunden den Rumpf 25mal entsprechend zu beugen. Das ist die langsamste Arbeitsbewegung, auch wenn sich der Mensch bemüht, sie so schnell wie möglich auszuführen. Er kann aber alle diese Bewegungen bewußt verlangsamen, so wie er es bei der Feineinstellung des Radios tut.

Wir bewerten unsere Bewegungen nach Augenmaß; messen wir jedoch die Amplitude der Bewegungen in Zentimetern, und multiplizieren wir sie mit der Anzahl der gemachten Bewegungen, um dieses Produkt schließlich noch durch die dafür benötigte Zeit in Sekunden zu dividieren, so kann man die Durchschnittsgeschwindigkeit der Bewegungen ermitteln.

Verblüffende Genauigkeit

Jemand schreibt einen langen Brief auf ein Reiskorn. Stellen Sie sich vor, wie genau die Bewegungen sein müssen! Auch Elfenbeinschnitzerei oder der Bau eines »Buddelschiffes« erfordert nicht nur Aufmerksamkeit und Willen, sondern auch die Fähigkeit, die Hand auf ganz besondere Weise zu beherrschen.

Der berühmte Pawlower Schlosser Chworow fertigte Schlösser an, von denen 24 Stück nur 4,3 Gramm wogen, einzelne Teile dieser Schlösser waren nicht größer als Stecknadelköpfe. Dieses Beispiel führte Lenin in seinem Werk »Die Entwicklung des Kapitalismus in Rußland« an.

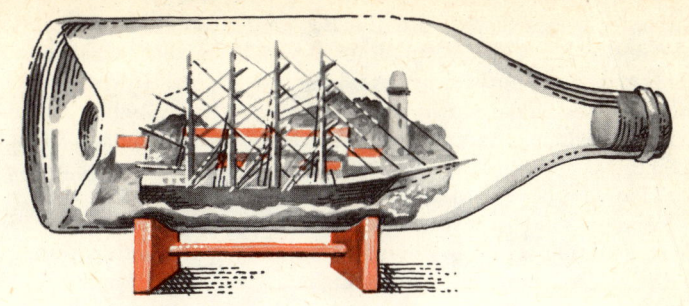

Die persönliche Gleichung

1796 entließ der Vorsteher des Greenwicher Observatoriums N. Maskelyne den jungen Astronomen Kennbrooke, da er das Durchlaufen eines Sterns durch den Meridian eine halbe Sekunde zu spät vermerkte. Den Fehler in Kennbrookes Berechnungen fand Maskelyne durch Vergleich seiner eigenen Ergebnisse mit denen des jungen Astronomen; es versteht sich, daß er dabei von der Richtigkeit seiner Messungen ausging.

26 Jahre später (also ist es richtig, wenn man sagt: lieber später als gar nicht) rehabilitierte der deutsche Astronom Bessel den Ruf Kennbrookes, indem er nachwies, daß alle Astronomen — unter anderem auch Maskelyne und er selbst — die Zeit nicht genau bestimmen konnten und daß jeder Astronom mit einer individuell charakteristischen mittleren Zeitabweichung zu rechnen hat. Diese Zeit wurde von nun an in Form eines Koeffizienten, der die Bezeichnung »persönliche Gleichung« erhielt, in die Berechnungen aufgenommen.

Die Geschichte der Untersuchungen der Geschwindigkeit einfacher motorischer Reaktionen ist, von diesem Beispiel ausgehend, leicht zu erzählen.

Die persönliche Gleichung ist jedoch nicht der Geschwindigkeit der einfachen motorischen Reaktion gleichzusetzen, sondern sie drückt die Genauigkeit der Reaktion auf sich bewegende Objekte aus. Ein Astronom kann sich bei der Wahrnehmung eines solchen Objektes nicht nur verspäten, sondern die Zeit auch zu früh markieren.

Die einfache motorische Reaktion, mitunter verkürzt als »psychische Reaktion« bezeichnet, ist die schnellstmögliche Antwort auf ein unerwartet auftretendes, aber bekanntes Signal durch eine einfache, schon bekannte Bewegung.

Die einfache Reaktionszeit ist die Zeit, die vom Augenblick des

Auftretens eines Signals bis zum Beginn der motorischen Reaktion verstreicht. Sie wurde erstmals 1850 von Helmholtz gemessen und hängt davon ab, auf welchen Analysator das Signal einwirkt, welche Stärke dieses Signal hat und in welchem psychophysischen Zustand sich der Mensch befindet. Gewöhnlich beträgt sie für optische Signale 100 bis 200, für akustische 120 bis 150 und für elektrische Signale auf die Haut 100 bis 150 Millisekunden.

Neurophysiologische Methoden haben dazu geführt, daß die einfache Reaktionszeit in bestimmte Abschnitte zerlegt werden kann, so wie es in der Abbildung dargestellt ist.

Die Reaktionsgeschwindigkeit

Die einfache Reaktionszeit ist individuell verschieden. Sie variiert auch bei Ihnen, und zwar z. B. abhängig davon, ob Sie ausgeruht oder ermüdet sind. Die mittlere Zeit, die für die Reaktion auf ein bestimmtes Signal notwendig ist und bei jedem Menschen einen charakteristischen Wert aufweist, wird als seine »Reaktionsgeschwindigkeit« bezeichnet. Von den individuellen Unterschieden der Reaktionsgeschwindigkeit kann man sich an einem einfachen Versuch überzeugen.

Als »Versuchsanlage« kann ein einfacher Besen dienen. Aus hygienischen Gründen sollte er vor dem Versuch gründlich gereinigt werden. Der Stiel des Besens muß glatt sein, um ein Einziehen von Splittern zu verhindern. Dann machen Sie mit dem Bleistift Markierungen in einer Entfernung von einem Zentimeter zueinander (die letzte Markierung 15 Zentimeter über dem Erdboden) auf den Stiel.

An dem Experiment nehmen ein Versuchsleiter und eine Versuchsperson teil, die ihre Rollen auch tauschen können. Der Versuchsleiter steigt auf einen Stuhl und faßt den Besen am Stielende zwischen zwei Finger. Die Versuchsperson hält eine Hand in Höhe der untersten Markierung, die Finger der Hand schon leicht zum Zufassen gekrümmt, aber noch nicht an den Stiel gelegt. Der Versuchsleiter gibt das Ankündigungskommando »Achtung!« — und nach einigen Sekunden läßt er plötzlich den Besen fallen. Die Versuchsperson hat die Aufgabe, den Besenstiel so schnell wie möglich beim Fallen aufzufangen.

Der Versuch wird 15mal wiederholt, und jedesmal wird aufgeschrieben, an der wievielten Markierung der Besen aufgefangen wurde. Die fünf ersten Messungen werden dann nicht weiter berücksichtigt (sie sollten dazu dienen, daß die Versuchsperson mit der Aufgabe vertraut wird), aus den restlichen zehn Messungen aber wird

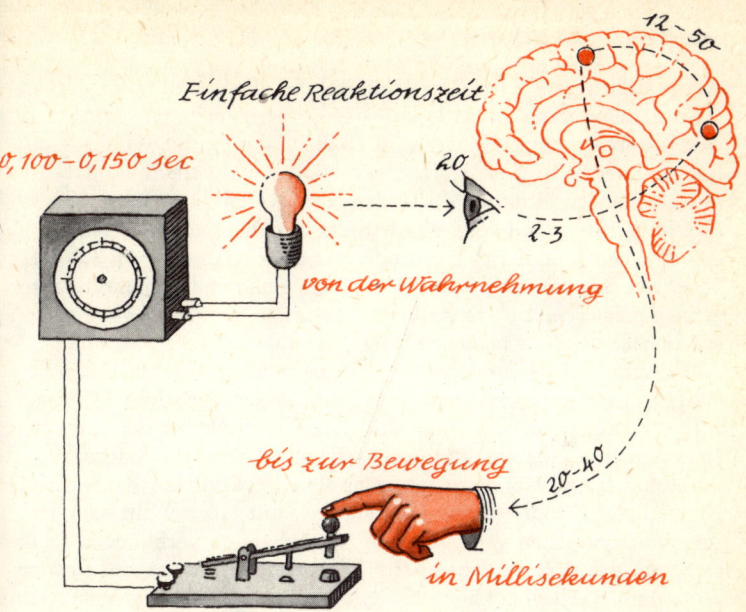

Einfache Reaktionszeit

0,100 – 0,150 sec

12 – 50

20

2 – 3

von der Wahrnehmung

bis zur Bewegung

20 – 40

in Millisekunden

das arithmetische Mittel errechnet. Dieses Maß kann dann mit denen der anderen Versuchspersonen verglichen werden. Führt man diesen Versuch mit der rechten und mit der linken Hand durch, so wird sich zeigen, daß die Reaktionszeit für die rechte Hand meist kürzer ist als für die linke.

Führen Sie diesen Versuch auch vor und nach einem längeren Spaziergang durch: Sie werden merken, daß Ermüdung die Reaktionszeit vergrößert. Wenn Sie einige Tage üben, werden Sie feststellen können, daß sich infolge des Trainings Ihre Reaktionsgeschwindigkeit gesteigert hat. Wenn Sie schließlich die Reaktionszeiten von Volleyballern, Tennisspielern usw. mit denen von Menschen vergleichen, die keinerlei Sport treiben, dann brauchen Sie nicht nur Worten Glauben zu schenken, sondern Sie können sich in der Praxis von der Tatsache überzeugen, daß der Sport die Reaktionen schult, d. h. die Reaktionszeit verkürzt.

Im Straßenverkehr

Als der Kraftfahrer von der Hauptstraße abbog und in die Nebenstraße einbog, brauchte er kaum das Gas wegzunehmen — die Straße war frei. Doch plötzlich sprang ein Ball auf die Straße. Wenige Meter nur vor seinem Wagen ... Jeder wird wissen, was einem Kraftfahrer in einer solchen Situation durch den Kopf schießt: entweder plötzlich scharf bremsen (falls das Kind sofort auf die Fahrbahn läuft und damit einen Unfall riskieren) oder langsam weiterfahren (falls das Kind am Straßenrand wartet). In jedem Falle muß der Kraftfahrer schnell reagieren, d. h., Kupplung, Bremse und Gaspedal entsprechend seiner Entscheidung bedienen. Viel Zeit zum Überlegen hat er nicht.

Wie schnell der Kraftfahrer auch reagiert haben mag, die Latenzzeit (Latenz bedeutet verborgen, sich im äußeren Verhalten nicht manifestierend) seiner Reaktion wird länger sein als bei der einfachen Reaktion. Die Wahlreaktionszeit schwankt zwischen einigen Zehntelsekunden und mehreren Sekunden. Die Reaktion des Kraftfahrers ist in dieser Situation eine komplizierte, mit einer Wahl oder Entscheidung zwischen verschiedenen Möglichkeiten verbundene Reaktion, bei der sich die motorische Antwort in Abhängigkeit von bestimmten, vorher bekannten Bedeutungen der wahrgenommenen Signale verändert.

Um mehr Sicherheit im Straßenverkehr zu schaffen und um den Verkehrsteilnehmern die mitunter schwierigen und stets mit einem gewissen Risiko verbundenen Entscheidungen zu erleichtern, wurden die früher üblichen Gelbphasen der Ampeln durch Rot-gelb- und Gelb-grün-Schaltungen ersetzt. Beim Aufleuchten von Gelb mußten sich die Verkehrsteilnehmer immer auf zwei Handlungsmöglichkeiten einstellen und eine davon wählen. Es passierte nicht selten, daß jemand für diese Entscheidung eine zu lange Zeit benötigte oder gar eine falsche Entscheidung traf. Stockungen im Straßenverkehr und Unfälle waren die unausbleiblichen Folgen solcher Entscheidungsprobleme.

Beobachtung eines Kranführers

In einem Werk ist ein Brückenkran in Betrieb. Der Kranführer veranlaßt durch eine Hebelbewegung, daß die Last angehoben oder herabgelassen wird, mit einer anderen bewegt er den Kran quer durch die Werkhalle, und mit Hilfe eines dritten Hebels setzt er die Laufkatze in der Längsachse in Bewegung. Mit anderen Worten: der Kran kann Lasten in allen drei Ebenen des Raumes transportieren. Ein unerfahrener Kranführer bewegt die Last nacheinander in jeder

Ebene, da er die Hebel des Krans nacheinander bedient. Die Last wird sozusagen in Sprüngen und unterbrochenen Linien bewegt: Sie wird transportiert, dann angehalten und schließlich in eine neue Richtung gelenkt. In diesem Falle besteht die Tätigkeit des Kranführers aus einer Kette einzelner Reaktionen.

Ein erfahrener Kranführer transportiert die Last auf ökonomischerem Wege; er bewegt sie gleichmäßig und gleichzeitig in allen drei Ebenen. Die ganze Zeit über ist er ununterbrochen mit den Hebeln zur Steuerung des Kranes beschäftigt: So geht es schneller und auch gefahrloser, da die Last ohne Stockungen transportiert wird. Die Tätigkeit eines solchen Kranführers basiert auf der sensomotorischen Koordination, in der Wahrnehmung und Bewegung wie in eine Spirale eingeschlossen sind: Die Wahrnehmung signalisiert die Notwendigkeit einer präzisen Bewegung; die Bewegung ihrerseits verändert, wenn sie abgeschlossen ist, das Bild dessen, was wahrgenommen wird.

Auf dem gleichen Grundschema basieren die Bewegungen eines Kraftfahrers, wenn er sein Auto lenkt, oder auch die Bewegungen eines Fliegers, der sein Flugzeug steuert. Auch wenn man auf dem Fahrrad fährt, denkt keiner daran, um wieviel Grad und in welcher Richtung der Lenker zu drehen ist. Auch diese Steuerbewegungen sind spiralförmig in die Wahrnehmung der Richtung ihrer Bewegung eingeschlossen.

Will man das in der Sprache der Kybernetik ausdrücken, dann kann man sagen: Bei sensomotorischer Koordination laufen die Arbeitsbewegungen des Menschen kontinuierlich ab, ständig präzisiert durch Rückkopplungssignale, die aus der Wahrnehmung der Ergebnisse der vollzogenen Bewegungen herrühren. Die Physiologen bezeichnen diese Signale als sensorische Korrektion.

Die Handschrift

Ob Sie mit einem Bleistift auf ein horizontal liegendes Stück Papier oder mit Kreide an eine senkrecht stehende Tafel, bzw. mit einem kleinen Stock in den Sand schreiben – Ihre Handschrift wird sich dabei nur geringfügig verändern. Nur sehr wenige Menschen können ihre Handschrift verstellen. Versuchen sie es dennoch, so wird ein Experte, wenn er die normale und die verstellte Schrift vergleicht, sehr viele gemeinsame Elemente in beiden finden und den Schreiber leicht feststellen können. Mitunter kann ein solcher Schriftvergleich die Aufklärung von Verbrechen unterstützen. Ebensowenig verändert die Schwerelosigkeit die Handschrift.

N. A. Bernstein, ein bekannter Fachmann auf dem Gebiet der

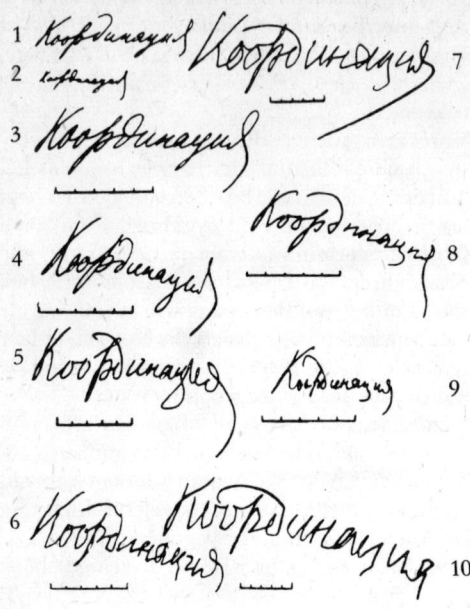

Auf welche Weise wir auch immer schreiben — die Handschrift verändert sich nur sehr geringfügig

1. Stift wird wie üblich gehalten
2. ebenso, aber dünnere Schrift
3. der Stift wird in der rechten Hand gehalten, jedoch wird er nicht mit den Fingern, sondern mit der ganzen Hand bewegt
4. der Stift ist am äußeren rechten Handrand, etwa an der Stelle des Uhrenarmbandes, befestigt
5. der Stift wird mit der Innenseite des rechten Ellenbogengelenks gehalten
6. der Stift ist am rechten Arm oberhalb des Ellenbogens befestigt
7. der Stift ist an der Schuhspitze des rechten Fußes befestigt
8. der Stift wird mit den Zähnen gehalten
9. der Stift wird wie üblich mit den Fingern, jedoch der linken Hand, gehalten
10. der Stift ist an der Schuhspitze des linken Fußes befestigt

Psychomotorik, bat eine Person ohne jegliches vorheriges Training, ein und dasselbe Wort in zehn verschiedenen Arten zu schreiben.

Aus der Abbildung ist ersichtlich, daß sich die Handschrift bei all diesen Varianten nur sehr wenig ändert (die hinzugefügten Maßstäbe sind 5 cm lang).

Wiederholen auch Sie diesen Versuch! Sie werden ebenfalls feststellen können, daß sich Ihre Handschrift nur sehr wenig verändert, Menschen, die aufgrund eines Unfalls die rechte Hand oder beide Hände verloren haben, lernen es, mit der linken Hand, den Füßen oder gar mit den Zähnen zu schreiben, und recht bald schon ist ihre individuelle Handschrift fast wiederhergestellt.

Komplizierte Koordinationen

Probieren Sie einmal, mit der rechten Hand ein großes »D« an die Wand zu schreiben und mit dem linken Fuß gleichzeitig einen Kreis auf dem Fußboden anzudeuten. Sie denken, das wäre nicht schwer? Man muß aber recht lange trainieren, ehe man diese Aufgabe ohne größere Schwierigkeiten ausführen kann.

Je zweckmäßiger die Koordination, d. h. die harmonische Kombination mehrerer gleichzeitiger Bewegungen, unter biologischem Gesichtspunkt ist, desto leichter und perfekter ist sie zu erreichen. Je stärker eine Koordinationsaufgabe der biologisch herausgebildeten Abgestimmtheit und Harmonie widerspricht, desto komplizierter ist sie zu realisieren.

Während des Gehens schwingen unsere Arme im Takt mit unseren Schritten leicht seitwärts, wodurch die Koordination des Laufens unserer vierfüßigen Vorfahren wiederholt wird. Uns fällt das nicht sonderlich schwer, für ein vierjähriges Kind aber ist es gar nicht so leicht, in einem bestimmten Rhythmus zu klatschen.

Versuchen Sie nun einmal, beide Arme vor sich haltend und im Ellenbogengelenk leicht gebeugt in einer Richtung (entweder zu sich hin oder von sich weg) zu bewegen. Diese Rotation soll zunächst von beiden Armen in gleicher Richtung ausgeführt werden, d. h. so, daß beide Arme oder Hände zur gleichen Zeit im oberen oder unteren Umkehrpunkt ihrer Rotationsbewegung sind. Danach versuchen Sie bitte das gleiche, aber bei einem Arm mit einer halben Umdrehung Verzögerung, d. h. so, daß sich der eine Arm im unteren, der andere aber zur gleichen Zeit im oberen Umkehrpunkt der Rotationsbewegung befindet. Den wenigsten gelingt es, die Arme gleichzeitig in verschiedene Richtungen, d. h. den einen zu sich und den anderen von sich weg zu bewegen.

Es ist auch nicht sonderlich schwer, sich mit der einen Hand auf den Bauch zu klopfen und sich mit der anderen über den Kopf zu streichen bzw. mit der rechten Hand eine Drei und mit der anderen eine Acht an die Tafel zu schreiben. Schwieriger aber wird es, wenn Sie die gleichen Aufgaben mit der jeweils anderen Hand ausführen sollen.

Wo ist links, und wo ist rechts?

Mit Hilfe des folgenden Versuchs kann man sich leicht von der bedeutsamen Rolle der optischen Wahrnehmung bei der sensomotorischen Koordination überzeugen.

Strecken Sie beide Arme weit von sich, kreuzen Sie dann beide Arme — und zwar so, daß sich die beiden Handflächen berühren —, und führen Sie schließlich die verschränkten Hände so nach unten und durch Ihre ausgestreckten Arme hindurch, daß die Hände bis in Ihre Augenhöhe kommen. Nun lassen Sie sich von jemandem — ohne daß er Ihre Finger berührt — sagen, welchen Finger Sie bewegen sollen.

Sie werden das ständig falsch machen, da Sie den Daumen der **rechten Hand, auf den beispielsweise gedeutet wird, wiederum rechts** sehen und nicht links, wie Sie es bei gefalteten Händen gewohnt sind. Für die andere Hand gilt das gleiche.

Schließen Sie nun die Augen, und lassen Sie jeweils den Finger, den Sie bewegen sollen, leicht berühren. Unter diesen Bedingungen werden keine Fehler mehr auftreten.

Bewegen Sie diesen Finger!

Zwei Krawatten

Nehmen Sie zwei gleiche Krawatten, und bitten Sie jemanden, sich eine dieser Krawatten — zum Spiegel schauend — selbst umzubinden und Ihnen die andere in der gleichen Weise umzulegen.

Wenn Sie beide nebeneinander stehen und in den Spiegel schauen, werden Sie merken, daß die Krawatten nicht gleichförmig gebunden sind: Die eine ist das Spiegelbild der anderen. Derjenige, der die Binder umzulegen hat, merkt nicht einmal, daß — wenn er Ihnen die Krawatte bindet — seine Bewegungen ganz anders sind, als wenn er sie vor dem Spiegel selbst bindet. Die optischen Signale sind stärker als die kinästhetischen. Deshalb bestimmen die ersteren auch die sensomotorische Koordination.

Gleichgewicht

Wenn Sie sehr gut — ich betone, sehr gut — Fahrrad fahren können, sollten Sie einmal folgendes versuchen. Wählen Sie sich eine große, gerade und freie Stelle aus, und fahren Sie dort mit geschlossenen Augen. Ich habe das auch einmal in den ausgetrockneten Limanen der westlichen Krim gemacht. Weder im Motor- noch im Segelflugzeug hat man solch eine ideale Empfindung des Fliegens wie in diesem Falle. Nur im Traum bin ich bisher besser »geflogen«.

Daß es möglich ist, mit geschlossenen Augen Rad zu fahren, erklärt sich daraus, daß auch beim normalen Fahren die sensomotorische Koordination nicht nur mit Hilfe des optischen, sondern auch des Vestibular- und kinästhetischen Analysators realisiert wird.

Diese Form feinster sensomotorischer Koordination gestattet es, solche Wunder an Geschicklichkeit zustande zu bringen, wie es nur wenige — u. a. aber der bekannte Clown Oleg Popow — vermögen. Er fühlt sich auf dem Seil ebenso bequem und heimisch wie wir zu Hause in unserem Bett. Er, wie auch andere Seiltänzer, Jongleure und Turner, verläßt sich bei seinen Bewegungen mehr auf den Vestibular- und kinästhetischen Analysator als auf den optischen.

Selbstverständlich sind mit solcher Leichtigkeit ausgeführte Bewegungen das Ergebnis eines langjährigen und intensiven Trainings.

Die Persönlichkeit

Die »Bekenntnisse« von Karl Marx

In den sechziger Jahren des vorigen Jahrhunderts waren in England und Deutschland Fragebogen, die mitunter als »Bekenntnisse« oder »Selbsterkenntnisse« bezeichnet wurden, weit verbreitet. 1865 antwortete Karl Marx auf einen solchen Fragebogen. Obwohl er seine Antworten in scherzhafter Form abgab, sind sie für uns bezüglich seiner Charakteristik als Persönlichkeit von Interesse.

Ihre Lieblingstugend	Einfachheit
Ihre Lieblingstugend beim Mann	Kraft
Ihre Lieblingstugend bei der Frau	Schwäche
Ihre Haupteigenschaft	Konzentration des Strebens
Ihre Auffassung vom Glück	Zu kämpfen
Ihre Auffassung vom Unglück	Unterwerfung
Das Laster, das Sie am ehesten entschuldigen	Leichtgläubigkeit
Das Laster, das Sie am meisten verabscheuen	Kriecherei
Ihre Abneigung	Martin Tupper[1]
Ihre Lieblingsbeschäftigung	In Büchern wühlen
Ihr Dichter	Shakespeare, Äschylus, Goethe
Ihr Lieblingsschriftsteller	Diderot
Ihr Held	Spartacus, Kepler
Ihre Heldin	Gretchen
Ihre Blume	Lorbeer
Ihre Farbe	Rot
Ihr Lieblingsname	Laura, Jenny
Ihr Lieblingsgericht	Fisch
Ihre Lieblingsmaxime	Nihil humani a me alienum puto[2]
Ihr Lieblingsmotto	De omnibus dubitandum[3]

Und welche Antworten hätten Sie gegeben?

---

1 *Englischer Schriftsteller und Zeitgenosse von Karl Marx, den dieser als Verkörperung der Flachheit und nach billigen Erfolgen trachtenden Menschen ansah.*
2 *Nichts Menschliches ist mir fremd (Terenz, 2. Jh. v. u. Z.)*
3 *Unterwirf alles dem Zweifel.*

Das Ziel des Lebens

Meine wißbegierigen jungen Gesprächspartner interessierten sich für sehr viele Dinge, und sie stellten mir entsprechend viele Fragen. Charakteristisch aber war folgendes: Niemand von denen, die nach der Großen Sozialistischen Oktoberrevolution in dem Lande geboren wurden, das festen Schrittes den Weg zum Kommunismus beschreitet, stellte eine Frage über das Ziel des Lebens.

Sie alle, die durch die Kommunistische Partei unseres Landes erzogen wurden, wissen schon von dem Augenblick an, da sie Pioniere werden, daß das Ziel ihres Lebens darin besteht, eine neue Gesellschaftsordnung aufzubauen und alle die Ideale zu realisieren, für die ihre Väter und Großväter gekämpft haben. Mitunter mußte ich sie selbst an diese Frage erinnern, die jahrtausendelang die besten Geister beschäftigt hat.

Die Menschheit kennt vier Antworten auf die Frage »Warum leben?«.

Die erste Antwort hat der Mensch von seinen Vorfahren in Form der Instinkte der Selbsterhaltung und der Arterhaltung übernommen. Die Ideologie des Faschismus mit ihrer Propaganda des grenzenlosen Rassismus hat die Bezeichnung »Übermensch« als Waffe für ihr Vorhaben, die Menschheit in Tierhöhlen zurückzudrängen, verwendet. Der »Elfenbeinturm«, in dem sich der »zivilisierte Mensch« fern von gesellschaftlicher Verantwortung vor der Welt verstecken möchte, ist eine ebensolche — nur modernisierte — Höhle. Das kleine Reich, das nach dem kleinbürgerlichen Motto »Mein Heim ist mein Königreich« aufgebaut wird, ist meist nicht mehr als eine ebensolche Höhle.

Die zweite Antwort wurde durch das Christentum gegeben. Das irdische Leben sei nur eine Vorbereitung auf das bessere Leben im Jenseits. Je schlechter das Leben hier sei, desto besser würde es dort werden. Daraus ergibt sich das Hauptziel des Lebens: Geduld und Vergebung. Gerade wegen dieser Antwort der Religion auf die Frage nach dem Ziel des Lebens bezeichnete sie Marx als »Opium des Volkes«

Die dritte Antwort gaben und geben bis heute alle diejenigen Menschen, die mit den ersten beiden nicht einverstanden sind, aber die vierte Antwort — die einzig richtige — nicht kennen. Am deutlichsten und am folgerichtigsten formulierte Shakespeare diese dritte Antwort:

Was ist unser Leben? Ein jämmerlicher Schatten;
Ein wandernder Schauspieler, der sich einen Augenblick
Auf den Brettern des Theaters brüstet;
Ein Märchen, von einem Irren erzählt, voller

Schall und Grimm,
Aber ohne jeden Sinn ...

Die vierte Antwort wurde in dieser oder jener Form stets von denjenigen gegeben, die ihr Leben dem Volk gewidmet haben. »Ich wäre der Unglücklichste aller Menschen gewesen, wenn ich für mein Leben kein gemeinsames und nützliches Ziel gefunden hätte«, schrieb Tolstoi, als er noch ganz jung war.

Am treffendsten wurde diese vierte Antwort von Karl Marx formuliert, dessen Namen auch die Lehre trägt, die der Menschheit das Ziel ihrer Existenz und jedem fortschrittlichen Menschen das Ziel seines Lebens weist. Dieses Ziel heißt: Aufbau einer Gesellschaftsordnung, auf deren Banner stehen wird: »Jeder nach seinen Fähigkeiten, jedem nach seinen Bedürfnissen!«

Eine fünfte Antwort gibt es nicht.

Haben Sie alles getan?

Am Beispiel meiner jungen Freunde, mit denen ich mich in diesem Sommer erholte, nachdem ich dieses Buch fertiggeschrieben hatte, war zu sehen, wie — ungeachtet der Einheit der allgemeinen Ziele — die konkreten Lebensaufgaben bei unserer Jugend außerordentlich unterschiedlich sind. Die Jugendlichen haben unterschiedliche Interessen, Neigungen und Bestrebungen; mit anderen Worten — die Gerichtetheit ihrer Persönlichkeit ist unterschiedlich.

Gera, Student an einer technischen Hochschule und gleichzeitig Arbeiter in einem Betrieb, begeistert sich für die Technik, interessiert sich für die Mathematik und hat sich deshalb entschlossen, Konstrukteur zu werden.

Petjas Ideal — er ist Medizinstudent — heißt Nikolai Pirogow. Lena dagegen ist Philologin und eine leidenschaftliche Musikantin. Ihre Welt ist die Kunst. Die Pionierleiterin Mascha hat im Abendstudium ein pädagogisches Institut absolviert, und alles, was sie sagte, drehte sich um Makarenko. Sweta und Sergej sind noch Schüler; während aber Sweta von der ersten Klasse an ein Junger Naturforscher war und niemals Zweifel an ihrem weiteren Entwicklungsweg hatte (»irgendwo arbeiten, aber mit Tieren«), hat Sergej seinen Lebensweg noch nicht gewählt.

»Jeder von euch hat schon etwas vollbracht, mir aber ist noch nichts Gescheites gelungen«, meinte er traurig.

Tatsächlich, Sergej hat sich selbst noch nicht gefunden.

»Sich selbst finden heißt seinen Lebensweg festlegen, seinen Charakter ausbilden, seine Überzeugungen festigen und seine Berufung finden«, sagte M. I. Kalinin einmal auf einer Konferenz von Schülern der 8., 9. und 10. Klassen des Moskauer Bauman-Bezirkes.

Es ist nicht so schlimm, daß Sergej in seinem Leben bisher wenig erreicht hat; viel schlimmer ist, daß er nicht weiß, was er noch nicht erreicht hat. Hat der Mensch irgendeine Arbeit vollbracht, dann liegt das auch schon hinter ihm; der lebendige Mensch ist aber nicht nur aufgrund seiner hinter ihm liegenden Taten wertvoll, sondern auch aufgrund dessen, wozu er in der Lage ist und was er anstrebt.

Ich riet Sergej, und gleichzeitig möchte ich es auch allen meinen Lesern empfehlen, häufiger und tiefgründiger über folgende Frage nachzudenken:

»Was habe ich heute, in diesem Monat und überhaupt in meinem bisherigen Leben von dem vollbracht, was ich hätte vollbringen können?«

Ein Zwischenfall in der Schule der Spione

Ein Staat bildete in einer Spezialschule Spione aus, um sie in Länder des Sozialismus einzuschleusen. Die Leiter dieser Schule entschlossen sich, detaillierten Unterricht über den Marxismus-Leninismus in das Lehrprogramm aufzunehmen. Sie glaubten, daß dies den Spionen helfen würde, sich in den sozialistischen Ländern zu verbergen und dort ideologische Diversionen zu organisieren. Die Initiatoren dieses Planes rechneten aber nicht mit bestimmten Gesetzen der Psychologie des Menschen. Über diese Gesetze wollen wir uns nun unterhalten.

Wenn man sagt »der Mensch«, dann versteht man darunter nicht nur seinen Organismus, sondern auch seine Persönlichkeit. Die moralischen Eigenschaften des Menschen sind die wesentlichsten Züge seiner Persönlichkeit, die über alle seine Handlungen »Regie führen« und sie bestimmen. Diese Eigenschaften hängen in starkem Maße von der Weltanschauung des Menschen ab. Darunter wird ein System von Anschauungen und Vorstellungen des Menschen über seine Umwelt sowie über die Erscheinungen in Natur und Gesellschaft verstanden. Die Weltanschauung eines Menschen bildet sich auf der Grundlage seines Wissens heraus. Die moralischen Qualitäten einer Persönlichkeit werden aber sowohl von der Weltanschauung als auch von moralischen Erfordernissen determiniert. Ein bewußt gewordenes Bedürfnis ruft das Gefühl eines Wunsches hervor. Der aktive Wunsch, eingeschlossen in einen volitiven Akt, wird zu einem Streben. Das Streben aber wird, gestützt auf die Weltanschauung und die Überzeugung von ihrer Richtigkeit, zu einer Überzeugung.

Auf diese Weise kann erworbenes Wissen, das zur Überzeugung geworden ist, in der die Weltanschauung und die moralischen Gefühle verallgemeinert sind, das moralische Antlitz des Menschen und folglich auch seine Handlungen von Grund auf verändern.

Und gerade das wurde von den Leitern der Spionageschule nicht berücksichtigt. Einige ihrer Schüler hatten sich die Theorie des Marxismus-Leninismus gut angeeignet und dann gesehen, wie diese Theorie unaufhaltsam und erfolgreich in den sozialistischen Ländern in die Praxis umgesetzt wird. Sie erwarben damit nicht nur entsprechendes Wissen über eine Reihe von Wahrheiten, sondern änderten auch ihre Überzeugungen. Wer aber von der Richtigkeit des Marxismus überzeugt ist, kann nicht sein Feind sein.

Von verschiedenen Seiten

Eine lärmende Gruppe von Jugendlichen nahm »im Sturm« den letzten Eingang in einen Wagen der Metro. Dabei versperrten sie die Tür und den Durchgang und behinderten somit natürlich das Ein- und Aussteigen von Fahrgästen mit Kindern und auch das der Schwerbeschädigten, denen dieser Eingang vorbehalten ist.

Es waren sehr viele Jugendliche, und jeder von ihnen hatte seinen besonderen Grund für solch rücksichtsloses Verhalten: Hier äußerten sich die Eigenschaften der Persönlichkeit. Nicht ohne Grund wird gesagt: »Soviel Menschen, soviel Charaktere.« Manchmal heißt es auch noch kürzer und eindeutiger: »Die Persönlichkeit ist einmalig.«

Einige dieser Jungen und Mädchen wußten genau, daß sie die Verhaltensregeln übertreten, die Fahrgäste der Metro zu beachten haben; jedoch sahen sie darin offensichtlich nichts Schlimmes. Einige brüsteten sich sogar damit, ohne zu begreifen, daß ihr Verhalten eigentlich schon Randaliererei war. Andere bemerkten aufgrund ihres Temperaments und in der Hitze des Gesprächs nicht, wohin sie sich setzten. Dritte, die etwas willensschwach waren, ahmten die anderen einfach nach. Und wiederum andere kannten die bestehenden Regeln nicht genau, indem sie annahmen, daß die Aufschrift auf den Fenstern des Wagens »Für Fahrgäste mit Kindern und Schwerbeschädigte« nur dann Gültigkeit hat, wenn dieser Wagen als erster im Zugverband fährt.

Diese alltägliche Szene widerspiegelt, so wie auch der Ozean in einem Tropfen Wasser widergespiegelt wird, die Vielfalt der menschlichen Persönlichkeiten und ihre wesentlichsten Seiten.

Solcher Seiten oder »Substrukturen der Persönlichkeit«, wie man sie auch nennt, gibt es vier:

- die höchsten, sozial bedingten Eigenschaften der Persönlichkeit, die als deren Gerichtetheit (Wünsche, Interessen, Neigungen, Ideale, Weltanschauung und als höchste Äußerungsform die Überzeugungen) bezeichnet werden;
- die Erfahrungen des Menschen und das Niveau seiner Vorbereitetheit (Umfang des vorhandenen Wissens, der Fertigkeiten und Gewohnheiten);
- die individuellen Besonderheiten der verschiedenen psychischen Prozesse. Hierher gehört nicht nur die Willensschwäche, von der hier die Rede war, sondern dazu zählen auch die psychischen Prozesse (vgl. Kapitel ab S. 132—251);
- die biologisch bedingten Eigenschaften (Temperament, Instinkte und bestimmte primitive Bedürfnisse).

Sie werden sich besser in einem Menschen auskennen, wenn Sie ihn von diesen vier Seiten betrachten. Sie werden ihn auch besser erziehen können, wenn Sie berücksichtigen, daß diese vier Seiten auf unterschiedliche Art und Weise entwickelt werden müssen.

Vor allem aber sollte man immer daran denken, daß diese vier Substrukturen nicht isoliert voneinander existieren, sondern daß die Persönlichkeit ein einheitliches oder ganzheitliches System ist.

Die Gemeinschaftsdusche

Haben Sie schon einmal mit anderen Menschen zusammen unter einer Duschanlage gestanden, wo sich die Regulierung des kalten oder warmen Wassers sofort auch auf die anderen Duschen auswirkt?

Ende der 40er Jahre war ich nicht nur selbst genötigt, eine solche Dusche häufig zu benutzen, sondern ich konnte auch das Duschen anderer beobachten. Offensichtlich hätte man den Durchmesser der Leitung besser berechnen können, denn in dieser Dusche reichte es aus, daß eine Person schnell das warme Wasser aufdrehte, und schon ergoß sich über den Nachbarn kaltes Wasser. Oder umgekehrt, er verbrühte seinen Nebenmann mit heißem Wasser.

Dabei gab es nun Gruppen, die die Situation schnell erfaßt hatten und mit gemeinsamen Bemühungen in allen Kabinen die richtige Wassertemperatur herstellten. Oft bestimmte die Gruppe recht schnell jemanden »zur Leitung«. In anderen Fällen übernahm jemand, der besondere Initiative zeigte, die »führende Rolle«, d. h., er wurde zum Anführer und war dann meist erfolglos. Besonders schlecht aber funktionierte es dann, wenn es zwei oder mehrere Leiter gab. Solche Gruppen benötigten sehr lange, um mit der Dusche klarzukommen, mitunter schafften sie es überhaupt nicht.

Es geschah aber auch folgendes: Alle wuschen sich mit Seelenruhe, bis ein Neuankömmling plötzlich die Hähne so drehte, daß die anderen entweder mit heißem oder mit eiskaltem Wasser überschüttet wurden. So verhalten sich Menschen, die es nicht gewohnt sind, mit anderen zu rechnen. Wenn der Betreffende wegging, stellten die Zurückbleibenden schnell die alte Ordnung wieder her. Nicht immer war solch ein neuer Badegast ein schlechter Mensch; meist paßte er nur psychologisch nicht zu den anderen.

Diese Dusche hat sich mir für das gesamte Leben eingeprägt. Hier äußerten sich sehr auffällig die gleichen Gesetzmäßigkeiten, die es auch in jeder Gruppe gibt, sei es eine zufällige bzw. noch nicht gefestigte Gruppe oder ein Kollektiv.

Wenn ich von Schwierigkeiten in der Zusammenarbeit einer Flugzeugbesatzung, einer Gruppe überwinternder Forscher auf einer meteorologischen Station oder von Arbeitern einer Brigade höre, dann denke ich stets an diese Dusche.

Der korrigierte Fehler

Der griechische Arzt Hippokrates, der von 460 bis 377 v. u. Z. lebte, und seine Nachfolger erklärten verschiedene Krankheiten und Temperamentstypen der Menschen aus dem Vorherrschen einer der folgenden Flüssigkeiten im Organismus:

für Sanguiniker — Blut, das durch das Herz abgesondert wird;

für Phlegmatiker — Schleim, der durch das Gehirn abgesondert wird;

für Choleriker — gelbe Galle, die durch die Leber abgesondert wird;

für Melancholiker — schwarze Galle, die durch die Milz abgesondert wird.

Die menschlichen Temperamentstypen wurden später entsprechend ihren lateinischen und griechischen Bezeichnungen für diese Flüssigkeiten (sanguis, phlegma, chole, melaina chole) benannt. Das Wort »Temperament« selbst bedeutet auf Lateinisch »richtige Mischung«.

Pawlow stellte die Verbindung zwischen dem Temperament und dem Typ der höheren Nerventätigkeit, der durch die Wechselbeziehung der Stärke, Beweglichkeit und Ausgeglichenheit der Erregungs- und Hemmungsprozesse in der Großhirnrinde bestimmt wird, her. »Wir können mit vollem Recht die am Hund festgestellten Typen des Nervensystems (und sie sind sehr genau charakterisiert) auf den Menschen übertragen. Offenbar entsprechen diese Typen dem, was wir beim Menschen als Temperamente bezeichnen. Das Temperament

	stark			schwach
	ruhig	lebendig	ungestüm	
Stärke	stark	stark	stark	schwach
Ausge-glichenheit	ausge-glichen	ausge-glichen	unaus-geglichen erregbar	unaus-geglichen gehemmt
Beweglich-keit	träge	beweglich	beweglich	beweglich oder träge

und der Temperamentstypen nach Hippokrates

Phlegmatiker	Sanguiniker	Choleriker	Melancholiker

ist die allgemeinste Charakterisierung jedes einzelnen Menschen, die grundlegendste Charakterisierung seines Nervensystems, und dieses gibt der gesamten Tätigkeit jedes Individuums ein ganz bestimmtes Gepräge.«

Bei ein und demselben Menschen können sich unter verschiedenen Bedingungen Eigenschaften äußern, die verschiedenen Temperamentstypen eigen sind. Wenn man sieht, wie langsam ein Schüler seine Hausaufgaben anfertigt und der Mutter hilft, dann könnte man denken, er sei ein Phlegmatiker. Nachem man ihn aber im Stadion gesehen hat, wo die Mannschaft, mit der er hofft und bangt, ein Tor geschossen hat, sind wir entschlossen, ihn als Choleriker zu bezeichnen. In der Schulklasse tritt er uns vielleicht als Sanguiniker entgegen; an der Tafel aber kann man ihn manchmal für einen Melancholiker halten. Wenn jedoch Schüler mit unterschiedlichem Temperament unter den gleichen Bedingungen beobachtet werden, dann wird sich ihr Verhalten noch mehr voneinander unterscheiden.

Das Temperament manifestiert sich sehr stark im allgemeinen Ausdruck der Persönlichkeit, bestimmt aber keineswegs den sozialen Wert eines Menschen. Lermontow und Napoleon waren Sanguiniker, Gogol und Tschaikowski — Melancholiker, Puschkin und Pawlow — Choleriker.

Es ist unabhängig vom Temperament, ob eine Person klug oder dumm, ehrlich oder unehrlich, gut oder böse, talentiert oder untalentiert ist. Eine Zeitlang glaubte man, daß Vertreter des schwachen

Typs des Nervensystems sozial gesehen nicht vollwertig seien. Vor einigen Jahren wurde in einer Moskauer Schule bei einem speziell untersuchten Schüler ein solches schwaches Nervensystem festgestellt. Bei Beendigung der Schule erhielt er eine Goldmedaille. Es fanden sich Leute, die entweder die Richtigkeit der Methode, die den Typ des Nervensystems bestimmen sollte, oder aber die Berechtigung, daß dieser Schüler eine Medaille erhielt, in Zweifel stellten. Eine sorgfältige Überprüfung zeigte jedoch, daß die Aushändigung der Medaille gerechtfertigt war und daß das Nervensystem des Ausgezeichneten tatsächlich zum schwachen Typ gehörte.

Dieser Fall half dem Psychologen B. M. Teplow, den Mythos der sozialen Minderwertigkeit von Persönlichkeiten mit schwachem Nervensystem, die zwar schnell ermüden, dafür aber empfindsamer gegenüber ihrer Umwelt sind und differenzierter darauf reagieren, zu zerstören. Gleiches gilt auch für Tiere, denn sie wären, wenn sie nicht die Vorzüge des schwachen Nervensystems aufwiesen (sie sind empfindsamer und reagieren schneller), durch die natürliche Auslese schon längst ausgestorben.

Menschen mit schwachem Nervensystem können jedoch nicht als Hochbaumonteure oder Flieger arbeiten; aber es gibt ja genügend andere Berufe für sie.

In der Druckkammer

Eine Druckkammer ist ein Stahlkessel, aus dem mit Hilfe spezieller Pumpen die Luft herausgepumpt werden kann. In solchen Druckkammern werden Alpinisten vor dem Aufstieg, aber auch Flieger vor besonders hohen Flügen trainiert und untersucht.

Ich hatte Gelegenheit, zwei Flieger zu beobachten, die in einer Druckkammer untersucht wurden. Einer von ihnen war ein ruhiger, ausgeglichener Mensch mit genauen sparsamen Bewegungen; bevor er auf eine Frage antwortete, überlegte er. Der andere erwies sich als das ganze Gegenteil. Er war beweglich, lebendig und konnte keine Minute still sitzen: Er scherzte, fragte nach Details der Untersuchung und versuchte gleich selbst, die Antwort darauf zu geben. Der erste war ein typischer Phlegmatiker, der zweite ein Choleriker.

Unter den Bedingungen einer »Luftverdünnung«, die einer Höhe von 5000 bis 5500 Metern entsprach, setzte eine auffällige Verwandlung der beiden ein. Der Phlegmatiker wurde lebendig, begann seinem ihm überhaupt nicht zuhörenden Kameraden einen Witz zu erzählen, unterbrach sich selbst durch ein Lachen und forderte danach ganz beharrlich, so schnell wie möglich auf 8000 Meter zu gehen, da alles

»ganz vorzüglich läuft«. Seine Bewegungen wurden ungestüm. Bei einer experimentellen Untersuchung zeigte sich, daß seine Urteile und sein Gedächtnis oft schwankten und daß er den Sinn des Gelesenen schlecht verstand, obwohl er es sich mechanisch nicht schlecht eingeprägt hatte.

Der andere wurde schnell »sauer«, träge und schweigsam. Auf Fragen antwortete er erst nach einiger Zeit; bei schriftlichen Aufzeichnungen wiederholte er oft das gleiche Wort. Aus gelesenen Texten prägte er sich nur zufällige Auszüge ein, und schließlich zog er sich vollständig von dem psychologischen Experiment zurück, indem er erklärte, daß er schlafen wolle.

Bei beiden wurden jedoch die Besonderheiten ihrer Persönlichkeit insgesamt sowie die wichtigsten Charakterzüge nicht verändert. Welche Transformationen der Psyche und des Verhaltens in der Druckkammer auch vor sich gingen, sie hingen nur vom Temperament dieser Flieger ab. Sie wurden dadurch aber nicht weniger ehrlich, aber auch nicht ehrgeiziger als früher, und auch ihre Ideale änderten sich nicht.

Moralischer Einfluß

Bei einem in der Druckkammer untersuchten Flieger konnten deutlich ausgeprägte Merkmale der Höhenkrankheit beobachtet werden. Die biochemischen und physiologischen Kennwerte deuteten an, daß man jederzeit einen Bewußtseinsverlust erwarten konnte.

Als ich ihm aber mitteilte, daß jetzt die wichtigste Etappe des Versuches beginnt, die außerordentlich große Bedeutung für den Flieger hat, »riß er sich zusammen«, und seine Leistungsfähigkeit verbesserte sich deutlich, obwohl sich die biochemischen und physiologischen Kennwerte unter Umständen sogar verschlechterten.

Das Wissen über die gesellschaftliche Bedeutung der Versuchsergebnisse wurde zu einem moralischen Motiv, das die Tätigkeit positiv beeinflußte. Meine Worte waren ein moralischer Stimulus, der gesamte Versuch aber nichts anderes als ein »Labormodell« des bekannten sogenannten moralischen Einflusses.

Verwandlung

Einer meiner Bekannten, ein ausgezeichneter Schauspieler, der schon über hundert verschiedene Rollen gespielt hatte, war beleidigt, als ihm gesagt wurde, daß er sich in jeder neuen Rolle sehr stark wandelt.

»Was ist das für eine Verwandlung«, erwiderte er, »wenn ich, nachdem ich Desdemona erwürgt habe, abends meiner Frau lyrische Verse vorlese oder wenn ich in die Rolle eines Dummkopfes im Molièreschen ›Tartuffe‹ geschlüpft bin und danach sofort drei Spiele Schach hintereinander gewinne. Ich lebe nur zeitweilig das Leben meiner Rollen auf der Bühne, sonst bleibe ich derselbe.«

Damit hatte er jedoch nur teilweise recht.

Es gibt drei Gruppen psychischer Erscheinungen.

Psychische Prozesse (vergleiche die Kapitel ab S. 132–251) sind immer kurzzeitig. Ihre Dauer wird mitunter in Sekundenbruchteilen gemessen, wie zum Beispiel bei einer psychomotorischen Reaktion, und manchmal, aber selten, in Stunden, wie beispielsweise bei einem langen Denkprozeß.

Psychische Zustände können nicht nur Stunden, sondern auch Wochen andauern. Aber auch sie sind vorübergehend, haben einen Anfang und ein Ende. Ein Mensch war zunächst munter, dann aber ermüdet er. Vielleicht aber ist er sogar übermüdet. In diesem Zustand ist er reizbar oder im Gegenteil teilnahmslos gegenüber allen Dingen. Hat er sich ausgeruht (oder eventuell auch auskuriert), so ist er der gleiche wie vorher.

Persönlichkeitseigenschaften machen die dritte Gruppe psychischer Erscheinungen aus. Auch sie verändern sich natürlich, besonders unter dem Einfluß der Erziehung und der Selbsterziehung, jedoch bei weitem nicht so schnell wie die psychischen Zustände. Viele dieser Eigenschaften werden auch von der Kindheit bis zum Alter beibehalten, beispielsweise die Arbeitsliebe und die Ehrlichkeit.

Der sowjetische Psychologe Nikolai Dmitrijewitsch Lewitow (1890–1972), der diese Dreiteilung psychischer Erscheinungen vorgeschlagen hat, war stets verärgert, wenn diese Gruppen miteinander verwechselt wurden.

Auch ein schlechter Schauspieler kann auf der Bühne die psychischen Prozesse darstellen, die äußerlich sichtbar bei einem Helden ablaufen. Bei einem guten Schauspieler aber wird die Verwandlung auch eine Reihe psychischer Zustände hervorrufen, die für diesen Helden charakteristisch sind.

Wenn ein Schauspieler die Rollen von Menschen mit verschiedenen Charakteren spielt, dann wird eine solche Verwandlung seine Persönlichkeit allseitig entwickeln und bereichern. Ein guter Schauspieler, der lange Zeit Rollen mit ähnlichen Charakteren spielt, kann nach einer gewissen Zeit selbst die Persönlichkeitsmerkmale annehmen, mit denen seine Helden ausgestattet sind. Systematisch und lange Zeit sich wiederholende Zustände werden allmählich zu Persönlichkeitsmerkmalen.

Das geschieht nicht nur bei Schauspielern. Ein Mensch, der sich nicht bremsen kann und es gewöhnt ist, sich oft zu ärgern, nimmt nach einiger Zeit auch einen solchen Charakter an. Ist man dagegen gewohnt zu lachen, so bildet sich ein lustiger Typ heraus.

»Du magst mich nicht!«

Wie oft muß man diese Worte hören! Sie rufen bei einem Menschen, der sich für die Psychologie interessiert, zwei Fragen hervor.

Die erste und wesentlichste Frage ist — was sind psychologische Beziehungen?

W. N. Mjassistschew (1893–1973), Arzt und Psychologe, der viele Jahre an einer Theorie der Beziehungen gearbeitet hatte, nahm an, daß entwickelte psychologische Beziehungen des Menschen ein ganzheitliches System individueller, selektiver und bewußter Verbindungen der Persönlichkeit mit verschiedenen Seiten der objektiven Realität darstellen.

In diesem Sinne sind also Beziehungen nur für den Menschen charakteristisch. »Wo ein Verhältnis existiert, da existiert es für mich, das Tier ›verhält‹ sich zu nichts und überhaupt nicht. Für das Tier existiert sein Verhältnis zu anderen nicht als Verhältnis«, schrieben K. Marx und F. Engels. Beachten Sie aber bitte, daß am Ende dieses Satzes das Wort »Verhältnis« in einem anderen Sinne — als reale, objektive Verbindung — gebraucht wird.

Je vielseitiger eine Persönlichkeit entwickelt ist, desto reicher und differenzierter sind ihre psychologischen Beziehungen. Die moralische Erziehung schließt in sich die Herausbildung richtiger Beziehungen zu verschiedenen Handlungen — den eigenen und denen anderer Menschen — ein. Ausgehend von den Beziehungen, die ein Mensch mit anderen Menschen unterhält, kann ich ihn beurteilen; diese Beziehungen sind sein »Gesicht«: »Sage mir, wer dein Freund ist, und ich sage dir, wer du bist.«

Die Beziehungen eines Menschen zu den höchsten Werten des Lebens — zur Heimat, zur Arbeit und zum Mitmenschen — charakterisieren das Niveau seiner gesellschaftlichen Entwicklung.

Mjassistschew war nicht nur Pathopsychologe, sondern auch einer der erfahrensten sowjetischen Psychotherapeuten. »Die wichtigste Aufgabe des Arztes ist es«, sagt er, »den Kranken zu veranlassen, sich auf normale Art und Weise zu seiner Krankheit zu verhalten.«

Die Worte der Überschrift rufen aber noch eine weitere, zweite Frage hervor. Warum spricht man häufiger von »schlechten« als von »guten« Beziehungen?

263

Eine Antwort auf diese Frage ist nicht schwer zu finden. Gute Beziehungen sind in einer Gesellschaft, wo der Mensch dem Menschen Freund, Bruder und Kamerad ist, die Norm. Über diese guten Beziehungen wird weniger gesprochen als über irgendwelche Störungen dieser Norm.

Charakter und Schicksal

Ernst Thälmann sagte einmal zu seinen Genossen: »Welchen Weg du auch in Zukunft gehen wirst, die Voraussetzungen für dein Verhalten liegen in deinem Charakter ... Die Geschichte des Menschen ist sein Charakter.«

Ebenso richtig wäre es auch zu sagen, daß sich der Charakter eines Menschen in seiner Tätigkeit herausbildet, d. h. auf dem »Weg«, den er im Leben geht.

Ein ähnlicher Gedanke liegt auch einem orientalischen Sprichwort zugrunde:

Säst du eine Tat, so wirst du eine Gewohnheit ernten,
Säst du eine Gewohnheit, so wirst du Charakter ernten,
Und säst du Charakter, so wirst du Schicksal ernten.

Wie aber werden die hier verwendeten Begriffe von der Wissenschaft definiert?

Eine Tat ist eine Handlung oder die Gesamtheit von Handlungen, deren gesellschaftliche Bedeutung dem Handelnden bewußt ist.

Die Gewohnheit ist eine Handlung, deren Realisierung zum Bedürfnis geworden ist.

Unter Charakter versteht man die Gesamtheit der ausgeprägtesten stabilsten psychischen Eigenschaften der Persönlichkeit, die sich in den Taten und Handlungen des Menschen äußern. Sehr genau wurde der Begriff »Charakter« von dem sowjetischen Psychologen B. C. Ananjew (1907–1972) definiert. Er ist der Auffassung, daß Charakter eine Äußerung der Persönlichkeit ist, »die die Hauptrichtung des Lebens einer Person ausdrückt und sich in einer für die betreffende Persönlichkeit charakteristischen Handlungsweise äußert«.

Das »Schicksal« aber haben sich schwache Menschen erdacht, um ihre falschen Handlungen, ihre dummen Gewohnheiten und ihren schlechten Charakter zu rechtfertigen und alle Mißerfolge auf andere abzuwälzen. Das Sprichwort: »Jeder ist seines Glückes Schmied« ist völlig zutreffend.

Haben Sie ein Gewissen?

Einst hörte ich folgendes Gespräch:

»Haben Sie denn kein Gewissen?«

»Sie haben wohl eines? Weder ich noch Sie noch irgend jemand hat ein Gewissen! Nur Dichter und Menschen, die an Gott glauben, sprechen von einem Gewissen.«

Der, der so antwortet, lag völlig falsch. Ich glaube, daß auch ihn sein Gewissen schon manchmal geplagt hat, und wahrscheinlich schlug es ihm auch bei dieser Antwort.

Unter Gewissen versteht man die Bewertung der eigenen Taten und Handlungen, gemessen an den Forderungen der Gesellschaft. Gewissensbisse sind ein Gefühl der moralischen Verantwortung des Menschen für seine Handlungen vor der Gesellschaft, das bei einem Vergleich dieser Handlungen mit moralischen Normativen erlebt wird. Die marxistische Ethik, d. h. die Lehre von der Moral, behauptet, daß diese Normative von der ökonomischen Struktur der Gesellschaft abhängen. In verschiedenen Epochen und bei unterschiedlichen sozialen Klassen sind diese Normen unterschiedlich.

Einem Gutsbesitzer, der ein Bauernmädchen gegen einen Wachhund eintauscht, schlägt das Gewissen nicht. Auch d'Artagnan und seine drei Musketiere stört es nicht, wenn sie — um die Ehre ihrer Uniform zu verteidigen — Gardisten im Duell töten. Auch ein Kaufmann, der seine Käufer betrügt, wird nicht von seinem Gewissen gemahnt.

Der Mensch lebt in der Gesellschaft. Von Kindheit an lernt er die moralischen Normative dieser Gesellschaft kennen. Sie werden zu einem Teil seiner Weltanschauung und seiner Überzeugungen.

Solange ein Kind nicht weiß, »was gut und was schlecht ist«, hat es kein Gewissen. Aber auch einem Erwachsenen kann bezüglich einiger seiner Handlungen nicht bewußt werden, daß er gesellschaftliche Verhaltensnormen übertritt. In anderen Fällen kann sein Wissen über diese Normen nicht tiefgründig genug sein, d. h., es ist noch keine Überzeugung geworden. Von solchen Leuten sagt man, daß sie moralisch unerzogen sind.

Ein Mensch, der die moralischen Normen der Gesellschaft, in der er lebt, kennt, kann sich auch möglicherweise mit diesen Normen nicht einverstanden erklären und dagegen rebellieren. Die Vertreter der betreffenden Gesellschaft werden diesen Menschen eventuell als gewissenlos bezeichnen. Die Geschichte wird dann darüber urteilen, ob dieser Mensch recht hatte, wie zum Beispiel Tschernyschewski, der den Roman »Was tun?« schrieb.

Gewissenlos im richtigen Sinne des Wortes ist ein Mensch, der die moralischen Normen der Gesellschaft kennt und sie auch als richtig anerkennt, jedoch nur für andere ... und nicht für sich selbst.

Wenn ein Mensch so erzogen worden ist, daß er fest von den notwendigen Verhaltensnormen überzeugt und gewohnt ist, sein Verhalten vergleichend diesen Normen gegenüberzustellen, dann werden sich bei ihm — ob er es will oder nicht — bei Übertretungen dieser Normen Gewissensbisse, Reue und Scham einstellen.

Die Reue ist durch den Wunsch gekennzeichnet, daß eine durch den Menschen vollzogene Handlung besser nicht vollzogen worden wäre. Scham dagegen ist ein Gefühl der Unzufriedenheit, die von einem Menschen, der entgegen seinen ethischen Normen gehandelt hat, erlebt wird. Reue ist immer mit dem geistigen Erfassen der Bedeutung und der Konsequenzen der Handlung, also mit einem Denkprozeß, verbunden. Die Scham ist ihrem Mechanismus nach eine bedingtreflektorische Emotion. Sie kann einmal begründet sein, schüchterne Menschen aber schämen sich mitunter auch wegen irgend etwas und ohne hinreichenden Grund. Manchmal schämt sich der Mensch sogar nur bei dem Gedanken daran, daß er eine amoralische Handlung begehen könnte.

Das Bedürfnis nach Arbeit

Ein alter Arbeiter kommt, nachdem er in Rente gegangen ist, statt sich seine verdiente Ruhe zu gönnen, weiterhin zur Arbeit und nimmt dort an den Arbeitsberatungen teil, um mit seinem Rat zu helfen. Das ist kein Einzelfall, sondern eine recht häufige Erscheinung bei uns. Die psychologischen Ursachen dafür liegen in dem Bedürfnis nach Arbeit. Dieses Bedürfnis ist typisch für einen Menschen, der in einer Gesellschaft lebt, die den Kommunismus aufbaut.

Dieses Bedürfnis kann so stark sein, daß seine Befriedigung einen physisch abbauenden Menschen noch lange Zeit aufrecht hält, seine Nichtbefriedigung aber nicht nur zu einem schnellen Kräfteverfall, sondern häufig auch zu einem frühzeitigen Tod führt.

Es ist jedoch falsch anzunehmen, daß das Bedürfnis nach Arbeit nur für alte Menschen, die ihr ganzes Leben lang gearbeitet haben, charakteristisch ist. Dieses Bedürfnis kann und — man muß gleich hinzufügen — soll sich schon in der Kindheit und Jugend herausbilden und äußern.

Das Bedürfnis zu arbeiten ist eine Eigenschaft der Persönlichkeit des Menschen; und sie wird geprägt durch seine Arbeit, die schöpferisch, nicht leicht, doch den eigenen Kräften angemessen sein und stets bis zum — wie gesagt wird — glücklichen Ende geführt werden soll.

Sie könnten denken, daß ich im letzten Satz das Wort »interessant« vergessen hätte. Aber ist es nicht so, daß eine schöpferische, den eigenen Kräften entsprechende und zu Ende geführte Arbeit zwangsläufig auch interessant ist?

Versuchen Sie das einmal zu überprüfen — dann werden Sie es glauben!

Vorzeitiger Verdruß

»Wenn sich bei mir mit 16 Jahren noch keinerlei Talent gezeigt hat, dann kann das doch nur bedeuten, daß aus mir nichts wird«, seufzte Serjosha.

Damit hatte er nicht ganz recht, obwohl sich hervorragende musikalische, künstlerische und literarische Talente tatsächlich oft schon in der frühen Kindheit äußern. Mozart spielte mit vier Jahren Klavier, mit fünf Jahren komponierte er schon, mit acht schuf er seine erste Sonate und Sinfonie, und mit elf schrieb er die erste Oper. Glinka hängte im Alter von sieben bis acht Jahren Schüsseln in seinem Zimmer auf und imitierte Glockengeläute. Schon mit zwei Jahren entwickelten sich bei Rimski-Korsakow das musikalische Gehör und Gedächtnis.

Eine viel größere Anzahl von Kindern aber, die durch ihre extreme Begabung alle in Erstaunen versetzten, sogenannte »Wunderkinder«, erwiesen sich in späteren Jahren jedoch als »steril«.

Außerdem gab es nicht wenige Leute, die bemerkenswerte Spuren in der Geschichte der Kultur oder Wissenschaft hinterließen, deren Talent jedoch nicht sofort auffiel, sondern sich mitunter erst recht spät entwickelte. So trat die Begabung des Malers Wrubel erst in Erscheinung, als er 27 Jahre alt war. Bei dem Schriftsteller Aksakow geschah das noch später — erst mit 50 Jahren.

Lehrreich ist auch das Beispiel Tschaikowski. Er hatte kein absolutes Gehör, über sein schlechtes musikalisches Gedächtnis klagte der Komponist selbst, Klavier spielte er fließend, aber dennoch nicht übermäßig gut, obwohl er seit seiner Kindheit spielte. Zu komponieren begann Tschaikowski erst, als er schon Rechtswissenschaften studiert hatte. Ungeachtet dessen wurde er ein genialer Komponist.

Wie viele Fehler wurden schon bei der Einschätzung der Fähigkeiten begangen! Wieviel talentierte »Stiefkinder der Schule« hat es schon gegeben: Der bekannte Biologe Linné, die Physiker Franklin und Pierre Curie, die Erfinder Watt, Morse und Edison, die Philosophen Spencer, Herzen und Belinski, die Schriftsteller Scott, Byron, Edgar Allan Poe, Gogol und sogar Newton, Darwin und Wundt galten in der Schule als absolut unfähige Schüler.

Es gibt also mit 16 Jahren und auch wesentlich später keinerlei Grund, um zu sagen: »Aus mir wird nichts.« Man könnte lediglich sagen: »Bisher ist aus mir noch nichts geworden.«

Dennoch ist es um so besser, je früher der Mensch seine Berufung erkennt, die Tätigkeit, die ihm die meiste Freude macht, herausfindet und weiß, wonach sein Streben geht. Dafür ist es nicht allein ausreichend, Vorstellungen über die verschiedenen Berufe zu haben, sondern auch über sich selbst und über seine Fähigkeiten für die verschiedenen Berufe. Hilfe soll hierbei der Bereich der Arbeitspsychologie leisten, der als Berufsberatung bezeichnet wird.

Das ist der psychologische Aspekt der freien Berufswahl, die für die sozialistische Gesellschaft charakteristisch ist.

Talent oder Genie?

Auf Ausstellungen, in Konzerten und bei Schauspielen sind unter Jugendlichen, die sich für die Kunst interessieren, häufig heiße Streitgespräche über das Thema zu hören: Ist dieser Künstler, Musikant oder Dramatiker ein Genie oder nur ein Talent?

Was ist denn ein Talent? Die Wissenschaftler sagen, daß Talent eine besonders günstige Kombination von Fähigkeiten für eine bestimmte Tätigkeitsform ist, die Voraussetzungen für deren schöpferische Ausführung. Einem Talent ist immer eine hochentwickelte schöpferische Einbildungskraft eigen.

Wenn wir ein Bild sehen, das vielleicht auch handwerklich sehr gut gelungen ist, uns jedoch aufgrund seines Themas und seiner Art der Ausführung an andere, schon oft gesehene Bilder erinnert, dann ist kein Grund vorhanden, von einem talentierten Künstler zu sprechen, denn er hat dieses Bild gemalt, ohne damit ein charakteristisches, originelles Werk zu schaffen, womit er einen neuen Beitrag zur Entwicklung der Malerei geleistet hätte.

Die Kunstgeschichte kennt jedoch auch hochtalentierte Kopierer. Ein Talent kann sich auch bei der Nachahmung (Kopie) oder Parodie äußern. In der Eremitage und der Tretjakow-Galerie arbeiten viele begabte Restauratoren. Es ist klar, daß ihre Arbeit von niemandem als »stereotyp« oder »Klischee« bezeichnet wird, da sie mit ungewöhnlicher Genauigkeit und sehr geschickt das reproduzieren, was andere gemalt haben. Ihre Arbeit ist einfach eine spezielle Tätigkeitsform, und das Talent kann sich in jedem beliebigen Bereich äußern.

Wenn Sie beweisen wollen, daß dieser oder jener Komponist oder Künstler, der Ihnen besonders gut gefällt, genial ist, dann gehen Sie meist zu wenig objektiv und mit starker emotionaler Beteiligung vor.

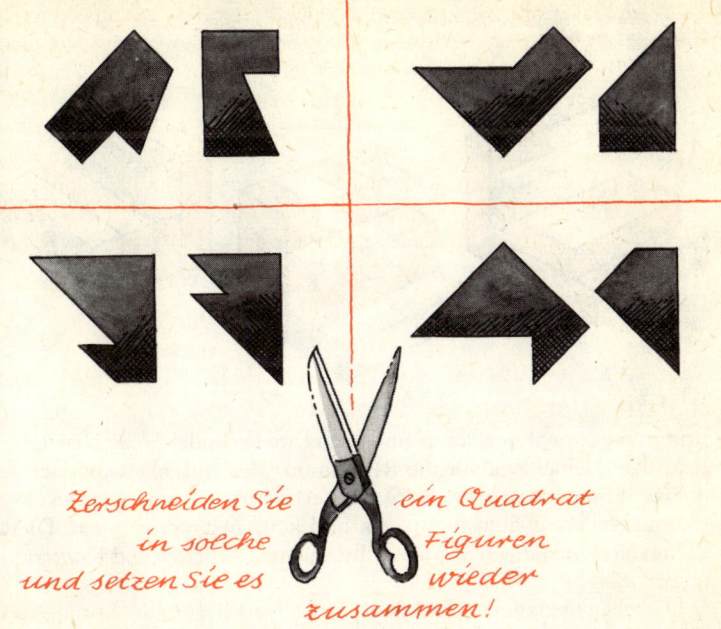

Zerschneiden Sie ein Quadrat in solche Figuren und setzen Sie es wieder zusammen!

Ein Genie ist eine außerordentlich begabte Person. Das allein aber ist nicht genug. Das Werk eines genialen Menschen hat für die Gesellschaft historische und unbedingt auch positive Bedeutung. Deshalb ist der Unterschied zwischen dem Talent und dem Genie nicht so sehr im Grad der Begabung begründet, sondern vielmehr darin, daß ein Genie mit seiner Arbeit in einem speziellen Tätigkeitsbereich eine Epoche kennzeichnet. Die Genialität drückt sich in der Fähigkeit aus, mit größter Effektivität die Lösung herangereifter Aufgaben der gesellschaftlichen Entwicklung zu unterstützen.

Wenn Sie diese Kriterien benutzen, wird es für Sie künftig nicht schwierig sein, die heißen Diskussionen, die gewöhnlich durch die Willkürlichkeit der Einschätzungen zustande kommen, zu schlichten.

Räumliches Vorstellen

Nicht allen gelingt es, schnell und fehlerlos eine Reihe vorher aufgezeichneter Quadrate in Stücke mit bestimmter Form (so, wie sie hier dargestellt sind) zu zerschneiden und wieder zusammenzufügen. Über-

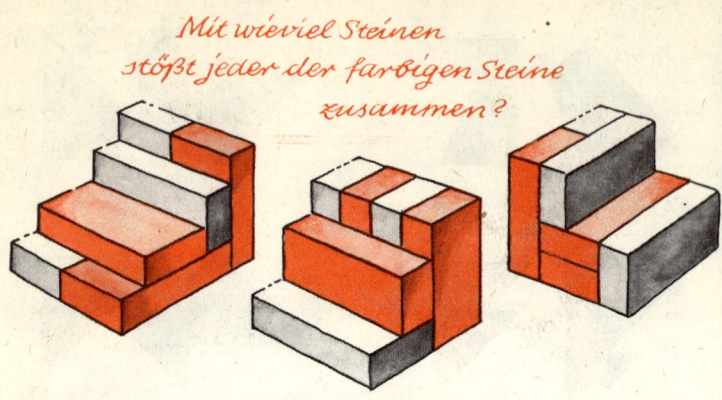

Mit wieviel Steinen stößt jeder der farbigen Steine zusammen?

prüfen Sie einmal sich selbst und auch Ihre Freunde! Stellen Sie dabei fest, wer wieviel Zeit für die Realisierung der Aufgabe benötigt!

Das Lösen derartiger Aufgaben erfordert ein gut entwickeltes räumliches Vorstellungsvermögen und konstruktives Denken. Diese Fähigkeiten benötigen vor allem Ingenieure, Arbeiter und Konstrukteure.

Die eben genannten Fähigkeiten sind auch für die Lösung der folgenden Aufgabe erforderlich. Versuchen Sie, so schnell wie möglich aufzuschreiben, mit wieviel Steinen jeder der Steine zusammenstößt, der auf der Zeichnung durch eine Nummer gekennzeichnet ist.

Testen Sie sich auch einmal bei »individuellem Tempo«. Vielleicht finden Sie so Fehler heraus, die Sie vorher aufgrund des »Zeitmangels« gemacht haben.

Diese Aufgaben gehören zu einem Test, der der Bestimmung technischer Fähigkeiten dient.

Wie sind Fähigkeiten zu entwickeln?

Diese Frage bewegt alle. Konkrete Antworten darauf gibt es so viele, wie es verschiedenartige Fähigkeiten gibt, denn Fähigkeiten existieren immer in bezug auf etwas, d. h. auf eine bestimmte Tätigkeitsart. Ein Mensch, der für Musik wenig befähigt ist, kann ein außerordentlich fähiger Konstrukteur oder Gärtner sein oder umgekehrt.

Unter Fähigkeiten verstehen wir — wissenschaftlich definiert — die Gesamtheit relativ beständiger, wohl aber veränderlicher Eigenschaften der Persönlichkeit des Menschen, die seinen Lernerfolg und die Vervollkommnung in einem besonderen Bereich bestimmen.

Bei aller Vielfalt der Entwicklungsmöglichkeiten konkreter Fähigkeiten gibt es eine Reihe allgemeiner Regeln.

Die erste heißt Zielgerichtetheit. Vor allem muß festgelegt werden, welche Fähigkeiten zu entwickeln sind und in welcher Richtung. Alle psychischen Eigenschaften der Persönlichkeit und folglich auch alle Fähigkeiten entwickeln sich nur in der Tätigkeit, für die sie Voraussetzung sind. Eben das besagt auch das Sprichwort: »Schwimmen lernt man durch schwimmen.« In tiefem Irrtum sind alle diejenigen, die annehmen, daß man den Willen festigen kann, ohne volitive Handlungen auszuführen, daß das Gedächtnis zu verbessern ist, ohne sich irgend etwas einzuprägen, oder daß man sich Furchtlosigkeit »antrainieren« kann, ohne mit Gefahren und Risiken konfrontiert zu werden.

Je besser der Mensch die Bedeutung seiner Handlungen begreift, desto besser werden sich bei ihrer Ausführung die entsprechenden Fähigkeiten herausbilden. Das Einprägen eines bestimmten Materials, von dem man nicht weiß, wofür es notwendig ist, entwickelt das Gedächtnis nicht. Indem der Mensch eine bestimmte praktische Aufgabe — »sei es die geringste, sei es die einfachste« — löst, vervollkommnen sich seine Persönlichkeitseigenschaften. Darüber sprach Lenin zu den Komsomolzen.

Die Bewußtheit der ausgeführten Handlungen ist gewöhnlich mit dem aktiven Streben verbunden, das Erforderliche so erfolgreich wie möglich zu tun, da das Endziel bekannt und bewußt ist. Deshalb wird sich das Gedächtnis ohne Überprüfung der eingeprägten Ergebnisse nicht entwickeln. Gleiches gilt für die Verbesserung des Augenmaßes, der Beobachtungsfähigkeit sowie anderer Fähigkeiten, obwohl nicht alle gleich leicht überprüft und eingeschätzt werden können.

Am effektivsten entwickeln sich die psychischen Eigenschaften des Menschen nicht in einer, sondern in verschiedenen Tätigkeitsarten und bei kontinuierlicher Komplizierung der Aufgaben. Auch einfache Aufgaben fördern die Fähigkeiten des Menschen nicht. Außerdem soll die Aufgabe immer den eigenen Kräften angemessen sein: gerade so schwierig, daß der Glaube an die eigenen Kräfte nicht verlorengeht, sonst entstehen Verwirrung und Verkrampfung.

Wichtige Faktoren bei der Entwicklung der Fähigkeiten sind auch die Wiederholung und Systematik der Anwendung der entsprechenden Bildungs- und Erziehungsmittel. Die Wiederholung ist nicht nur die Mutter des Lernens, sondern auch der Erziehung.

Das Wichtigste aber ist der Wunsch, die eigenen Fähigkeiten vervollkommnen zu wollen, und eine gewisse Beharrlichkeit bei der Zielerreichung.

Der nicht abgesandte Zettel

Ich hatte den Auftrag, die Arbeit eines Kulturklubs zu überprüfen, und ich dachte, daß ich mit den jungen Leuten am besten in einer Vorlesung, in der über kommunistische Erziehung gesprochen wird, bekannt werde.

Am Ende der Vorlesung schrieb einer der Zuhörer einen Zettel und versuchte dann einige Male, ihn dem Vortragenden zuzuschicken — steckte ihn dann aber immer wieder in die Tasche. Es lohnt sich hier nicht zu erklären, wie ich mit diesem jungen Mann bekannt geworden bin und schließlich den mich stark interessierenden Zettel erhielt. Darauf stand:

»Sehr geehrter Lektor! Ich geriet in sehr schlechte Gesellschaft und wurde zu einem Dieb. Eines Tages ging ich, um mich etwas aufzuwärmen, in den Klub zu Ihrer Vorlesung über den Sowjetmenschen. Danach habe ich alle Bücher von Krupskaja, Kalinin und Makarenko gelesen, von denen Sie gesprochen haben. Ich habe viel nachgedacht, und das folgende, nicht ganz wissenschaftliche Bild hat sich für mich ergeben:

1. Je schlechter und schwerer das Leben der Menschen ist, desto häufiger verhalten sie sich gewollt oder ungewollt schlechter, als sie sollten.

2. Früher war die Gesellschaftsordnung so organisiert, daß auch gute Menschen häufig gezwungen waren, Schlechtes zu tun.

3. Heute können alle Menschen in unserem Lande immer richtig handeln, obwohl das mitunter schwierig ist. Schwierig wird es besonders dann, wenn jemand mehr haben möchte, als er haben kann, oder wenn ein schlechter Mensch den anderen negativ beeinflußt und andere das nicht sehen.

4. Das letzte ist das Wichtigste. Je schneller es bei uns keine schlechten Menschen mehr gibt, je besser die Leute arbeiten und sich untereinander verstehen, desto leichter wird ihr Leben.

Man müßte ein Dummkopf sein, wollte man sich nicht bemühen, besser zu sein.

Man müßte ein Schuft sein, um wegen kleiner Vorteile sich und andere ins Verderben zu stürzen.

Ich bitte Sie, meinen Zettel laut vorzulesen und zu sagen, ob ich die Frage, was kommunistische Erziehung ist, im allgemeinen richtig verstehe.«

Ich sagte meinem neuen Freund, daß er dieses Problem „im allgemeinen" richtig sehe, und schalt ihn, daß er sich nicht hatte entschließen können, einen so guten Beitrag vorzulesen.

Die Tätigkeit

Das Beispiel von den Puppen

Die bekannte Völkerkundlerin Margaret Mead entdeckte auf einer Insel im Stillen Ozean einen Eingeborenenstamm, der völlig isoliert von der übrigen Welt lebte. Das Leben dieses Stammes war sehr eigenartig: So hatten zum Beispiel weder die Kinder noch die Erwachsenen Vorstellungen davon, was Puppen sind.

Die Forscherin hatte Puppen mitgebracht und verteilte sie unter den Kindern. Jungen und Mädchen interessierten sich gleichermaßen dafür. Bald spielten sie ebenso mit diesen Puppen, wie es die Kinder aller Völker der Erde zu tun gewohnt sind: Sie zogen sie an und aus, legten sie schlafen und bestraften sie für Ungezogenheiten.

Logischerweise könnte man annehmen, daß die Puppen bei den Mädchen den biologischen Instinkt der Mutterschaft erweckt hatten und daß die Jungen die Mädchen nachahmten und somit auch zeitweilig Spaß am Puppenspiel fanden. Das Interesse an den Puppen war tatsächlich nur ein zeitweiliges, und ein Teil der Kinder hörte schon bald wieder mit dem Spielen auf. Bei der anderen Hälfte verflog das Interesse nicht so schnell, sondern − im Gegenteil − es verstärkte sich, und die Kinder erdachten immer neue Spielvarianten. Aber scheinbar ganz entgegen der Logik erlosch das Interesse am Puppenspiel zuerst bei den Mädchen, während die Jungen noch mit Hingabe spielten.

Die Eigenart des Lebens dieser Inselbewohner bestand unter anderem darin, daß die Hauptfürsorge um die Kinder und ihre Erziehung auf den Schultern der über mehr freie Zeit verfügenden Männer lag, während die Frauen ständig mit dem Erwerb und der Zubereitung der Nahrung beschäftigt waren.

An diesem Beispiel wird eine nicht immer so klar erkennbare Gesetzmäßigkeit deutlich: Die gesellschaftlichen Bedingungen beeinflussen stärker als die biologischen Besonderheiten die Interessen, Gefühle und Tätigkeiten des Menschen.

Unterschiedliche Motive

»... Papa, Mama und Tante Nadja sind fort ... In Erwartung ihrer Rückkehr sitzen Grischa, Anja, Aljoscha, Sonja und Andrej, der Sohn der Köchin, im Eßzimmer am Speisetisch und spielen Lotto ... Die Kinder spielen um Geld. Der Einsatz − eine Kopeke.

Sie spielen mit rechtem Feuer. Grischas Gesicht verrät die stärkste Hingabe ... Er spielt ausschließlich des Geldes wegen. Wenn auf der Untertasse keine Kopeken lägen, würde er schon längst schlafen ... Angst, daß er nicht gewinnen könnte, Neid und finanzielle Erwägungen, die ihm durch den Kopf gehen, lassen ihn nicht ruhig sitzen und erlauben ihm nicht, sich zu konzentrieren ...

Seine Schwester Anja, ein Mädchen von acht Jahren ..., hat ebenfalls Angst, daß ein anderer gewinnen könnte ... Die Kopeken interessieren sie nicht. Glück im Spiel zu haben ist für sie eine Frage der Eigenliebe.

Die andere Schwester, Sonja ... spielt Lotto des Spieles halber ... Wer immer auch gewinnt, sie lacht stets und klatscht in die Hände.

Aljoscha ... bewegt kein Ehrgeiz, keine Eigenliebe treibt ihn. Er ist schon dafür dankbar, daß man ihn nicht vom Tisch fortjagt und ins Bett steckt. Er hat sich weniger zum Lottospielen dazugesetzt als wegen der Mißverständnisse, die nun einmal mit dem Spiel unzertrennlich sind. Es freut ihn schrecklich, wenn einer den anderen haut oder beschimpft ...

Der fünfte Mitspieler, Andrej ... steht regungslos da und schaut träumerisch die Zahlen an. Gewinne und Erfolge der anderen berühren ihn wenig, denn er ist ganz in die Arithmetik des Spieles versenkt, in dessen unkomplizierte Philosophie: Wieviel verschiedene Zahlen es doch auf dieser Welt gibt, und wie es kommt, daß sie nicht durcheinandergeraten ...«

Diese Auszüge aus Tschechows Erzählung »Kind und Kegel« verdeutlichen uns, wie ein und dieselbe Tätigkeit durch verschiedene Motive ausgelöst werden kann.

Wir haben uns schon mehrfach über die Bedeutung der Motive für die Tätigkeit des Menschen unterhalten. Bisher aber haben wir diesen Begriff noch nicht psychologisch definiert.

Ein Motiv ist das, was den Menschen innerlich zu einer Tätigkeit veranlaßt. Motive können Bedürfnisse, Interessen, Bestrebungen, Gefühle oder auch Gedanken sein.

Es ist sehr wichtig zu wissen, was ein Mensch tun möchte und was er tatsächlich tut. Noch wichtiger ist es zu wissen, aus welchen Motiven heraus er so oder so handelt. Am wichtigsten aber ist es, den Menschen so zu erziehen, daß die Motive seiner Tätigkeit von gesellschaftlichem Verantwortungsbewußtsein getragen sind. Tätigkeit ist eine umfassende Äußerungsform der Aktivität, die ihrerseits eine Eigenschaft der Materie ist. Es gibt verschiedenartige Aktivität (chemische, biologische usw.). Die höchste Form der Aktivität ist jedoch die Wechselwirkung des Menschen mit seiner Umwelt, in der er ein bewußt gestelltes Ziel zu erreichen versucht. Jede Tätigkeit weist folgende psychologische Struktur auf: Ziel — Motiv — Mittel und Methoden der Ausführung — Ergebnis. Daraus wird deutlich, daß man stets in der Lage sein muß, seine Tätigkeit zu planen, sich nicht zu verzetteln und an einem Ziel festzuhalten, indem die Ziele einzelner Handlungen dem allgemeinen Ziel der Tätigkeit untergeordnet werden.

Nicht umsonst wird gesagt: »Wieviel kann man tun, wenn man nichts anderes tut!«

Und Georg Christoph Lichtenberg sagte es noch schärfer: »Die Menschen, die niemals Zeit haben, tun gewöhnlich am wenigsten.«

Im Werk und am Schießstand

Der Gütekontrolleur eines Werkes, das Kleinkalibergewehre herstellt, prüft den lieben langen Tag, ob kein Ausschuß hergestellt wird und ob die Gewehre gut zu laden sind. Diese Pflicht bestimmt im wesentlichen seine Tätigkeit.

Tätigkeit allgemein ist eine Wechselwirkung des Menschen mit seiner Umwelt, in deren Verlauf er versucht, ein bewußt gestelltes Ziel zu erreichen bzw. zu verwirklichen.

Ein Anfänger, der gerade erst lernt, wie ein Gewehr geladen wird, flüstert dabei häufig: »Kammerstengel nach oben — zu mir ziehen — vorschieben — nach rechts umlegen.« Auch für ihn ist das Laden eines Gewehres eine Tätigkeit. Sie schließt in sich vier einzeln bewußt werdende Ziel ein, die der Anfänger auch hörbar formuliert. Vier Ziele — vier Handlungen.

Bei einem erfahrenen Schützen aber ist es, wenn er Einzelschüsse abgibt, so, daß das Laden des Gewehres eine Handlung ist, bei der die vier ursprünglich selbständigen Handlungen zu einer komplizierten verschmolzen sind. Sollte aber das Ziel der Handlung einmal darin bestehen, das gesamte Magazin so schnell und genau wie möglich leerzufeuern, dann wird das Laden des Gewehrs keine Handlung mehr sein, sondern nur noch Mittel zur Ausführung einer noch komplizierteren Handlung (Schnellfeuer).

Ob nun gut oder schlecht — jedermann kann vom ersten Mal an ein Gewehr laden, wenn es ihm nur erklärt worden ist. Wenn er das Schießen lernt, wird er sehr oft laden müssen; er übt und vervollkommnet diese Fähigkeit, so daß sie zu einer Fertigkeit wird.

Eine Fertigkeit ist eine Handlung, die sich allmählich herausbildet und im Verlauf des Übens ihre psychologische Struktur verändert. Je länger und beharrlicher das Training durchgeführt wird, desto besser werden die Handlungen automatisiert. Habe ich aber einmal

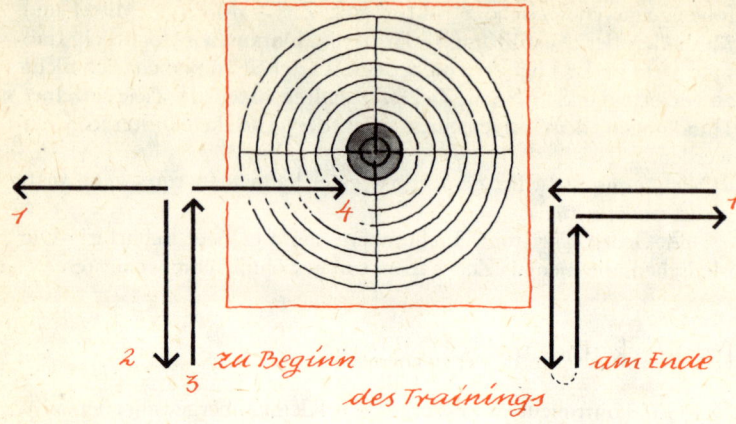

Handlungen, die beim Laden eines Gewehres ausgeführt werden

lange Zeit nicht geschossen, dann wird durch diese Pause die Fertigkeit »zerfallen«, d. h. entautomatisiert.

Das, was ich am Beispiel des Ladevorganges eines Kleinkaliberge-wehres erklärt habe, gilt ganz generell für alle Fertigkeiten, nicht nur für motorische, wie das Schießen, Radfahren, Arbeit an einer Werk-bank usw., sondern auch für sensorische (dazu gehört z. B. das Augen-maß) und geistige Fertigkeiten (beispielsweise das Lesen).

Spiegelschrift

Setzen Sie sich vor einen Spiegel, und verdecken Sie vorn Ihre schreibende Hand und das Papier mit einem Stück Zeichenkarton. Versuchen Sie dann, indem Sie in den Spiegel schauen, zu schreiben oder zu zeichnen.

Zeichnen Sie zuerst die einfachen geometrischen Figuren auf das Papier, später können Sie dann zu malen und zu schreiben versuchen. Achten Sie einmal darauf, daß Ihnen sowohl Bewegungen zu sich hin und von sich weg als auch Bewegungen von links nach rechts und umgekehrt leichterfallen als schräge Striche usw., die eine komplizier-tere Koordination voraussetzen.

Bei den ersten Versuchen werden alle Ihre Bewegungen nicht nur willkürliche Aufmerksamkeit erfordern, sondern sie setzen auch Denkprozesse voraus. Außerdem werden Sie wahrscheinlich mit sich selbst sprechen, mitunter nur vor sich hin — aber hin und wieder auch

Spiegelschrift ist nicht schwer zu erlernen

laut. Im Verlaufe der Übung wird sich die Fertigkeit, in Spiegelschrift schreiben zu können, allmählich automatisieren, und nach einiger Zeit, die sicherlich kürzer ist, als Sie am Anfang vermuten, können Sie ohne größere Schwierigkeiten schreiben, wenn Sie in den Spiegel schauen.

Gleiche Bewegungen — unterschiedliche Handlungen

»Schlag bitte die Mücke auf meiner linken Wange tot, meine Hände sind dreckig«, bat Sergej, während er mit einer Reparatur an seinem Fahrrad beschäftigt war. »Danke«, sagte er gleich darauf zu Mascha, die seine Bitte prompt erfüllt hatte.

Niemand weiter hatte diese kleine Episode bemerkt, bis ich die Aufmerksamkeit auf sie lenkte.

Mascha, eine künftige Lehrerin, würde weder von ihren Kindern noch vom Direktor der Schule Dankbarkeit geerntet haben, wenn sie sich — erzürnt und alle pädagogischen Regeln vergessend — zu einer Bewegung, die den gleichen Geschwindigkeits- und Kraftverlauf hat, hätte hinreißen lassen, um einem unfolgsamen Schüler eine Ohrfeige zu geben. Diese Bewegung wäre von allen bemerkt worden, und keiner hätte sie für richtig befunden.

Wenn aber Mascha die gleiche Bewegung benutzt hätte, um einen frech werdenden jungen Mann in einer Parkallee abzuschütteln, so würden wir diese Handlung alle für richtig halten.

Wenn wir auch annehmen, daß die Bewegungen des Mädchens in allen drei Fällen mathematisch genau die gleichen waren, so sind ihre Handlungen doch grundlegend verschieden.

Gleiche Handlungen —
unterschiedliche Bewegungen

Ich forderte Serjosha auf, mit dem Fahrrad so genau wie möglich über ein schmales Brett der Brücke, auf der wir gerade saßen, zu fahren. Die anderen sollten beobachten, wie gut er das macht. Einige Minuten später wiederholte er auf meine Bitte hin diese Aufgabe. »War es genauso wie beim ersten Mal?« fragte ich.

Die Meinung aller war, daß Sergej beide Male in genau der gleichen Art und Weise gefahren sei.

Aber weder Serjosha selbst noch die anderen hatten bemerkt, daß er bei seiner ersten Fahrt die Lenkstange wie üblich am Ende gefaßt hatte, das zweite Mal aber in der Mitte. Weiterhin: Das erste Mal fuhr er die Brücke an, als sein rechtes Pedal oben war; bei der zweiten Fahrt war das linke oben. Zuerst saß er hoch aufgerichtet im Sattel, dann aber tief heruntergebeugt. Das heißt, er hat gleiche Handlungen mit sehr unterschiedlichen Bewegungen realisiert.

Diese Erscheinung ist bei jeder beliebigen Arbeitstätigkeit des Menschen zu beobachten und unterstreicht, daß man — wie es mitunter gemacht wurde — Bewegungen und Handlungen des Menschen nicht einander gleichsetzen kann: Eine Handlung wird nur durch Bewegungen ausgeführt; eine Bewegung realisiert die Handlung.

Die Struktur der Handlung

Wir gingen an einem Sanatorium vorbei und sahen, wie die Bewohner dieses Hauses Gorodki spielten. Dieses Spiel unterhält nicht nur die Spieler selbst, sondern auch die Zuschauer, deshalb hielten wir an und schauten zu. Am besten spielte ein großer, schlanker junger Mann: Er traf jedesmal voll. In die Beobachtung des Spiels ganz vertieft, bemerkten wir seine Eigenart beim Spiel nicht sofort: Nachdem ein Mitspieler die Figuren aufgestellt hatte, klatschte er über ihnen in die Hände und sprang dann schnell zur Seite weg.

Schließlich stellte sich heraus, daß dieser Spieler blind war. Das Ziel der Handlung und die Bewegungen waren bei dem blinden Spieler die gleichen wie bei den anderen, die sehen konnten. Der Unterschied bestand nur in der Art der Wahrnehmung, auf die sie reagierten: Der Blinde reagierte auf akustische Wahrnehmungen, die anderen auf optische. Folglich war die psychische Struktur dieser Handlungen teilweise unterschiedlich.

Die psychische Struktur einer Handlung besteht aus einem Ziel und den Motiven, dem Erleben von Interessen und Schwierigkeiten bei ihrer Ausführung, einer bestimmten Organisation der Aufmerksamkeit, verschiedenen Wahrnehmungen, dem Gedächtnis, dem Denken, der Psychomotorik und überhaupt allen übrigen wechselseitig zusammenwirkenden Seiten der Psyche, die die Qualität der Ausführung einer beliebigen Handlung bestimmen.

Ist wirklich jede Wiederholung die Mutter der Weisheit?

Nehmen Sie bitte ein Schülerheft mit Kästchen zur Hand. Schließen Sie Ihre Augen oder besser, verbinden Sie sie. Ziehen Sie nun eine Linie von einer bestimmten Länge, zum Beispiel zehn Kästchen lang. Wiederholen Sie diesen Versuch mehrmals, und lassen Sie dabei jemanden kontrollieren. Wenn Sie in der Lage sind, fünfmal hintereinander eine solche Linie zu ziehen, so soll der Kontrolleur Ihnen das mitteilen. Um sich davon überzeugen zu können, daß dies kein Zufall war und Sie tatsächlich gelernt haben, eine Linie der vorgegebenen Länge zu ziehen, machen Sie eine Pause von einigen Minuten und ziehen danach noch drei Linien.

Wenn Ihnen auch das gelingt, teilen Sie es mir bitte mit. Ein solcher Fall hätte es verdient, in der psychologischen Literatur veröffentlicht zu werden. Ich glaube aber nicht, daß ich von irgend jemandem eine solche Mitteilung bekomme, denn eine Fertigkeit kann sich nicht entwickeln, wenn das Ergebnis der ausgeführten Handlung unbekannt bleibt, und niemand ist in der Lage, auf diese Art und Weise eine Fertigkeit zu entwickeln, auch wenn die Geduld und das Papier für viele Tausende Wiederholungen ausreichen; sogar für 20 000 Wiederholungen, wie dies einmal sogar gemacht worden ist.

Verändern Sie jetzt die Versuchsbedingungen dahingehend, daß Sie, nachdem Sie die Augen geschlossen und die Linie gezogen haben, sich diese jedesmal sorgfältig anschauen, die Abweichung einschätzen und den Versuch mit dem Bestreben wiederholen, die entsprechende Länge der Linie zu treffen. Es ist anzunehmen, daß nur einige Dutzend Wiederholungen erforderlich sind, damit sich bei Ihnen die entsprechende Fertigkeit herausbildet. Etwas schwieriger, aber dennoch lösbar, ist die Aufgabe, wenn Sie die Augen gar nicht öffnen, sondern der Kontrolleur Ihnen die Größe Ihrer Abweichung nach jedem Versuch mitteilt: mehr als zwei Kästchen, weniger als eines usw.

Dieser Versuch verdeutlicht ein allgemeines Gesetz des Lernens und der Erziehung, das mitunter als »Effektgesetz« bezeichnet wird.

Nützliche Automatisierung und schädlicher Automatismus

Der Ausdruck »seine Fertigkeit bis zum Automatismus entwickeln« ist weit verbreitet, obwohl er nicht richtig ist. Wenn man das tut, so ist das sehr ungünstig. Zum Glück aber ist das gar nicht möglich. Wie hoch eine Fertigkeit auch automatisiert sein mag, ihre Ausführung bleibt immer unter der Kontrolle des Bewußtseins.

Automatismen sind Verhaltensakte des Menschen, die ohne Einschaltung des Bewußtseins und des Willens ablaufen. Das deutlichste Beispiel für einen Automatismus ist das Verhalten von Kranken, die an der Erscheinung des sogenannten Nachtwandelns leiden. Früher wurde das ohne ausreichende Begründung mit dem Einfluß des Mondes in Verbindung gebracht, und deshalb nannte man diese Menschen »Mondsüchtige«, richtiger ist aber die Bezeichnung Somnambulismus (lat.: somnus — Schlaf, ambulare — spazieren). Ein Nachtwandler vollzieht im Verlaufe einiger Minuten, mitunter Stunden automatisch alltägliche und äußerlich zweckmäßige Handlungen. Sie werden jedoch weder durch die Bedingungen, unter denen er sich augenblicklich befindet, noch durch bewußt gestellte Ziele ausgelöst. Der Kranke geht aus dem Haus, mitunter hat er sich dafür rechtzeitig angezogen, manchmal aber geht er auch ohne Kleidung, balanciert mit einer Geschicklichkeit schmale Gesimse entlang, die für einen Menschen, dem Gefahren bewußt werden, unerreichbar ist. Genauso unbewußt wird er aber den Ofen mit Lieblingsbüchern anheizen. Seinen Mechanismen entsprechend kann der Somnambulismus sehr anschaulich als motorischer Traum bezeichnet werden.

Wassili Alexejewitsch Giljarowski, ein bekannter sowjetischer Psychiater, beschreibt den somnambulen Zustand folgendermaßen:

»... die Kranken stehen in diesem Zustand nachts auf, wandeln durch die Zimmer, verstellen Gegenstände, verlassen auch ihre Wohnung und klettern durchs Fenster. Nach einigen Minuten oder Stunden kehren sie in ihr Bett zurück und schlafen weiter. Manchmal legen sie sich aber auch irgendwo auf die Erde und schlafen. Von ihrem Schlafwandeln wissen sie nur durch die Erzählung anderer.«

Bei gesunden Menschen sind die sogenannten Wortparasiten Beispiel für solche Automatismen: »sozusagen«, »prinzipiell« usw.

Es gibt auch motorische Automatismen. Ich kannte einen Professor, der, wenn er angestrengt nachdachte, unwillkürlich die Zungenspitze heraussteckte. Er wußte, daß darüber gelacht wird, machte es aber dennoch, meistens, ohne es zu bemerken. Man könnte noch viele Beispiele für Automatismen anführen, es würde sich aber kein Beispiel für einen nützlichen Automatismus beim Menschen finden lassen.

Unwillkürlich

»Wir liefen von unserem Wagen zum Splittergraben, plötzlich riß einer unserer Kameraden, als ein tieffliegendes deutsches Flugzeug auftauchte, eine Handgranate aus seinem Patronengurt und holte zum Wurf aus ... Wir mußten unserem Kameraden in den Arm fallen. Er beabsichtigte tatsächlich, die Granate auf das Flugzeug zu werfen. Dann kam er jedoch zu sich, und wir lachten gemeinsam darüber«, schrieb A. F. Fjodorow in einem seiner Bücher über den Großen Vaterländischen Krieg.

Das ist ein Beispiel für eine impulsive Handlung, d. h. eine Handlung, die ohne Bewußtseinskontrolle und ohne Bewußtwerden der Mittel und Möglichkeiten der Zielerreichung abläuft. Das ist ein eigenartiges, in seiner psychologischen Struktur stark vereinfachtes und gewöhnlich emotional stark gefärbtes Verhalten des Menschen, in das mitunter auf wunderliche Weise instinktive Akte mit eigenartig veränderten »Fragmenten« bewußter Handlungen eingewoben sind.

Impulsive Handlungen sind immer ein Ausdruck dafür, daß die willensmäßige Kontrolle über die eigenen Handlungen verlorengegangen ist; dagegen sollte man ankämpfen.

Beim Überqueren der Straße

Wenn Sie eine Einbahnstraße überqueren und nach links dem auf Sie zukommenden Verkehr entgegenschauen, dann haben Sie, wenn die Straßenmitte erreicht ist, das Bedürfnis, auch nach rechts zu schauen, obwohl Sie genau wissen, daß von dieser Seite her keine Fahrzeuge kommen dürfen.

Falls Sie kein solches Bedürfnis verspüren, dann kann man schlußfolgern, daß Sie wahrscheinlich die Verkehrsregeln kennen, ihr Befolgen aber noch keine Gewohnheit für Sie geworden ist. Gewohnheiten im Alltag und im Beruf erleichtern das Leben und die Arbeit sehr. Gewohnheiten festigen auch die Freundschaft und die Liebe. Die Menschen haben aber leider nicht nur gute, sondern auch schlechte Gewohnheiten, denen der Kampf angesagt werden muß. Eine sehr schlechte Gewohnheit ist das übermäßige Trinken. Der römische Philosoph Seneca sagte: »Trunkenheit ist freiwilliger Irrsinn.«

Man kann nicht alles nur auf der Grundlage von Gewohnheiten machen, sie behindern oft das eigentliche Suchen und die schöpferische Arbeit. Der Mensch kann nicht nur »Gewohnheitstier« sein. Ein russisches Sprichwort besagt: »Der Weg durchs Leben ist kein gerader Weg.« Erst recht aber keine Straße wie in unserem Beispiel.

Vorgestellte Handlungen

Der Verdiente Meister des Sports Charlampijew erkrankte vor einem Ringerwettkampf und mußte recht lange das Bett hüten. Dennoch nahm er von dem bevorstehenden Start nicht Abstand, im Gegenteil, er war zum allgemeinen Erstaunen in solch ausgezeichneter Form, daß er den Titel eines Stadtmeisters von Moskau erkämpfte. Wie war das möglich?

Der Sportler hatte während der ganzen Zeit, die er im Bett zubringen mußte, beharrlich trainiert, aber nur geistig. Unter diesen Bedingungen hatte er sich alle seine Griffe und Bewegungen sowie die seiner Gegner sorgfältig und detailliert vorgestellt.

Als der Pianist Isaak Michnowski noch am Konservatorium studierte und einmal kein Klavier zur Hand war, bereitete er sich trotzdem in vollem Umfang auf die Darbietung der »Jahreszeiten« von Tschaikowski vor, indem er dieses Werk nur in der Vorstellung erlernte.

Mein Schüler W. J. Dymerski hatte lange Zeit kein Flugzeug geführt, und er aktivierte seine durch die Pause verlorengegangenen Flugfertigkeiten wieder, indem er sich systematisch vorstellte, wie er einen Flug absolviert. Die Mitglieder des Fliegerklubs glaubten schließlich gar nicht, daß er eine solch lange Pause im aktiven Fliegen hinter sich habe.

Nicht nur den Sportlern unter Ihnen rate ich dringend, diese Erfahrungen zu nutzen, sondern jedem, der seine motorischen Fertigkeiten wieder auffrischen oder sie vor dem Zerfall aufgrund einer langen Übungspause bewahren will.

Die Hände und der Kopf

Der Prozeß der sozialkulturellen Entwicklung der Menschen verläuft nur dann normal, wenn die Hände den Kopf lehren, der klügere Kopf dann die Hände lehrt, und die klugen Hände wiederum und in größerem Maße zur Entwicklung des Gehirns beitragen, sagte Gorki einmal. Mit anderen Worten heißt das, daß dem Menschen durch eine Verbindung von körperlicher und geistiger Arbeit die größte Befriedigung zuteil wird.

Die Klassengesellschaft brachte nicht nur den Unterschied, sondern auch den Widerspruch zwischen körperlicher und geistiger Arbeit hervor, indem sie letztere zu einem Privileg der herrschenden Klasse machte. Der Sozialismus beseitigt diesen Widerspruch zunehmend.

Auch im Kommunismus bleibt das Führen eines Kraftfahrzeuges

eine physische Arbeit, so wie das Schreiben von Gedichten eine geistige Arbeit ist. In unseren Tagen schreibt aber auch ein Kraftfahrer Gedichte, und ein Dichter lenkt ein Auto.

Im Kommunismus wird es keine gesunden Menschen geben, die sich entweder nur mit geistiger oder nur mit körperlicher Arbeit beschäftigen. Die Verbindung von körperlicher und geistiger Arbeit wird jedoch in der Regel auch heute nur von denjenigen Menschen voll verwirklicht, die das wirklich wollen und bewußt anstreben. Wer das aber nicht will, schadet sich selbst.

Ist Ermüdung schädlich?

Ermüdung ist eine normale und nützliche Reaktion auf eine Tätigkeit. Müdigkeit dagegen ist eine psychologische Erscheinung, ein Gefühl, das durch die Ermüdung hervorgerufen wird. Der Grad der Müdigkeit entspricht gewöhnlich dem Grad der Ermüdung. Bei einer unterhaltsamen, interessanten Arbeit spürt der Mensch unter Umständen die Müdigkeit gar nicht. Ein Kranker dagegen kann Müdigkeit verspüren, ohne ermüdet zu sein, d. h., ohne etwas getan zu haben.

Wenn ein Mensch nicht ermüdet, kann er nicht nur seine Ausdauer, die eng mit den Willenseigenschaften des Menschen verbunden ist, nicht entwickeln, sondern es werden auch verschiedene negative Erscheinungen in seinem Organismus auftreten.

In unserem Ferienheim saß am Nachbartisch ein richtiger »Fettsack«, der über Schlaflosigkeit und mangelnden Appetit klagte. Seit drei Wochen stellte sich bei ihm keine Müdigkeit ein. Den ganzen Tag über saß er in einem Sessel und blätterte in einem Jahrgang des »Krokodil«. Ich weiß nicht, ob er aufgrund seiner Untätigkeit krank war oder ob sich seine Krankheit in der Untätigkeit ausdrückte. Ich war aber sicher, daß er nicht gesund wird, bevor sich nicht Anzeichen von Müdigkeit bei ihm einstellen. Niemand trieb uns zum Spazierengehen, wir gingen einfach und ermüdeten deshalb auch, da der gesunde Mensch ein Bedürfnis nach Ermüdung hat. Je gesünder und jünger man ist, desto stärker ist dieses Bedürfnis ausgeprägt. Während der Spaziergänge setzten wir uns aber auch manchmal nieder, um etwas auszuruhen, da jeder ermüdete Mensch auch ein Bedürfnis nach Erholung hat.

Übermüdung bzw. angehäufte Ermüdung entsteht, wenn die richtige Wechselbeziehung zwischen Ermüdung und Erholung gestört ist und die Erholung nicht ausreicht, um die Ermüdung abzubauen. Die Ermüdung, die sich im Verlaufe des Tages angesammelt hat, soll in der Nacht beseitigt werden.

Das Phänomen Setschenows

Mit Hilfe eines sogenannten Ergographen kann man aufzeichnen, welche Arbeit ein Finger oder ein Arm beim Heben einer bestimmten Last verrichten. 1901 führte Setschenow einen Versuch durch, bei dem er paradoxe Ergebnisse erhielt.

Der Physiologe verglich den Einfluß zweier Bedingungen auf den stark ermüdeten rechten Arm. Die erste Bedingung — rein passive Erholung des rechten Armes, die zweite Bedingung — Erholung von gleicher Zeitdauer, aber verbunden mit gleichzeitiger Arbeit des anderen Armes. Setschenow war überrascht, als sich herausstellte, daß sich die Leistungsfähigkeit des ermüdeten rechten Armes wesentlich erhöhte, nachdem der linke gearbeitet hatte. Die Ergebnisse dieses Versuchs gingen in die Wissenschaft als »Phänomen Setschenows« ein und bildeten die Grundlage der Lehre von der sogenannten aktiven Erholung:

Aufzeichnungen der Armbewegungen beim Heben einer Last (von links nach rechts)
1. rechter Arm, Ermüdung nach 25 Minuten Arbeit
2. 10 Minuten passive Erholung
3. Leistungsfähigkeit geringfügig verbessert
4. 2,5 Minuten Arbeit des linken Armes jedoch stellt Leistungsfähigkeit des rechten Armes wieder her (5.)

Erholung

Die beste Erholung ist der Schlaf, jedoch sollte dieser durch andere Formen der Erholung ergänzt werden.

Es gibt eine körperliche, geistige und emotionale Ermüdung. Diese unterschiedlichen Arten der Ermüdung machen auch unterschiedliche Erholungsformen erforderlich.

Eine Veränderung der Tätigkeit und bestimmte Formen emotionaler Entspannung sind jedoch ganz allgemein bei jeder Form von Ermüdung und überhaupt bei jeder Tätigkeit notwendig.

Aktive Erholung

ist die beste Form der Erholung

Das Folgende schrieb Lenin an seine Schwester M. I. Uljanowa, als sie sich im Gefängnis befand:

»Ich rate Dir außerdem, richtig einzuteilen, wie Du Dich mit den vorhandenen Büchern beschäftigst, und für Abwechslung zu sorgen:

285

physische

geistige

emotionale

Verschiedene Formen der Ermüdung erfordern verschiedene Formen der Erholung

Ich entsinne mich sehr gut, daß der Wechsel beim Lesen oder bei der Arbeit — vom Übersetzen zum Lesen, vom Schreiben zur Gymnastik, von schwerer Literatur zur Belletristik — außerordentlich gut hilft. Manchmal hängt eine Verschlechterung der Stimmung — die im

Gefängnis doch ziemlich wechselhaft ist — einfach davon ab, daß gleichförmige Eindrücke oder gleichförmige Arbeit ermüden, und manchmal genügt es, sie zu wechseln, um sich wieder zu fangen und seine Nerven in die Gewalt zu bekommen.«

Diesen Ratschlag Lenins sollte man in allen Situationen beherzigen.

Maschine und Mensch

»Was für schöne Instrumente der Wolga hat; sie sind viel schöner als die am Pobeda!« sagte ein Fahrgast im Taxi bewundernd.

»Schön sind sie, aber auch unpraktisch«, entgegnete der Chauffeur. »Sie müssen zweckmäßig sein, nicht nur fürs Auge. Warum beispielsweise brauche ich direkt vor meiner Nase eine so große Uhr? Die roten Ziffern hier aber, die die Geschwindigkeit auf dem Tachometer angeben, sind so unglücklich angebracht, daß sie überhaupt nicht zu sehen sind. Man sollte weniger an die Schönheit, dafür aber mehr an die Bequemlichkeit des Kraftfahrers denken!«

Für solche Fragen ist die Ingenieurpsychologie — ein sich schnell entwickelnder Zweig der Psychologie — verantwortlich. Hier werden zum Beispiel die Schnelligkeit und die Genauigkeit des Ablesens der Meßwerte von verschiedenen Gerätemodellen oder die Unterscheidung verschiedener Hebelgriffe auf der Grundlage des Tastsinns untersucht. Daraus kann man Mittelwerte errechnen, und das Experiment entscheidet jeden Streit.

Mensch und Maschine

»Versteht ihr nicht, früher waren die Maschinen die Fortsetzung und Erweiterung unserer Hände und Sinnesorgane, heute werden elektronische Maschinen zur Fortsetzung unseres Gehirns! Eine elektronische Maschine kann tausendmal schneller als das menschliche Gehirn rechnen«, agitierte Gera, der sich sehr für Kybernetik interessierte, unsere Urlaubergruppe.

»Irren ist menschlich«, sagten schon die Römer im 6. Jahrhundert v. u. Z. Ein Elektronengehirn aber irrt sich niemals. Außerdem ist die Reaktionsgeschwindigkeit des Menschen tausendmal langsamer als die eines Roboters.

Der englische Mathematiker Shanks benötigte etwa 15 Jahre, um den Wert von π bis zur 707. Stelle nach dem Komma auszurechnen; ein Elektronengehirn oder Computer aber errechnete diesen Wert in

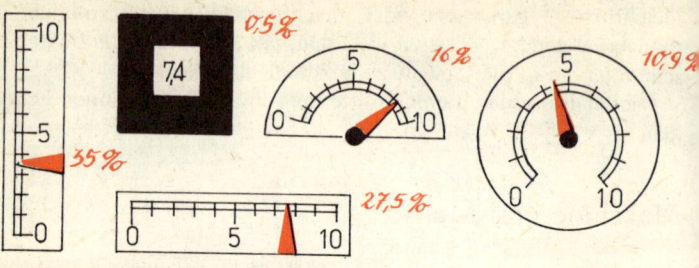

Fehlerprozente bei schnellem Ablesen

0,5 %

16 %

10,9 %

35 %

27,5 %

Unterschiedliche Hebelgriffe sind schwer zu verwechseln

Die Zahlen auf den Meßgeräten sind besser zu sehen

auf größere Entfernung:
weiße Ziffern auf
dunklem Grund
auf kleinere Entfernung:
schwarze Ziffern
auf hellem Grund

Ein Konstrukteur, der die Bequemlichkeit des Arbeiters nicht berücksichtigt, verdient Kritik

Die Ingenieurpsychologie untersucht experimentell die Angepaßtheit von Maschinen an den Menschen

weniger als 24 Sekunden bis zur 2048. Stelle! Ein elektronisches Gedächtnis ist hinsichtlich aller Merkmale, einschließlich der »Bereitschaft«, unvergleichlich produktiver als das Gedächtnis des Menschen. Es »vergißt« nichts. Ein Roboter kann so konstruiert werden, daß er in gleicher Qualität gleichzeitig so viele Tätigkeiten vollziehen kann, wie gerade erforderlich sind und wie seine Kapazität zuläßt. Die Fähigkeit des Menschen zur Verteilung seiner Aufmerksamkeit auf verschiedene Dinge ist dagegen außerordentlich begrenzt.

Alle die hier aufgezählten Vorteile der elektronischen Rechenmaschinen gegenüber dem menschlichen Gehirn sind offensichtlich. Ein Roboter kann besser als der Mensch diejenigen Operationen ausführen, deren Erfolg von der Geschwindigkeit, Stärke, Ausdauer und Widerstandsfähigkeit gegenüber für den Menschen negativen äußeren Einwirkungen bestimmt wird. Er arbeitet mit den kompliziertesten Formeln und führt gleichzeitig verschiedene Operationen aus. Zwei weitere Argumente sprechen für die Kybernetik.

Die Grundthese der Kybernetik besagt, daß Steuerungsprozesse, wo immer sie auch ablaufen, ob in einem Mechanismus oder im Organismus, und wie verschiedenartig sie auch erscheinen mögen, immer einigen allgemeinen Gesetzen unterzuordnen sind. Kybernetische Modelle helfen, die Funktion des menschlichen Gehirns besser zu verstehen. Die Modellierung als Methode hat der Wissenschaft immer geholfen und sie bereichert.

Ein zweites, oft vergessenes Argument ist, daß die Kybernetik trotz allem noch eine sehr junge Wissenschaft ist. Bekanntlich gilt das Jahr 1948 als ihr Geburtsjahr, und deshalb sollten wir ihre Möglichkeiten nicht nur an ihrem heutigen Niveau messen.

Die Elektronik hat noch einen weiten Weg zurückzulegen, um eine elektronische Biene zu konstruieren und alle ihre Instinkte zu modellieren. Sicherlich wird die Technik auch diese Aufgabe einmal meistern. Es gibt aber qualitative Unterschiede zwischen dem menschlichen Gehirn und der Maschine, die niemals zu überwinden sind.

So wie ein Physiker mit absoluter Gewißheit sagen darf, daß niemals jemand ein Perpetuum mobile bauen wird, so wie ein Mathematiker ohne weiteres behaupten kann, daß niemand mit Hilfe eines Lineals und eines Zirkels die Quadratur des Kreises schafft, so kann der Psychologe sagen, daß keine Maschine die Grenze überschreiten wird, die die Biene vom Architekten trennt. Diese Grenze ist durch die Fähigkeit festgelegt, die das Gehirn des Menschen im Verlaufe der gesamten vorangegangenen Entwicklung der Materie erworben hat – diese Fähigkeit heißt Bewußtsein und ist die höchste Form der Widerspiegelung der realen Welt. Diese Fähigkeit ermöglicht das Produzieren von Gedanken und Gefühlen, es ist Grundlage für die Inspiration und Schöpferkraft – das alles führt zu einer immer stärkeren Beherrschung der Natur durch den Menschen.

Schon lange hat der Mensch seine Hände und Muskeln durch Maschinen verstärkt und mit ihrer Hilfe seine Sinnesorgane schärfer gemacht. Indem der Mensch immer kompliziertere Maschinen schafft, wird er ihnen alle die Operationen übertragen, die sie vollziehen können. Dadurch wird es ihm – und nur ihm! – möglich, mehr zu denken, zu fühlen, zu wagen und zu schaffen.

Inhalt

Die Vorgeschichte des Bewußtseins 66

Die Wahrnehmungen 84